입에 풀칠도
못하게 하는
이들에게
고함

이 도서의 국립중앙도서관 출판예정도서목록(CIP)은 서지정보유통지원시스템 홈페이지(http://seoji.nl.go.kr)와
국가자료공동목록시스템(http://www.nl.go.kr/kolisnet)에서 이용하실 수 있습니다. (CIP제어번호: CIP2016019728)

입에 풀칠도 못하게 하는 이들에게 고함

가짜 민생
VS
진짜 민생

김동춘

김찬호

정태인

조 국

손아람

북콤마

차 례

손아람

너무 숭고하지 않게,
우리 세대의 정서적 방식으로

망국 선언문

일러두기

인터뷰는 2016년 1월부터 8월까지 아홉 차례 진행되었다. 참여연대 팟캐스트 녹음실과 카페, 대학 연구실 등에서 이루어졌고, 필요한 경우에는 서면 인터뷰가 추가로 진행되었다.

인터뷰는 참여연대 민생희망본부의 실무를 맡고 있는 간사와 시민활동가들이 맡았다. 그동안 민생 현장의 최전선에서 시민들을 만나오면서 여러 속사정에 밝은 이들이 독자와 저자들 사이에 다리를 놓을 수 있다는 생각에서 이 책의 기획은 마련되었다. 김남근 변호사와 공동사무처장 안진걸, 민생팀장 최인숙 세 분이 이끌었다.

사진은 박영록 님, 원동욱 간사가 맡아주었다. 그리고 곁에서 물심양면으로 돕고 응원해 준 이들이 있다. 조형수 변호사, 심현덕, 홍정훈 간사와 녹취에 도움을 준 여러 활동가들이다. 이 자리를 빌려 모두에게 감사의 말씀을 전한다.

민생학

법인 스님(참여연대 공동대표)

"가난이 극한에 이르면 사람들은 스스로 비굴해지고 다른 이에게 멸시를 받게 된다오. (…) 저 귀족들을 보시오. 농부는 뙤약볕 아래서 힘겹게 밭을 갈고 있는데, 그들은 그늘에서 놀고 즐긴다오. 농부들은 죽도록 일을 하고도 배고픔에 허덕이고 많은 세금을 귀족들에게 바치고 있소."

석가모니 붓다의 발언입니다. 붓다의 관심과 고뇌가 생로병사라는 존재론적 범주에만 갇혀 있지 않음을 알 수 있는 대목입니다. 붓다의 시대는 카스트라는 이름의 불평등한 신분 차별이 사회 제도로서 공고히 자리 잡고 있었습니다. 특히 불가촉천민인 하리잔들과는 밥을 함께 먹지도 않고 눈길을 주지도 않았습니다. 서로 마주 보거나 밥을 나누지 않는다는 것, 그것은 인간에 대한 차별과 멸시가 내면화되고 사회화되었음을 의미합니다. 인간 군상의 서글

푼 무지이며 폭력입니다.

이러한 관습에 붓다는 작은 균열을 일으켰습니다. 신분과 성별에 관계없이 제자를 받아들였습니다. 승단에서 그들은 어떠한 차별도 받지 않았으며, 서로 존중하고 우정을 나누며 수행했습니다. 또 붓다와 제자들은 부자와 빈민, 계급, 남녀를 가리지 않고 사람들에게 밥을 얻어먹고 함께 말을 나누었습니다. 밥을 나누면서 연민과 자애의 마음을 공감하고 교감했습니다.

밥은 평등이고 존엄입니다. 민생의 지중함이 여기에 있습니다. 몸과 정신은 상하로 구분되고 우열로 차별되지 않습니다. 밥은 몸과 정신이 깃들어 있는 생명의 바탕입니다. 민생을 회복하고 보호해야 할 소명이 여기에 있습니다. 단지 통계와 수치로 경제와 민생을 논하는 것은 근원적 해결이 아닐뿐더러 인간에 대한 예의가 아닙니다. 민생의 회복은 곧 평등과 존엄, 상생이라는 생명의 근원적 질서를 복구하는 출발입니다.

그러나 우리 시대는 기울어진 운동장에서 길을 잃고 있습니다. '기울어진 운동장'은 여러 이름으로 우리 삶의 실존으로 나타나고 있습니다. 잉여사회, 격차사회, 부품사회, 주거신분사회라는 이름은 차별과 소외의 사회적 자화상입니다. 위험사회, 분노사회, 감시사회, 탈감정사회라는 이름 앞에 영혼은 불안하고 낙망합니다. 이모든 현상을, 민생이 평형을 회복하지 못하고 있다는 것으로 환원

할 수는 없지만, 그것이 민생 불안의 근원적인 원인이라는 것을 부정할 수는 없을 것입니다. 이 지점에서 새삼 맹자의 진단을 떠올립니다. "생업이 없으면서 착한 마음을 가진다는 것은 오직 선비라야 가능하다. 백성이 생업이 없으면 그로 인해 착한 마음이 없어진다." 항산恒産이 되어야 항심恒心을 이룰 수 있다는 그의 선언은 오늘의 시대에도 여전히 적확하고 유효합니다.

기울어진 운동장이 평형을 이루기 위해서는, 사람이 사람과 함께 살겠다는 상생의 정신이 바탕이 되어야 합니다. 상생하기 위해서는 나누어야 합니다. 서로 나누기 위해서는 각자가 나눌 거리가 있어야 합니다. 나눌 거리를 위해 고용과 노동이 안정되고 지속될 수 있는 길을 찾아야 합니다. 민생을 회복하고 사람이 상생하기 위해 철학과 법과 제도가 협업하면서 길을 모색해야 할 때입니다. '존재가 사유를 규정하느냐, 사유가 존재를 규정하느냐'는 물음은 이제 무의미합니다. 개인과 사회가 성찰하고 합의하면서 상생의 길을 찾아야 할 때입니다.

그래서 이 책에 실린 다섯 사람, 김동춘, 김찬호, 정태인, 조국, 손아람 선생의 생각과 말이 소중합니다. 이들의 생각이 출발하고 도착하는 지점은 동상이몽同床異夢이 아닌 이상동몽異床同夢입니다. 다섯 사람의 눈은 깊고, 가슴은 따뜻하며, 목소리는 준엄합니다.

2016년 8월 해남 일지암

김동춘

시장은 사회나 국가 없이
작동하지 않는다

인터뷰는 성공회대 연구실에서 이루어졌다. 우리는 그와 함께 밖에서 점심을 먹고 들어온 길이었다. 학교 근방의 식당이라 걸어 다녀왔지만, 그는 차로 출퇴근하지 않는 모양이었다. 또 그는 인터뷰를 시작하기 전에 얼마 전 타계한 신영복 선생의 연구실로 우리를 데려갔다. 유묵 글씨 한 점이 책상 위에 고스란히 남아 있었다.

사진을 찍을 때 구도 잡기가 쉽지 않았다. 서가와 탁자, 책상이 공간의 대부분을 차지한 상태에서 무더기로 쌓인 책들이 발밑과 등 뒤에서 불쑥 튀어나왔다. 비좁은 통로에 웅크린 채 버튼을 누르고, 플래시를 터뜨렸다.

소형 녹음기를 가져와 그의 가슴에 마이크를 달았지만, 혹시 몰라 스마트폰의 녹음 버튼을 함께 눌렀다. 아니나 다를까 나중에 확인해본 결과 녹음기는 역시 작동하지 않았다. 연구실에는 인터뷰 와중에도 연구 조교가 남아 맡은 일을 하고 있었다. 잠시 그가 자리를 비웠을 때 조교에게 물었다. 그는 어떤 사람이냐고. '그냥 흔히 보는 아빠 같은 사람'으로, 어느 정도 권위와 적당한 거리감이 느껴진다고 했다. 인터뷰 초반에는 사온 커피를 마셨는데 그것이 식자 나중에는 차를 마셨다.

전체 인터뷰의 3분의 2쯤 되었을까. 그는 갑자기 자신이 인터뷰어가 되어 참여연대 쪽에 질문을 던질 것이라고 했다. 참여연대 창립 멤버였고 초창기에 열정적으로 활동했던 그에게는 애정이 있었다. 그런데 질문은 매서웠다. 앞으로 할 일이라는 단서를 달았지만, 그것은 아픈 채찍을 내비치지 않으려는 배려였다.

그와는 나중에 인터뷰 뒤에 붙일 에세이를 고르는 문제로 한 번 더 만났다. 인사동의 한 전통 다원이었다. 무더위였고, 다원의 마당에는 잠자리들이 떼 지어 날고 있었다. 그는 더운 날에 뜨거운 쌍화차를 주문했다. 최근에 마친 글 한 편을 골랐지만, 원고 양이 뒤에 붙이는 글로는 조금 많은 편이었다. 그가 손수 글의 앞과 중간 몇 단락을 덜어내고 간추렸다.

선생은 1990년대 중반에 신자유주의라는 용어를 일찍 사용했고, '기업사회'라는 개념을 통해 한국 사회가 경제권력이 정치권력을 압도하는 사회가 되었다라고 지적했다. 한국의 정치·경제 상황에 대해 늘 선도적으로 담론을 이끌어왔다.

문민정부가 1994년에 정부 정책 기조 중 하나로 국제화를 내걸었고 그다음에 세계화로 이름을 바꾸었다. 그때가 1995년이다. 그해 한국이 OECD에 가입했다. 우리는 선진국이 된 것으로 여기면서 국제화 혹은 세계화를 통해 세계적인 표준을 따라야 한다고 생각했다. 그런 식으로 우리는 그 의미를 정확하게 이해하지 못했다. 사실 나도 당시 한국이 OECD에 가입한 것이 한국 사회에 어떤 의미가 있는지 잘 몰랐다. 이각범, 박세일 교수 등이 추진한 세계화 연구 관련 프로젝트에서 나는 조교 노릇을 하던 때였다. 그 연구에 참여하면서 세계화와 관련된 외국 문헌을 많이 접하게 되었다.

나는 한편으로 1994년 참여연대의 창립 멤버로 참여했고 이후 참여사회연구소를 만들었다. 그때가 1995년 말이었다. 세계화를 어떻게 정의할 것인지 논란이 있었지만 크게 자본 이동의 자유화를 꼽을 수 있었다. 그때 유럽연합의 사례를 조사하는 프로젝트에 참여하면서 유럽 노동조합 운동이 1990년대 초에 이미 후퇴기에 접어들었음을 알게 되었다. 내가 1993년에 쓴 박사 논문의 제목이 '한국 노동자의 사회적 고립'이다. 1992년 현장조사를 통해 전통적인 의미의 노동운동이 이미 꺾이고 있음을 확인할 수 있었다. 한국의 기업별 노동조합 형태로는 대안이 없다는 생각을 했고, 참여사회연구소를 만들면서 준비한 창립 심포지엄에서 참여민주주의를 내걸었다.

그 자리에서 나는 '신자유주의 세계화와 참여민주주의'라는 주제로 글을 발표했다. 자본의 세계화가 실질적인 영향력을 갖게 되면서 국민국가와 대의제가 흔들리고 있다고 파악했다. 국가가 이미 국민의 생활을 책임질 수 없는 구조가 되면서 대의민주주의의 기본이 흔들리는 마당에 우리가 대통령을 뽑은들 무슨 소용이 있겠는가. 그래서 이제는 참여민주주의로 가야 한다. 그런 그림을 그리고 있었지만 세계화가 우리의 경제생활에 어떤 영향을 미칠지 명확한 상은 없었다.

그러다가 1997년 외환 위기가 닥치자 신자유주의를 본격적으로 체감했다. 구조조정이 진행되고 탈규제와 민영화, 노동시장 유연화 세 정책의 축이 1998년 한국 사회를 덮치는 걸 보았다. 노동 시장 유연화가 되면 노동시장이 불안해지고 결국 서민들의 생활은 걷잡을 수 없이 악화되겠구나. 당시 노동조합 조직률이 10퍼센트 초반에 불과했는데, 노동 현장이 무너지면 노동조합의 대항력이 거의 힘을 잃겠구나 생각했다. 외환 위기가 터지자마자 나는 1998년 1월 'IMF 체제하의 한국'이라는 글을 발표했다.

당시 국민의정부는 사회 통합의 차원에서 노사정위원회를 만들었지만 위원회는 사실 노동시장의 유연화를 유도하고 그 불만 폭발을 무마하는 기구에 불과했다. 노동계도 그렇게 비판을 했다. 노사정위원회가 실질적으로 작동하기 어렵다고 본 이유는 무엇보다 구조조정이나 정리해고 문제에 노동조합이 개입할 수 없었기 때문이다. 노동조합의 정치 세력화가 허용되고 전교조가 합법화된 것은 상층 차원에서 의미가 있었지만(나중에 민주노동당이 창당되는 계기가 된다), 현장 조직은 전부 무너지게 되었다. 이제 사회보장제도 같은 사회 안전망이 아직 미비한 한국의 상황에서 노동자 대량 실업과 민생 파탄은 걷잡을 수 없게 된다. 이러한 상태가 1998년과 1999년에 명확해졌다.

참여연대에서도 조흥식 교수가 이끄는 사회복지위원회를 중심으로 국민생활 최저선national minimum 확보 운동을 진행했다. 사회 파탄을 막기 위한 일종의 둑이 막 터졌는데 우리는 밑에서 양동이로 막는 형국이라고 할까? 무너진 둑은 도저히 우리가 막을 수 없고, 그 밑에서 쓸려 내려가는 사람들의 손을 잡는 정도의 역할? 그런 것이 그 시점의 생각이었던 것 같다. 나는 신자유주의가 단지 노동조합과 현장 조직, 국민국가의 역할을 파괴한다는 정도로 생각했는데 나중에 알고 보니 그보다 위력이 컸다. 사람들의 내면까지 침범해 완전히 경쟁주의적 인간으로 만들리라고까지는 생각하지 못했다. 그리고 1998년이 되면 자영업자가 크게 부침을 겪고 중산층이 완전히 몰락하게 되는데 그런 것까지를 정확하게 내다보지는 못했다.

그리고 1997년 처음 외환 위기가 발발했을 때 재벌에 대한 비판이 하늘을 찌를 듯했다. 과다 차입 문제가 위기의 직접적 원인이었기 때문이다. 당시 참여연대에 관계했던 경제학자들은 외환 위기를 겪으면서 재벌은 투명성으로 가기보다는 지배력과 집중이 강화되는 쪽으로 갈 것이라고 예상했다. 경제력 집중이 강화되고 갑을 관계가 본격적으로 정착되는 분기점이 외환 위기가 아니었나 하는 생각이 든다. 다른 한편에서는 한국의 민주화 과정이 신자유주의화 과정에 의해 굴절되고 좌초되는 결정적인 계기가 되었다. 두 민주 정부가 외환 위기와 신자유주의 국면에서 집권을 했다는 것이 우리 사회의 큰 비극이었다고 생각한다.

신자유주의와 경제권력

그 후 대기업이 중소기업 적합 업종과 골목 상권에까지 진출하면서 자영업자들이 급속히 몰락했다. 그런 와중에 중산층이 새로운 빈곤층으로 편입되었다. 또 한 가지, 대기업들이 경제적으로 확실한 패권을 잡았을 뿐 아니라 정치적 영향력까지 휘어잡았다.

그러니까 재벌 개혁에 대해 국민의정부는 결국 빅딜 쪽으로 해결을 했다. 대우 같은 기업이 망하기도 하고 일부 기업은 정리되었지만, 살아남은 기업에 집중이 더욱 강화되었다. 정부는 재벌 총수 일가가 순환출자를 통해 지배구조를 굳히는 것을 허용함으로써 살아날 길을 터주었다. 내가 사실 경제권력에 대해 심각성을 갖게 된 것은 참여연대에서 정책위원장 등을 맡으며 삼성과 관련된 소액주주 운동을 지켜보면서였다. 참여연대 회원이었던 한 삼성 직원이 사내 전산망을 통해 그 사실이 발각되면서 해고된 사건, 남대문경찰서에서 압수수색하러 참여연대를 찾아왔을 때 삼성 직원이 경찰로 위장한 사건 등을 보면서 우리가 싸울 상대가 이제는 국가가 아니라 재벌 대기업이라는 것을 뼈저리게 느꼈다. 그때가 2000년 전후였다.

그런 생각을 하던 차에 2003년 안식년을 맞아 미국에 머물 기회가 생겼다. 당시 미국을 관찰하고 돌아와서 미국 사회를 분석한 내용을 쓴 책이 《미국의 엔진, 전쟁과 시장》이다. 책에서 이제 대기업이 미디어와 정치를 완전히 장악함으로써 한 사회를 좌지우지하는 일이 가능해졌다는 결론을 제시했다. 미국 사회를 보면서 1인 1표가 아니라 1달러 1표가 완벽하게 실현되면 공화와 민주 양당 모두 정치자금을 많이 내는 이들에 의해 사실상 컨트롤된다는 것, 모든 미디어가 형식적으로는 국가 미디어가 아니라 상업 미디어이므로 자율성이 클 것 같지만 실질적으로는 독재정권보다 더 심한 독재가 횡행한다는 것을 알게 되었다. 한국도 그런 방향으로 간다는 생각을 하면 너무 답답했다. 정말 운동이고 뭐고 빼도 박도 못할 사회로 변하는 게 확실했다.

그래서 미국에서 돌아오자마자 2004년 무렵 참여연대 몇몇 사람들에게 〈삼성 보고서〉를 만들자고 제안했다. 그때 마침 검찰 고위 간부와 판사, 언론인들이 삼성에 임원으로 입사하는 일들이 있었다. 삼성의 경제력 지배가 아니라 삼성의 사회적 지배가 더 무섭다는 인식이 점차 퍼져나갈 무렵이었다. 참여연대처럼 삼성을 비판하는 조직도 곧 사라지리라는 위기감도 있었다. 내가 그때 '기업사회'라는 이름을 붙였지만, 미국에서는 'ownership society' 'corporate state' '기업국가'라는 말들은 이미 쓰고 있었다. 나중에 알게 되었지만 일본에서도 이미 와타나베 오사무渡邊治 교수가 기업사회라는 표현을 썼다.

그러면서 민주화라는 말의 효용은 이제 끝났다고 표현도 하면서, 기업이 모든 사회 영역에 파고들어 입법, 사법, 행정부를 사실상 컨트롤하게 되는 사회로 접어들었다고 분석했다. 그 경우에는 정치적 민주화라는 것은 의미가 없어지게 된다. 참여정부에서 삼성경제연구소가 '국민소득 2만 달러' 같은 제안을 하면서 국가 정책의 방향성까지 제시하는 과정 등을 어떻게 막을 것인가. 기업사회가 되면 모든 시민은 소비자와 종업원으로 이원화된다. 이른바

소비자 권력, 즉 소비자가 왕이라는 태도가 지배적이 되면서 노동조합의 입지는 사실상 없어진다. 기업의 효율성과 소비자의 요구에 부흥한다는 명분하에 노동조합의 대항력 자체가 극도로 약화되기 때문이다. 이처럼 기업의 사회적 권력마저 통제 불가능하게 되면 모든 시민이 기업에 순응해 살아가는 식의 새로운 전체주의 국가가 될 위험이 있다. 이것이 2005~2006년 무렵의 문제의식이었다.

10년이 지난 지금 상황은 오히려 그때보다 훨씬 더 나빠졌다. 당시 이미 김대중, 노무현 정부는 계속 밀리고 있는 상황이었다. 정책 입안자들이 실제로 당시 우리 사회가 어느 방향으로 가고 있는지에 대해 얼마나 통찰력이 있었는지는 알 수 없지만, 적어도 주도를 한 경제 관료들의 마인드는 다 그쪽으로 이미 가 있었다. 신자유주의와 기업사회의 논리를 사회적으로 막아내는 것이 굉장히 버거운 상태가 된 때가 2007년 무렵의 한국 사회였고, 이 큰 흐름이 결국 이명박 대통령의 당선으로 귀결되었다.

사회의 모든 가치가 상품화되고 돈으로 구매 가능한 것으로 뒤바뀌자 주택이나 의료, 교육 같은 공공재 분야도 이 논리에서 자유롭지 못하게 되었다. 사회 전반에 걸쳐 앞으로 사회가 어떻게 될지 비관론이 팽배했다. 나로서도 뾰족한 대안이 없었지만 민주와 반민주의 대결 구도로 사회를 바라보는 시각은 바로잡을 필요가 있었다. 여전히 정권이 교체되면 새로운 변화가 올 것처럼 말하는 사람들에게도 그렇지 않다고 말하고 싶었다.

〈삼성 보고서〉는 삼성이 사회적 권력이 된 과정을 집중적으로 부각했을 것 같은데 당시 사람들의 주목을 끌었던 내용 등이 궁금하다.

참여연대는 2005년 8월 '삼성의 인적 네트워크를 해부한다'라는 제목의 〈삼성 보고서〉 첫 호를 발간했다. 관, 법조, 언론, 학계 등의 우리 사회 파워 엘리트 278명이 '삼성공화국' 안에서 어떻게 관리되고 있는지를 일목요연하게 정리했다. 예컨대 고위 공직자와 판검사 등이 삼성 임원으로 얼마나 진출했는지, 어떤 연구나 보고서 용역이 삼성에서 발주되는지, 신문 광고 계약을 통해 언론의 논조가 어떻게 좌지우지되는지 등을 구체적 수치와 함께 제시했다.

한 발 더 나아가 삼성의 혼맥도를 만들었다. 이를 통해 우리 사회가 이미 계급사회로 공고화되었음을 드러냈다. 과거 1980년대까지 재벌가는 당시의 군부와 정치권력 유력인의 집안과 결혼했다. 그 후 4대 재벌은 웬만하면 자기들끼리 결혼을 하고 정치권 인사 집안과 결혼하는 일은 아주 예외적인 경우가 되었다. 특히 언론사 그룹과 재벌 가문이 결합한 경우가 늘어났다. 옛날에는 권언 유착이라고 했지만 언제부터 재벌과 언론의 유착이 이루어지고 있었다. 이 구조가 2005년 거의 확고해졌다.

지금 삼성 혼맥도를 다시 만든다면 어쩌면 다른 그림이 나올지도 모른다. 어쨌든 이 시스템 자체가 노무현 정부 때 거의 굳어졌다. 노무현 대통령이 그 상황을 얼마나 깊이 인식했는지는 모르지만 집권 후반기에 한미 FTA를 추진한다던지 보수층에 연정을 제안했을 때는 이미 상당한 좌절을 겪은 다음이 아니었을까. 사회의 구조적 변화를 돌이킬 수 없다는 인식에 다다랐을 것이다. 하층에 속한 노동자 세력과 시민사회 진영은 별로 힘이 되지 않고, 오히려 노동 개혁을 진행하면서 신자유주의 쪽으로 기울었다. 노동조합이 파업을 하며 정부 비판으로 돌아서고 시민사회도 거리를 두게 되면서 참여정부는 집권 후반기에 들어 대기업 쪽에 가까워져버렸다.

경제권력이 시장뿐만 아니라 사회 전반을 지배하는 체제가 된 이상 이를 견제하기 위한 장치가 필요하다. 소액주주가 기업 경영에 참여하는 방식이나 소비자와 시민단체의 감시 활동이 있을 텐데 이에 대한 의견이 궁금하다.

1997년 외환 위기가 터졌을 때 당시 한참 사람들이 많이 읽던 책 중에 프랑스 경제학자인 미셸 알베르가 쓴 《자본주의 대 자본주의》라는 책이 있었다. 자본주의에도 다양성이 있는데 독일 중심의 라인형 자본주의와 영미 중심의 앵글로색슨형 자본주의를 비교하면서 사회민주주의 경향의 경제 시스템 등을 다룬 내용이다. 그때만 하더라도 사회주의적 대안이라는 것은 이미 공허해진 다음이었고, 어떤 자본주의를 택할지가 주요 논점이 되었다. 유럽 선진국에서는 노동조합이나 직장평의회 쪽이 이사회의 일원이 되어 경영에 참여하고 감시하는 체계를 갖추고 있다. 공공 결정을 통해 약육강식의 시장 질서를 제어하는 방향이 유럽형, 즉 라인형 자본주의이다. 앵글로색슨형 자본주의는 사법 체계에 징벌적 손해배상 제도를 도입함으로써 반사회적 문제를 일으킨 기업에 엄청난 벌금을 부과하고 불공정 행위를 바로잡는 방식을 쓴다. 또 소액주주나 소비자운동 단체들이 기업을 감시하며 계속 제소를 하면서 기업의 투명성을 이끌어내는 방향으로 간다.

두 자본주의 유형에 대한 논쟁이 1990년대 후반의 사회과학계에 유행이었다. 대체로 한국에서는 미국 정도의 사회복지라도 도입되면 그나마 다행이라는 데에 의견이 모아졌고, 지금도 상황은 그때와 달라지지 않은 것 같다. 김대중 대통령이 노동자의 경영 참가는 안 된다고 딱 못을 박은 터라 유럽형 자본주의 도입은 요원해 보였다. 국민의정부에서 사외이사 제도가 도입되기는 했지만 사실상 사외이사는 거수기로 전락하고 말았다. 은행 감사가 기업 이사회에 들어가 경영을 감시하고 견제한다는 정책 방향도 금융 민영화가 진행되면서 물 건너갔다. 그런 상황에서 노동조합이 기업 경영에 개입하는 공공 결정은 더욱 실현 가능성이 없었다. 그러다 보니까 한국에서는 결과적으로 앵글로색슨형 자본주의가 대안으로 떠올랐고, 참여연대도 큰 틀에서 보면 그 노선을 택했다.

그 경우에 한 가지 질문이 제기될 수 있다. 소액주주 운동이 여러 성과를 냈고 기업을 상대로 일정한 압박 효과를 발휘했지만 과연 소액주주가 시민인가 하는 질문이 있을 수 있다. 정말 주인의식을 갖고 주주총회에 참여해 기업 회계 등을 꼼꼼히 검토할 만큼 힘을 쏟을 시민이 존재할까라는 질문이다. 만약 그 질문에 제대로 답할 수 없다면 그 운동은 그다지 전망이 있다고 할 수 없다.

또 소비자가 기업을 상대로 소송을 제기하더라도 한국에서는 징벌적 손해배상 제도가 실시되지 않고, 공정거래위원회가 행정 전반을 관장하는 상황에서 무슨 성과를 낼 수 있을지 의문이다. 시민들은 기껏해야 공정거래위원회에 제보를 하거나 폭로, 고발을 하는 길밖에 없다. 그것도 공정거래위원회는 기본적으로 관료 조직이라 대기업과 정치권의 눈치를 보게 되어 있는데 정치권의 의지가 없을 때는 별로 움직이지 않는다. 더구나 이명박, 박근혜 정부에서 공정거래위원회는 '기업하기 좋은 나라'라는 슬로건하에 스스로 규제의 칼을 접었고, 여기에 법무부까지 동조를 했는데 그렇게 되면 정부를 통한 개입은 더욱 어려워진다. 시민운동은 대책 없는 상태에 빠지게 된다. 그 딜레마가 지금도 계속되는 것 같다.

물론 소비자 단체가 전국적인 규모에서도 필요하지만, 지역의 생활권을 중심으로 공동체가 형성되어 어느 정도 유지된다면 기업이 난개발로 쳐들어오는 상황을 차단할 수 있다. 지역공동체가 활성화되면 대항력이 생길 것이다. 일본 같은 경우가 그렇다. 내가 논문 지도한 일본인 학생이 있었는데 논문 주제가 바로 일본에서는 기업형 대형마트SSM를 어떻게 막았는가였다. 처음에는 대척점에 서서 싸우다가 나중에는 지역 주민들이 참여한 마을 만들기 사업을 통해 극복했다는 내용이다. 시민단체와 소비자, 소액주주, 지역공동체 등 다 중요한데 한국에서는 그중 어느 한 곳이라도 힘이 결집되지 못하고 흐지부지된 면이 있다.

어쨌든 막강한 기업 권력을 견제하는 데는 정치권력이 가장 중요한 보루로 보인다. 정치권력이나 국가가 강화되지 않고는 대안이 없다고 나는 생각한다. 지금처럼 자본이 국가들의 경계를 넘어서는 시대에는 국가의 힘이 옛날에 비해 많이 줄어들었다고 하지만 기업에 끼치는 국가의 영향은 여전하다. 외국 사례들을 살펴보더라도 세계화 시대에 '기업에게 국가의 개입은 무력화되었다'라는 명제는 허구에 가깝다. 실제로 국가 예산의 가장 많은 부분은 기업 지원을 위해 쓰인다. 농가 소득의 70퍼센트는 농업보조금 덕분이라고 할 만큼 엄청나게 지원하고 있다. 신자유주의와 세계화 시대에서 국민국가라는 존재는 포위되어 있기는 하지만 국가 예산의 상당한 부분은 여전히 자국 기업에게 돌아가고 있다. 국가의 지원에 기업의 사활이 걸려 있음이 명백한 상태에서 결국 기업 권력은 국가권력에 의해 견제될 수밖에 없다.

그렇다면 국가권력은 누가 움직이는가? 집권 세력의 의향에 달려 있는 것이므로 힘 있는 정당을 통해 정치권력을 장악하는 것이 최고의 보증일 것이다. 하지만 그것만으로는 안 되기 때문에 여기에 지역공동체나 시민사회 진영이 운동 차원에서 결합해야 한다.

시민사회와 노동조합 등의 활동이 신자유주의를 극복하는 구체적인 방안이나 수단이 될 수도 있지만, 어떤 지점에서는 사회적 타협점이 필요해 보인다. 우리 헌법을 보면 제119조 1항에 자유 시장경제 원리를 언급하면서도, 동조 2항에서는 '국민경제의 성장 및 안정, 적정한 소득분배, 경제주체 간의 조화' 등을 위해서는 국가가 규제할 수 있다고 규정하고 있다. 대형마트 영업시간 규제와 관련한 사건의 대법원 판결에서 재판부는 시장경제 원리가 경제민주화 원리보다 우위에 있는 것은 아니며 둘을 잘 조화시켜야 한다고 밝혔다. 사회적 타협점은 어떻게 찾아질까.

그것은 철학적인 차원까지 거슬러 올라가는 문제이다. 사회 없이 경제가 가능할까? 영국 수상 대처는 '사회 같은 것은 없다There is no such thing as society'라고 갈파했다. 존재하는 것은 시장과 개인밖에 없으므로 내버려둬도 잘 작동한다는 뜻이다. 대처의 집권 시절 무자비하게 진행된 신자유주의적 민영화를 잘 대변하는 말이기도 하다. 그런데 과연 사회 없이 경제가 가능하고, 사회 없이 시장이 작동할까? 기본적으로는 그렇지 않다. 시장이 사회나 국가 없이 혼자 작동할까? 시장은 원론적으로 국가의 법적 보증하에 존재한다. 그러니까 국가가 화폐를 발행하고 인프라를 축적한 뒤에야 시장이 작동하지 않는가. 국가의 인프라라고 하면 노동력 제공을 들 수 있는데 기업이 스스로 필요한 종업원을 훈련시키는 것이 아니라 국가가 우선 공급해줘야 하는 것이다.

국가가 시장에 제공하는 목록 중에 가장 근본적인 것이 언어이다. 세종대왕이 훈민정음을 창제하지 않았다면 한국의 국가나 경제는 지금 어떻게 되었을까. 그러니까 국가가 쌓아놓은 역사 인프라와 사회 인프라 위에서 경제가 성립하고, 시장이 열리고, 교환이 이루어지는 것이다. 교환은 상호 신뢰에 기초해 이루어지는데 교환관계에서 최종적으로 보증을 서는 존재가 바로 국가이다. 국가가 보증을 서고 그다음에는 사회가 선다. 또 가족 없이 시장이 움직일 것 같은가. 우리가 저녁에 귀가해 정신적 안식을 취할 공간과 가정이 없으면 다음날 일터에 나와도 생산성이 떨어질 수 있다. 그런 의미에서 가족이란 사회의 세포이지 않은가.

그리고 친구 관계나 우애 없이 시장이 작동할까. 사람은 일하는 기계도 돈 버는 기계도 아니다. 사람을 움직이게 하는 것은 사회라는 인프라이다. 여기서 말하는 사회란 가족이나 공동체 같은 각종 조직이고 네트워크이고, 거기서 유래한 상호 신뢰와 언어, 커뮤니케이션을 말한다. 국가는 화폐 발행에서부터 시작해 기업 활동의 토대가 되는 각종 법적, 제도적 환경들을 제공한다. 또 기업이 정상적으로 움직이려면 성원들 사이에 일정하게 공유된 역사와 문화가 있어야 한다. 완전히 언어가 다른 100개국에서 제일 똑똑한 이들을 모아놓는다고 해서 기업이 잘 굴러갈까. 말이 안 통해 의사소통이 되지 않고 문화가 전혀 다른 인간들이 모였다면 무슨 일이 가능할까.

그러니까 기본적으로 기업은 사회에 속하고 국가에 속한 것인데 신자유주의의 논리는 마치 사회와 국가가 없다는 듯이 가정한다. 사람들에게 사회 없이도 경제가 굴러갈 수 있다는 착각을 불러일으킨다. 더 나아가 사회와 국가가 오히려 시장에 방해가 된다는 듯이 말한다. 이는 논리적으로나 철학적으로나 완전히 틀린 이야기이다.

그러므로 신자유주의를 극복하려면 우선 현실적으로 자본주의 체제, 시장경제를 인정하는 바탕 위에서라면 독일식 사회국가로 가는 것이 맞다고 나는 생각한다. 시장경제 체제는 사회성과 함께 갈 때만 지속 가능한 체제를 유지할 수 있다. 사회성과 국가가 시장에 개입하지 않는 기업국가나 기업사회는 실질적으로 존재할 수 없다. 극단적인 형태인 두바이처럼 모든 사람이 자유롭게 투자를 하고, 세금도 없고, 노동조합도 없는 사회 형식은 현실적으로 실현되기 어렵다. 기업의 입장에서 규제는 단기적인 걸림돌이 되겠지만, 장기적 이익이나 지속 가능한 경제를 추구한다면 사회성과 국가의 테두리가 필수적이다. 그것이 철칙이다.

그 사실을 영미의 신자유주의자들도 잘 알고 있다. 그리고 신자유주의의 사상적 대부 격인 하이에크나 미제스가(한국에서는 이들

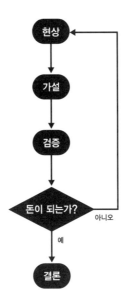

의 저작이 제대로 번역되어 있지 않은데) 제일 강조하는 것이 법이다. 말하자면 법의 지배가 관철된다는 전제 위에서 자유주의 경제 질서가 가능하다고 했다. 그래서 고전적인 자유주의와 다른 신자유주의이다. 기업이나 기업주가 반사회적 행위나 불법을 저지르고도 처벌받지 않고, 기업이 투명하게 운영되지 않은 채 시장경제가 작동된다는 것은 하이에크의 지론과는 완전히 어긋난다. 그런데 한국의 시장주의자들은 하이에크가 전제한 사회적 토대를 전부 빼버린 채 기업이 무슨 짓을 해도 처벌하면 안 된다는 논리를 편다. 기업이나 기업주가 시장을 장악해 경제 생태계를 완전히 무너뜨려도 손끝 하나 건들지 말라는 식으로 간다.

특히 재벌은 그 존재 자체가 이미 정의 혹은 공정 경쟁의 논리와 배치된다. 하이에크의 생각은 능력주의에 기초해 있다. 다시 말해 기회의 평등이 아니라 조건의 평등을 추구한다. 그는 사람들이 공정한 경쟁에 참여할 수 있게 균등한 기회를 보장하는 법적 시스템을 중요시했다. 모든 이에게 100미터를 뛸 수 있는 균등한 기회를 제공하되 거기서 나오는 결과의 평등에 문제가 생기면 몇몇 사람에게 약간의 지원을 해서 다시 잘 뛰게 한다는 것이 기본적으로 그의 신자유주의론이다. 그런데 지금은 100미터를 뛸 때 어떤 이는 출발선상에서, 또 어떤 이는 50미터 앞에서 출발하는 상황이라 공정 경쟁이 되지 않는다. 재벌 대기업의 독점이 시장 질서 자체를 교란하는 요인인데도 시장의 자유라는 명분만으로, 기업 활동을 제어하는 정부의 규제에 대해 전부 자유 침해라고 몰아붙이며 이론을 전도한다.

그래서 경제가 제대로 작동하려면 사회적 대타협이 필연적으로 요구된다. 기업들은 툭하면 해외로 생산 공장이나 본사를 옮기겠다고 으름장을 놓는다. 이른바 캐피탈 스트라이크이다. 나라가 법인세를 많이 걷으면, 노동조합이 너무 힘이 세지면 투자금을 회수해 해외로 거처를 옮기겠다는 협박성 언급이다. 그런데 막상 그렇게 하지는 못한다. 생각해보라. 서유럽에 회사를 세우려면 회사 경영에 막강한 권한을 쥔 노동조합을 허용해야 한다. 미국에 법인을 세워 한국에서 하던 대로 기업 활동을 하다가는 곧바로 제소를 당하고 법적 처벌을 면하기 어렵다. 무엇보다 소비자들이 가만있지 않는다. 그렇다면 신흥국 경제는 어떠한가. 그곳에서 기업 활동을 하이에크의 생각은 능력주의에 기초해 있다.
다시 말해 기회의 평등이 아니라 조건의 평등을
추구한다. 그는 사람들이 공정한 경쟁에 참여할
수 있게 균등한 기회를 보장하는 법적 시스템을
중요시했다. 모든 이에게 100미터를 뛸 수
있는 균등한 기회를 제공하되 거기서 나오는
결과의 평등에 문제가 생기면 몇몇 사람에게
약간의 지원을 해서 다시 잘 뛰게 한다는
것이 기본적으로 그의 신자유주의론이다.

하려면 노동력의 질이 훨씬 떨어지는 이들을 훈련시키는 비용을 감당해야 한다. 어느 기업이 이러한 불이익을 감수하려 하겠는가.

시장이 제멋대로 가도록 내버려두면 결국 전체주의에 이끌려 전쟁이 날 수밖에 없고 작동 불가능한 체제로 귀결된다. 그래서 시장은 사회의 테두리 안에 있어야 하고 경제 제도 자체가 사회의 일부임을 인식해야 한다. 경제학이라는 말은 본래 '가계家計'를 뜻하는 '오이코스Oikos'에서 비롯했고, '오이코노미아Oikonomia'는 가계 살림을 경영하는 방법쯤으로 뜻풀이된다. 그런데 지금은 신자유주의에 휩쓸려 이것이 뒤집어지면서 사회가 시장 밑에 있는 것으로 치부된다.

기업이 지속 가능하려면 노동조합과 지역공동체, 시민사회, 주주 등 이해 관계자들 사이에 일정한 타협과 협력이 있어야 한다. 영미식 자본주의에서는 그것이 자선의 형태로 나타난다. 기업이 대학이나 공익 재단에 기금을 내는 사회적 공헌 활동을 통해 약간 커버하는 식이다. 유럽식 자본주의는 처음부터 중과세를 부과해 그것을 사회에 재분배함으로써 기업을 사회에 복무하도록 만드는 시스템이다. 현재의 한국이 '헬 조선'으로 불리게 된 것은 두 시스템 중 어느 하나도 작동하지 않기 때문이다.

참여연대의 민생운동도 큰 틀에서 보면 경제민주화의 자장에 놓여 있다. 사람들은 경제민주화를 경제에 국한해 생각하는 경향이 있는데, 그보다는 훨씬 넓은 함의를 가지고 있다.

경제민주화라는 말은 멀게는 독일의 바이마르 헌법에서 유래한 것으로 우리는 1987년 개헌할 때 헌법에 명시되었다. 그 바람을 타고 공정거래위원회도 경제기획원에서 분리, 독립되었다. 경제학자들은 경제에 무슨 민주화가 적용되느냐고 말한다. 경제는 본시 효율을 중시하는 분야이기에 민주화라는 도덕적 가치는 어울리지 않는다는 것이다. 하지만 경제민주화에 얽힌 이 오해를 논파하지 못하면 민생 문제는 풀리지 않는다. 군이 '권력자본론'을 원용하지 않더라도, 자본이 권력으로 작용할 수 있다는 것은 사회과학을 공부하는 사람들에게는 상식에 해당한다. 권력이라고 하면 사람들은 마치 국가나 정당 혹은 군대가 행사하는 것으로 착각한다. 경제와 정치가 분리되어 있다는 생각은 그러한 착각에서 연유한다.

자기가 원하는 삶, 남에게 강제받지 않고 사는 삶, 자기의 의지와 무관하게 남에게 통제받지 않는 것을 만약에 민주주의 또는 민주화, 자유라고 한다면, 민주화로 가는 과정에서 강권력에 의해 제압도 받지만, 경제력이 없는 데서 오는 빈곤이 사람을 훨씬 더 권력에 복종하게 만드는 측면이 있다. 빈곤과 배고픔이 곧 사람을 자신의 의지와 무관하게 손을 벌려야만 하는 상황으로 끌고 가는 게 기본이다. 경제적으로 의존한 사람이 정치적으로 독립적일 수 없다. 다시 말해 경제적으로 타인에게 의존하는 사람이 딴 데 가서 정치적으로 독립적인 인간이 될 수 없는 것이다. 그래서 사람을 지배하는 강력한 무기가 총과 칼일 것 같지만, 동시에 돈이기도 하다. 자기가 돈이 없으면 남의 노예가 되어 먹고살아야 하기 때문이다. 그러니까 권력에 의한 노예화보다도 훨씬 심각한 것이 돈에 의한 노예화이다.

경제에 처음부터 권력이 깃들어 있지 않다는 생각은 사람들이 시장에서 자기 나름의 합리적인 기준에 따라 계약관계를 맺고 또 자유롭게 기업을 선택해 들어가 일을 하고 있다는 착각에서 나온다. 근대법의 토대가 되는 민사상의 일대일 계약 원칙도 노동문제에 대입될 때는 무력해진다. 물론 근로계약을 할 때는 개인의 자유로운 의사에 따르는 것이지만 사인한 이후에는 더 이상 자유로운 일대일 계약관계가 유지되지 않는다. 법인으로 등록된 기업을 한 개인이라고 할 수 없으므로 기업과의 계약은 애초에 일대일 계약이 될 수 없는 근본적인 한계를 가진다. 대부분의 사람들은 사실상 경제력을 확보한 집단이나 조직에서 어느 정도 예속되어 살아간다. 이처럼 경제가 정치적 민주주의와 무관하지 않음에도 다수의 경제학자들은 터무니없이 둘이 무관한 것처럼 주장하고 있다.

경제학은 원론적으로 세상을 시장경제 원리에서 접근한다. 그래서 이 이념에 반하면 아무리 정치적으로 좋은 정책이고, 윤리적으로 선한 의도를 가졌더라도 악이 된다. 민생을 살리는 뜻에서 규제를 요구하고 경제적 민주화를 주장하더라도 그것이 시장경제 원리에 어긋나는 순간, 경제가 망한다는 논리를 편다. 우리 사회에서 사회 통합적인 제도를 도입하려 해도 시장경제를 옹호하는 쪽은 규제는 시장에 피해를 준다, 또 그런 것은 포퓰리즘에 불과하다며 몰아붙인다. 경제학자들이 우리나라의 정책들 대부분을 좌지우지하고 있다. 하

다못해 교육 정책도 교육자 대신 경제학자가 담당하는 것이 현실이다.

　지금 세상은 경제학에 의해 식민지화 되었다고 해도 무방하다. 정부의 모든 부처는 경제 부처의 식민지이고, 학문에서도 경제학의 식민지가 유지되고 있다. 산업 수준이 가내 수공업과 소공상인 수준에 머물러 있을 때에는 생산과 소비가 일정하게 균형을 이루었다. 자신이 일군 땅에서 삶에 필요한 양식을 생산하는 데 그쳤다. 그러다가 기계가 도입되고 생산 규모가 커지면서 대공업으로 전환되고 지금 형태의 기업이 생겨났다. 그렇다면 기업이 경제주체가 된 이상, 즉 개인 차원의 노동력을 뛰어넘는 경제활동에 소유관계를 결부시켜는 안 되는 것이다. 다시 말해 그전 18세기에 로크가 《통치론》에서 밝힌, 개인의 노동으로 얻은 재산은 자연권으로 보장되어야 한다는 사유재산 옹호의 논리를 여기에 적용시켜서는 안 된다.

　아담 스미스가 《국부론》에서 펼친 논리도 소농이나 영세 상공인들이 소생산 체계를 유지하던 시절에 해당되던 이야기이다. 사유재산 절대주의, 즉 사유권은 건드릴 수 없는 자연권이므로 제한되어서는 안 된다는 생각은 18세기 경제의 맥락에서 나온 것이다. 지금처럼 대기업이 경제를 독점하는 시대에 18세기 경제 현실에 토대를 둔 로크와 아담 스미스의 사상을 대입하는 것부터가 시대착오적이다. 그래서 이미 경제학은 이데올로기이고, 곧 신앙이다.(웃음)

극도의 약육강식 체제가 사회를 지배한다

기업들은 정부에게 가능한 한 시장 규제에 개입하지 말라고 요구한다. 그러다가 형편이 어려워지면 부동산 부양 정책이나 건설 경기 활성화를 위해 개입해달라고 한다. 최근 '노동 개혁' 법안도 이를 반영한 것이다. 이렇게 가다 보면 공안 통치 분위기가 강화되지 않을지 상당히 우려된다. 노동문제와 민생 현안을 경제 관련 부처가 해결하는 게 아니라 법무부장관이나 검찰, 경찰이 대신 해결하는 시대로 가지 않을까. 파시즘이나 독재 권력은 이제 우리 사회와 관계가 먼, 예전에 우리가 극복한 구체제라고 생각했었는데, 최근에 민중 집회에 대한 대응이나 행정부의 국회 압박 등을 보면 점점 국가가 폭력적으로 개입할 가능성이 보인다.

사람들은 나치즘 혹은 파시즘이라 하면 정치적 지배로만 생각하는데, 흥미롭게도 히틀러의 나치 시대는 경제활동에서 기업의 자율성을 최대한 보장하는 정책을 펼쳤다. 기본적으로 파시즘은 통제경제가 아니다. 그러니까 기업의 자율성을 존중한다는 명목 하에 대기업이 마음대로 투자를 하도록 하는 방향을 추구했다. 곧바로 그 시대의 경제는 약육강식의 질서가 움직이는 체제로 변했다. 그렇게 본다면 파시즘이라는 것은 전체주의 상황만을 의미하는 것이 아니라 다른 한편에서 극도의 약육강식 체제가 사회를 지배하는 경제 상황까지 포괄한다.

물론 과거 박정희나 전두환 정권 같은 개발독재 체제에서는 국가가 시장에 개입해 기업을 육성을 했기에 사정이 조금 다르다. 독

일 같은 경우 이미 기업이 당시 1930년대만 하더라도 전쟁에 연루되어 있었고, 군수산업 부문은 늘 국가의 보안 차원을 염두에 두면서 진행되었다. 그리고 1980년대 후반 이후 신자유주의에 크게 휘둘린 미국 경제도 사실 국가에 크게 의존하고 있고, 한국전쟁 전후의 경제를 이끌었던 군산복합체라는 것도 아직 유효하다. 여전히 동아시아의 정치 판도에서 틈만 나면 내정 개입을 일삼고 사드 배치에 관한 협정을 추진하는 것도 그 때문이다.

이처럼 경제와 정치가 분리되어 있지 않다는 맥락을 살펴보더라도 기업의 편익을 무차별적으로 보장해주는 정부는 파시즘으로 흐르기 쉽다. 그러니까 국가가 기업의 이익을 일방적으로 보장해줌으로써 기업의 권력에 다른 경제주체들이 어떤 저항도 하지 못하게 만드는 상태가 파시즘이다. 그렇게 본다면 요즘처럼 박근혜 정부가 친기업적 '노동 개혁' 관련 법안을 통과시키라고 계속 국회를 압박하는 경우는 대한민국 헌정사상 전대미문의 사건이다. 국가는 대개의 경우 중립적 자세를 고수했다. 노동자가 1700만 명, 자영업자가 550만 명으로 국민의 대다수를 차지하는데 보통 같으면 이들의 뜻을 거스르기 어렵다. 더 나아가 정부는 민생 안정을 위해 재벌 개혁에 앞장서야 할 입장이다. 그런데 박근혜 정부는 노골적으로 전경련의 입장을 대변하고 있다.

이러한 모습에는 파시즘적 요소가 끼어 있다. 기업의 이익을 거침없이 옹호하고 그들의 민원을 최우선으로 정책 수립에 반영하는 국가의 모습이다. 대통령 자리나 공권력을 움직이는 직위는 임시직이지만 기업은 반영구적인 권력을 가진다. 더군다나 한국의 재벌들은 대물림까지 하고 있다. 세상에 그들보다 힘센 집단이 어디에 있는가. 임시직으로 머물다 가는 정책 책임자들이 그 힘센 집단을 위해 앞장선다는 것 자체가 근대국가에서는 찾아보기 어려운 코미디이다. 적어도 민주주의가 일정하게 보장되는 국가에서는 나올 수 없는 행태이다. 이를 국가가 기업의 도구로 전락한 현상으로 파악할 수 있다면, 이러한 현상이 가장 두드러지는 정치사회 체제가 파시즘이다.

파시즘이라 하면 아무것도 모르는 군인들이 무력으로 헌정을 침탈해 집권하는 것으로 생각하기 쉬운데 그게 아니다. 기업이나 자본이 위기에 처했을 때 그것을 극약 처방으로 돌파하기 위해 동원되는 수단이 파시즘이다. 자본이나 기업은 위기가 오기 전 평상시에는 노동자들에게 임금 인상도 양보하고 노동조합도 허용하면서 타협적으로 나온다. 그러다가 자신들 목에 칼이 들어오면 양보고 뭐고 없다. 거침없는 구조조정을 진행하면서 대량 해고와 노동력 탄압 등 일체의 민생 파탄을 감수하는데 그것이 파시즘이다.

이렇게 기업은 위기의식이 커지면 커질수록 사회 전반을 전쟁으로까지 몰아간다. 미국 같은 경우 세계 각지에서 자국민 보호라는 명분으로 전쟁을 계속 벌임으로써 내부의 군수산업 투자로 경제 전반을 돌아가게 만드는 일종의 전쟁 경제 체제를 수립했다. 한국은 독자적으로 전쟁을 벌일 수 있는 처지가 아니기 때문에 사정은 조금 다르지만 경제적 위기에 대처하는 방식은 동일하다. 예컨대 박정희 대통령이 1971년 전경련의 요청에 따라 사채 동결 조치를 내린 8·3 조치는 일종의 경제 쿠데타였다. 고도성장의 위기가 왔을 때 국가가 죽는소리를 하는 기업들의 편을 들어 국민들의 재산을 약탈하는 극약 처방을 한 것이다. 그 당시에는 대통령이나 정치권력이 그래도 경제권력보다 상위에 있었지만, 지금은 낮아진 형편이라 사실 기업이 원하는 방식대로 하지 않을 수 없다.

박근혜 정부의 경제활성화 정책을 보면 하나같이 재벌들이 요구하는 규제 완화가 내용이다. 누구를 위한 규제 완화인지를 살펴보면 정책 수립의 출발점부터가 문제가 된다.

'기업하기 좋은 나라'라는 슬로건대로 가면 사회가 어떻게 될까. 후진국일수록 그 논리가 그대로 받아들여진다. 카자흐스탄 같은 나라에 예전에 김우중 회장이 방문했을 때 대통령이 곧바로 그 자리에서 투자 결정을 내렸다. 인도나 캄보디아에 한국 기업이 진출하겠다고 했을 때 그쪽 지방정부는 공장 부지를 확보해주었고, 그에 저항하는 이들을 진압하는 과정에서 유혈 참사도 발생했다. 해외 기업의 투자를 끌어들이기 위해 자국 국민들의 생명은 안중에 없는 그야말로 후진국적인 현상이다. 그동안 우리나라가 개발독재 시절 때 해왔던 것이 그런 경제정책이었다.

규제란 한 사회가 지속 가능한 경제 활동을 유지하기 위해 마련한 최소한의 조치들이다. 강한 규제가 이루어지는 나라들을 보면 기본적으로 파시즘은 통제경제가 아니다.
그러니까 기업의 자율성을 존중한다는 명목하에
대기업이 마음대로 투자를 하도록 하는 방향을
추구했다. 곧바로 그 시대의 경제는 약육강식의
질서가 움직이는 체제로 변했다. 그렇게 본다면
파시즘이라는 것은 전체주의 상황만을 의미하는
것이 아니라 다른 한편에서 극도의 약육강식
체제가 사회를 지배하는 경제 상황까지 포괄한다.

대개 선진국이다. 기업이 자기 멋대로 할 수 없게 족쇄를 채워놓는 데도 기업이 흔들리지 않는 이유는 뭘까. 규제를 강제하면 양질의 인프라를 구축하는 쪽으로 투자를 늘리기 때문이다. 경영 혁신이나 인력 개발에 힘을 쏟음으로써 더 큰 수익을 내는 구조를 찾아 간다. 결국 규제 속에서 기업의 경쟁력도 올라가는 선순환이 이루어진다.

이를테면 기업 규제를 완전히 없앤 제일 심각한 경우가 전후 이라크의 재건 사업이었다. 전쟁 끝에 미국에 점령을 당한 이라크는 헌법이나 경제 관련 법을 만들면서 미국의 이해관계를 반영할 수밖에 없었다. 2003년 이후 이라크 정부가 수립한 정책은 100퍼센트 민영화였다. 모든 이익이 투자한 기업에 돌려지고, 기업은 세금을 내지 않는 말하자면 완벽한 시장 친화 정책이었다. 그런 체제가 어떻게 작동할 수 있겠는가. 나라가 힘이 없으면 곧바로 경제 식민지로 전락한다.

민이 힘이 있으면, 일반 경제주체나 노동조합, 더 나아가 정부가 힘이 있으면 기업에게 족쇄를 채울 수 있다. 사회 안에서 어떤 시스템이 작동하게 되는가의 차원에서 규제가 논의되어야 하고, 누구를 위한 규제인지를 확실히 규명해야 한다. 아르헨티나에서도 에너지 개혁을 통해 옛날에 다 팔아넘긴 석유산업을 다시 국유화했다. 민영화의 폐해를 가장 잘 보여준 것이 영국의 철도인데 경영난으로 실패한 뒤 최근 재국유화 논의가 제기되었다. 최소한 전력과 에너지, 가스 같은 공공 인프라 사업은 국가가 운영해야 하고,

민영화되더라도 국가의 통제하에 있어야 한다는 것이 지난 30년 동안 신자유주의 경제정책의 폐해를 겪은 뒤 얻은 교훈이다. 어쨌든 우리는 진보 정당이나 노동조합의 존재가 미약하고, 기성의 미디어들이 성장주의 이데올로기에 여전히 편승하다 보니 아직까지 체계적으로 대항하지 못하고 있다.

규제 완화를 논의할 때 세계 각국의 현황을 조사하고 보편적인 대책을 마련해야 하는데, 우리나라 경제 관료들은 규제를 전부 완화하고 없애는 것이 글로벌 스탠더드라고 한다. 실제로 미국을 보면 월마트가 아직 뉴욕에 진출하지 못했고, 시카고에 겨우 1호점을 냈을 뿐이다. 로스앤젤레스에 규모를 줄여 생활형 마트 형태로 진출하려다가 결국 노동조합과 시민사회의 반대에 막혀 수포로 돌아갔다.

나도 한때 베를린에 있으면서 시내의 유통 매장들을 유심히 관찰한 적이 있다. 대형마트는 찾아볼 수 없었고 중규모 마트가 도시 전체에 퍼져 있었다. 또 집에서 한 5분 거리에서 우리 옛날에 봤던 동네 가게들이 많았다. 대형마트는 규제가 강해 도심에 들어오기 어렵고, 자영업자가 조그만 가게를 하나 내는 데도 주변 상인들의 동의를 받아야 하는 등 절차가 까다롭다고 했다.

해외에서는 대형마트의 경우 보통 도시 외곽이나 신도시 지역에 창고형 매장 형태로 존재하는 게 일반적이다. 독일에서는 도심에 진출하려면 매출량

평가를 받아 주변 상권에 얼마나 영향을 주는지 조사를 거쳐야 한다. 프랑스에서도 주변 상인들의 동의를 받아야 한다. 다시 말해 기존의 중소상인과 자영업자들을 보호하기 위해 다국적기업이나 대형마트가 기성 시가지에 들어오는 것을 규제하는 것이 보편적이다. 우리나라만 무분별하게 규제를 풀었다.

옛날에 보면 군사정권은 혹독한 탄압 속에서도 서민들의 호민관 노릇을 자처했다. 전두환 정권 때 사실 주택임대차보호법이 만들어졌고, 노태우 정부 시절에 들어 공공 임대아파트가 공급되기 시작했다. 그런 것에 비해 국민의정부와 참여정부 10년에 오히려 규제 완화가 이루어지고 시장에 대한 국가 개입이 더욱 어려워진 측면이 있다. 그러다 보니 서민들의 입장에서는 과거 독재정권이나 보수 정부 시절이 살림살이가 더 나았다는 인식이 남아 있는 것 같다.

그 점에서 미국과 한국이 유사점이 있다. 얼마 전 클린턴 정부에서 노동장관을 지낸 로버트 라이시R. Reich가 그런 글을 썼다. 미국의 노동계급은 부시를 추종하는 세력이라는 내용이었다. 왜 미국의 하층민은 민주당을 신뢰하지 않는가? 우리나라로 치면 왜 하층 사람들이 새누리당을 지지하는가로 옮길 수 있다. 라이시가 그 얘기를 하는 것은 일차적으로 클린턴이나 오바마나 대선 경선에서는 노동자들에게 어필하는 공약을 내세우다가 대통령이 되고 나면 입을 싹 닦는 행태를 비판하기 위해서이다. 자신들의 입장과 공약을 실천하지 못하고 실질적으로 정치나 경제 정책의 내용이 공화당의 것과 별 차이 없어 보이니까 하층민들에게는 둘이 마찬가지라고 보인다. 또 민주당 사람들은 전부 부자 동네에 살고 아이비리그 출신이라는 공화당의 정치적 공략에 넘어간 탓도 있다. 결국 민주당이나 공화당이나 다 똑같은 놈들인데, 겉으로만 서민 편을 드는 민주당이 더 불만스럽다는 토로가 담겼다.

나는 그 글을 읽으면서 미국과 한국의 공통점은 노동자 정당이 없다는 것임을 떠올렸다. 두 나라 모두 정치의 장에서 노동자의 이익을 대변하고 계급적 담론을 당론으로 채택하는 정당이 부상하지 못했다. 크게 진보 정당과 보수 정당으로 양분되어 정책 대결을 벌이는 정치적 구도가 없다는 것이다. 진보와 보수 정당의 계급적 대립이 자리 잡히면 민영화나 신자유주의 정책 등을 둘러싸고 선명한 대립각이 형성될 수 있다. 그런데 두 나라 모두 보수 양당이 정치권력을 독점하며 공생하는 체제이다. 미국도 민주당과 공화당, 양당이 대립하는 가운데 경제정책 등은 별 차이가 없다. 미국이 전쟁을 벌인 때가 공화당 집권기가 아니라 주로 민주당이 정권을 잡았을 때였음을 보더라도 그렇다. 그러니까 진보 세력이 진입하지 못하는 보수 정당 정치가 계속되면서 일반 서민들의 입장에서는 기존의 제도권 정치를 별반 다를 것 없는 보수 정치인들의 기득권 싸움으로 파악한다.

그 결과 대다수의 사람들이 정치에 환멸감을 느끼게 된다. 정치인들은 빈말을 내세울 뿐 실질은 없다는 식으로 탈정치화한다. 정치자금을 모금하는 것을 보더라도 민주당 측도 부자들의 지원 없이는 어려워한다. 물론 노동조합도 정치자금을 내지만 그것은 코끼리 비스킷이고, 부자들의 후원 없이는, 특히 유대인들의 막대한 정치자금이 뒷받침되지 않으면 활동이 불가능하다. 그런 상황에서는 당선이 되는 순간 이익집단의 로비에 흔들릴 수밖에 없다. 클린턴이나 오바마 모두 개인적으로는 진보적 인사임에 틀림없고, 유럽에 있었다면 사민당 후보가 될 만한 사람들이다. 그런데 미국의 정치 구조에서는 그들도 어쩔 수 없이 보수 세력과 손을 잡는 방향으로 간다.

이러한 사정은 한국에 갖다 놓아도 똑같이 설명된다. 박정희, 전두환 정권 때는 국가가 시장을 관리하면서 군림하던 시절이었다. 재벌의 힘이 그렇게 크지 않았다. 재벌로서도 자신들을 키워준 대통령을 사보타주할 수 없었다. 수출 100억 달러라는 목표하에 각종 세제 지원과 면세 혜택, 그다음에 전기 요금 감면에 공장 부지 제공, 환율 정책 등 정부의 특혜에 힘입어 성장했기 때문에 재벌이 정권 앞에 잠자코 엎드릴 수밖에 없었다. 완전 복종 체제였다. 경제 위기가 오면 국가가 돈을 풀거나 기업의 사채를 탕감해주는 조치를 취했다.

마찬가지로 대통령에게 의지가 있으면 바닥의 하층민들이 나락으로 떨어지지 않게 하는 것이 가능하던 시기이기도 했다. 1990년대에 들어 외환 위기가 닥쳤을 때는 이미 그 시기가 지나버린 때였다. 대통령이나 정치권력이 크게 보면 기업과의 이해관계에 얽혀 있는 구조로 변했다. 설사 대통령이나 정치 지도자에게 민생을 구할 의지가 분명히 있다 해도 재벌의 심기를 건드리지 않는 선에서 그쳐야 했고, 기업에 각을 세우는 정책을 펼치기가 어려웠다. 그래서 두 민주 정부에게 하층민을 위한 정책을 펼 의지가 있었다고 해도 구조가 달라진 상황이라 이를 앞선 개발독재 체제와 같은 선상에서 비교할 수는 없다.

경제구조가 달라졌으므로 옛날 박정희 시절이 민생 살림이 더 나았다는 식으로 비교할 수 없음을 설명했지만, 또 하나, 두 민주 정부의 정치적 기반도 살펴볼 필요가 있다. 김대중, 노무현 대통령이 미국의 민주당보다도 어쩌면 더 보수적일 수 있지만, 그보다 더 중요한 점은 그들이나 그들이 이끄는 정당에게는 지역 기반밖에 없었다는 것이다. 미국 민주당은 그래도 상당수의 풀뿌리 당원들이 존재한다. 오바마가 당선된 데에는 전국의 풀뿌리 조직이 단합해 움직인 공이 크다. 지역에서 민주당을 지지하는 세력들이 노동조합과 지역 시민사회 단체의 표를 끌어 모았다. 그런데 한국에는 이러한 지역 조직이 전무하다. 지역 대결 구도와 지역감정밖에 남아 있지 않다.

이렇게 지역 조직이 미비한 상황에서 김대중, 노무현 대통령이 고를 수 있는 선택지는 많지 않았다. 이를테면 한 정치 지도자가 자영업자들의 이익을 옹호하겠다고 나서더라도 한국에서는 자영업자들이 단체 행동을 할 수 없다. 그리고 자영업자의 60~70퍼센트는 이미 저쪽 새누리당 지지자들이다. 영미 사회보다 훨씬 더 보수적이다. 그렇다고 진보 정당이 정말 비참한 삶을 사는 비정규직을 대변하겠다고 해도 비정규직의 비율이 전체 노동자 중 3퍼센트도 안 되는데 이들의 손을 잡고 정치의 장으로 진입할 수 있을까. 그들을 위한 정책을 펴고 싶어도 그들을 모으기부터 어렵고, 모으더라도 '표'가 안 되는 상황이다. 정치권력의 입장에서는 우선 누구를 위한 정책을 펼지 고민해야 하는 제도적 한계가 있다.

그렇기 때문에 계급이나 계층 문제에서 각을 세우기 어려운 정치 구조하에서 사람들에게 피부에 와 닿는 이른바 '민생'은 야당보다는 여당이 더 잘할 수 있다. 구조는 바꾸지 못하더라도 시간을 두고 보면 다 죽어가는 하층 사람들에게 비스킷 하나 줄 수 있는 힘은 보수 측이 갖고 있다. 나는 오늘 출근길에 전통시장 입구에 '전기료 동결, 새누리당이 해냈습니다'라고 적힌 플래카드가 걸린 것을 보았다. 시장 상인에게는 야당이 자신들에게 해줄 수 있는 것은 거의 없고, 새누리당이 전기료 요금 몇 푼 안 되는 것을 딱 떼워 넣어주니까 우선 그것이 손에 잡히는 것이다. 그럼, 그들에게는 저기 멀리 있는 야당 혹은 진보 정당 정치인은 아예 정책도, 관심도 없는 정치인으로, 소리만 외칠 뿐이지 아무런 힘이 없는 이들로 인식된다.

내가 만약 시장 상인이라면 정치인들을 어떻게 바라보았을까? 보통 상인의 눈에는 다 똑같은 치들이고, 새누리당은 그래도 사람이 다 죽어갈 때 물 한 모금이라도 약간씩 물려주더라고 하지 않았을까. 대기업 프랜차이즈 빵집이 동네 빵집 500미터 내에 신규

출점할 수 없다는 가이드라인을 만들었다고 해서 야당을 지지하게 될까 싶은 생각이 든다.

그렇다면 결국 정치 지도자의 문제가 아니라 시스템의 문제로 봐야 한다. 진보 정치 세력이 없는 구도하에서는 정치권력은 기존의 거대 여당과 야당으로 수렴되고, 서민을 위한 정치를 펼칠 필요도 없이 반사이익만으로 유지된다. 구태여 시장 상인들의 손을 잡지 않아도 되고 선거철에만 나타나 선거 유세만 하고 평소에는 내팽개쳐두어도 하등 자신들에게는 문제가 안 된다.

사회권력이라는 교두보

보수 정당은 어떤 규제나 제도로 접근하기보다는 예산을 확보해 중소상인 단체나 전통시장 조합, 즉 상인의 상층부에 돈을 뿌리는 방식을 택한다. 그러다 보면 직능조직들이 재정적인 지원과 혜택을 받으려고 서둘러 중소기업 진흥기구 같은 친정부적인 관변 단체로 변모하는 구조적 폐해가 나타난다. 일본이나 독일에서 중소기업의 협동조합 조직률이 70~80퍼센트에 달하는데 한국은 5퍼센트에 지나지 않는 것도 그러한 이유 때문이다. 협동조합이 상층부 위주의 관변 조직이 되다 보면 성원들 자신의 문제를 해결하지 못한다. 또 최근에 양극화가 심해지면서 자영업자와 중소기업 웬만큼 하는 분들도 쪼들리다 못해 중산층에서 하층으로 하향 평준화되는 실정도 조직 실패에 반영되고 있다.

바로 그 이유 때문에 나는 한국의 사회경제 체제를 그냥 신자유주의로 설명하는 게 적절치 않다고 본다. 신자유주의적인 요소가 물론 압도적이기는 한데, 지금의 시스템은 1987년 이전에 만들어진 시스템과의 연속선상에서 봐야 한다. 1987년 이전에 만들어진 시스템이란 시민사회를 해체 상태로 만들어놓은 사회 체제를 말한다. 대중의 자생적 조직화가 차단되어 있었고 지역 어디에서도 조직 활동은 발붙일 곳이 없었다. 조직이 해체된 자리에 관변 조직이 들어차고 노동조합 활동이 불법화되면서 거의 사회성은 눈에 띄지 않았다.

신자유주의로 전환되기 이전의 한국 사회는 그렇게 자생적 시민사회가 해체된 자리에서 움직였기 때문에 사회 시스템이 심한 분절을 겪었다. 노동시장의 분절을 보면 대기업이 맨 위에서 군림하고, 그 밑에 중소기업, 하청 업체, 재하청 업체 순서로 철저히 영역이 구분되는 시스템이 작동했다. 그런 상태에서 사람들이 성공해 살아남을 수 있는 길은 대기업에 들어가는 것이었고, 그 목표를 향해 온 국민이 돌진하는 가운데 대기업과 권력층에 진입할 수 있는 관문이 다름 아닌 학벌이었다.

학벌과 대기업이라는 두 코드를 중심으로 움직이던 사회 체제가 1987년 이전 사회 시스템이었다. 그러니까 기업 사회는 대기업과 비대기업으로 분절이 되어 있었고, 학벌 사회에서는 이른바 SKY 대학과 비SKY 대학으로 분절되어 있었다. 기를 쓰고 시스템의 상위에 진입해야 생존이 가능한 사회였다.

그러다가 1987년 이후에 민주화가 되고 노동조합이 생겼지만, 노동조합은 이 이중구조를 극복하지 못했다. 대기업에 고용된 노동자들이 만든 노동조합은 오늘까지 살아남았지만, 중소기업과 하청 업체에서 만든 노동조합은 1987년 이후 부침을 겪다가 전부 깨졌다. 지금 중소기업의 노동자들은 노동조합에 들어가는 것이 불가능해졌다. 법적으로 불가능한 게 아니라 사회적으로 불가능하다. 무슨 수를 쓰든 재벌 대기업에 들어가거나 학벌을 취득해야만 생존이 가능한 체제가 지속되는 한 한국 사회를 신자유주의 하나로만 설명하기는 어렵다.

심한 분절을 겪는 사회, 즉 지독한 시험을 통과해 문턱을 넘으면 생존이 가능하고 넘지 못하면 지옥으로 떨어지게 되는 시스템을 어떻게 극복할까? 나는 재벌이나 대기업에 대한 규제나 불공정 행위에 대한 고발 등으로 문제가 해결되리라고 보지 않는다. 다시 눈여겨볼 지점은 시민사회가 완전히 해체되어 있고, 마을 단위의 조직이나 공동체 같은 지역 조직이 거의 와해되어 있다는 것이다. 노동조합이 회사에 영향력을 미치지 못하는 상황에서 서민들은 아무런 대책도 찾지 못하고 있다.

1987년 민주화 세력이 정치적 민주화를 통해 우리 사회의 변화를 도모했지만 일정한 한계를 드러냈다. 정치적 민주화는 상층부 최고 권력의 교체에만 관심을 가졌을 뿐, 그 아래에 있는 권력, 즉 기업 권력뿐 아니라 사회권력에 대해서는 관심을 기울이지 못하고 등한시했다. 사회권력이라는 교두보가 있어야만 그 토양 속에서 정치권력도 꽃피울 수 있는데, 사회라는 토양은 전혀 가꾸지 않은 채, 갑자기 그냥 학생운동을 하던 사람들이 정치권으로 건너뛰었다. 정치권력을 쥐면 자기들이 자본을 바꿀 수 있다고 했는데, 안 바뀌는 것이다.

토양을 제대로 만들어놓지 않은 상태에서 힘의 균형은 이루어지지 않는다. 토양이라고 하면 키울 수 있는 우수한 인재를 계속 배출할 수 있는 토대, 또 그런 사람들이 힘을 발휘하도록 정치자금을 대줄 수 물적 기반 등 시민사회 조직을 말한다. 이러한 토대가 없는 상태에서는 제아무리 훌륭한 자질과 식견을 가졌다 해도 정치가가 되면 결국 당선을 위해 지역의 유력자에게 붙기 마련이다. 국가나 혹은 정치자금을 대줄 수 있는 특권층에게 손을 벌려야 하는 순간이 오면서 386세대 정치인들은 결국 저렇게 무기력해지고 말았다.

나는 요즘 '다른백년연구원'을 설립해서 자영업자 조직화에 관심을 갖고 있는데, 자영업자를 전통적 의미의 중산층으로 보는 시각은 극복되어야 한다고 본다. 현 상황에서 영세 자영업자와 비정규직은 하나의 줄기로 봐야 한다. 스웨덴 같은 나라에서는 자영업자를 노동조합의 범위에 포함시킬 수 있다고 보고, 우리나라도 학습지 교사나 캐디 같은 특수고용직은 지금 노동조합법상의 노동자성을 다투고 있다. 특수고용직뿐만 아니라 영세 자영업자들도 넓은 틀에서는 노동조합의 범위로 조직할 수 있다는 발상의 전환이 필요하다. 실제로 이 사람들이 어떻게 영세 자영업자가 되었는지를 상세히 들여다볼 필요가 있다. 기업에서 해고된 이들과 영세 자영업자, 도시 빈민, 비정규직은 서로 오고가는 형태, 우리 사회 경제의 바닥을 형성하는 층위이기 때문에 이 문제는 노동조합의 차원에서 풀리지 않는다.

그러니까 이처럼 극도로 고용이 불안한 상태에 처한 사람들에 게는 기존의 노동조합, 즉 사용자와 단체교섭을 하는 전통적 방식 의 노동조합이 아니라 공제조합 같은 방식의 새로운 형태가 필요 하다. 산업별 노동조합이 생기기 이전의 19세기형 직업별 노동조 합. 그리고 지역 단위의 직업별 노동조합이 생활과 연결될 때 그들 은 조직화가 될 수 있다. 발상의 전환이 필요하다.

사회권력이 교체되지 않는 상태, 즉 상층부만 일부 바뀌면서 실제로 중간 층과 하부는 그대로 유지되는 모습이 사회의 약한 고리가 된 듯하다. 정치권 력뿐만 아니라 토대로서의 사회권력이 지닌 중요성이 부각될 필요가 있다.

예를 하나 들어보자. 최근 농협은 중앙회장 선거, 조합장 선거 의 불법운동 사례에서 드러나듯이 완전히 농업인들로 이루어진 조직이 아니다. 대다수 농민들은 생활고로 어려운데, 농협 상층부 는 일종의 엘리트로서 막대한 특권을 누리고 있다. 정부에서 나오 는 농업보조금을 중간에 있는 농민 지도자 인사가 유용하면 그 피 해는 고스란히 농가에게 넘어간다.

내가 이야기하는 사회권력은 우선 크게 보면 직장과 지역, 그러

정치적 민주화는 상층부 최고 권력의 교체에만 관심을 가졌을 뿐, 그 아래에 있는 권력, 즉 기업 권력뿐 아니라 사회권력에 대해서는 관심을 기울이지 못하고 등한시했다. 사회권력이라는 교두보가 있어야만 그 토양 속에 정치권력도 꽃피울 수 있는데, 사회라는 토양은 전혀 가꾸지 않은 채, 갑자기 그냥 학생운동을 하던 사람들이 정치권으로 건너뛰었다. 정치권력을 쥐면 자기들이 자본을 바꿀 수 있다고 했는데, 안 바뀌는 것이다.

니까 직능 그리고 지역에서 작동한다. 직능은 직업 조직이므로 대게 노동조합 활동으로 귀결되고, 지역은 지역사회, 공동체 조직을 형성한다. 이 둘이 있어야 사회권력이 사회를 바꿀 수 있는 밑바탕이 된다. 우선 전자의 경우 우리나라는 근대화의 역사 속에서 어떤 직업집단도 제대로 된 직업윤리를 확보한 경험이 없다. 항상 정치적으로 통제되었고, 그중 상층부는 정치권력에 포섭됨으로써 지도급의 개인은 출세하고 조직은 계속 오염되거나 무력하게 남았다. 변호사 조직이나 오래전의 한국노총이 그랬다.

의사와 약사 같으면 최소한 직업윤리상 이런 것은 해서는 안 된다는 기준을 제시할 수 있고, 전문직이라 그들의 활동에 직접 영향을 받는 사회가 있으므로 고객이나 주민들에게 피해를 주지 않는 방향으로 공공성을 실천할 수 있다. 한국에는 이러한 직업 조직 활동이 거의 없다. 우리가 세월호 참사를 겪으면서 확인한 사실이지만 직업집단의 윤리가 살아 있었다면 그런 참사는 일어나지 않았을지 모른다. 관리와 감리를 맡은 이들이 불량 적재를 걸러내고 일정한 기준을 적용했다면 무너지지 않았을 것이다. 모든 것이 그런 식으로, 직업집단이 권력이나 자본과 결탁해 예속된 결과가 대형 사고로 이어진다.

지역에는 시민사회가 없다. 앞에서 언급했듯이 해방 직후 1945~1947년 사회에 건국준비위원회 혹은 지방의 각종 자치 조직이 대거 활성화된 적이 있었다. 그것을 미군정이 들어와서 다 깨버리고, 지역의 신망 있는 인사는 다 죽거나 다치거나 학살되면서 사라지고 말았다. 그다음에는 중앙 권력에서 인사를 내리꽂음으로써 지역의 토착 인사가 지도자로 선출될 기회를 차단한다. 중앙 권력의 근처에서 얼씬거리던 이들이 출신 지역의 국회의원으로 공천을 받아 내려갔다. 이는 지금도 크게 달라지지 않았다. 이 구도가 1948년부터 지금까지 변하지 않았다.

1950년대까지는 지방자치단체가 있어서 그래도 지역 조직이 잔존했다. 박정희가 1961년 5·16 쿠데타를 일으킨 뒤 지방자치단체를 완전히 없애버리면서 해체 국면으로 접어든다. 중앙 권력과 가까운 사람이 자기 고향에 내려가서 국회의원을 항상 해먹는 구조에서는 지역사회의 신망 받는 인사가 아무리 열심히 활동을 해도 선거 때가 되면 허사가 되었다. 그로써 지역 조직이 자라날 기반 자체가 해체되어버린 것이다. 크게 보면 지역 단위에서 자영업자 조직이라든지 온갖 조직이 활성화되어야 자기들이 직접 싸움을 이끌며 단체장과 협상도 하고, 국회의원에게 따지면서 입법 청원도 할 텐데, 지역 조직이 없는 상태에서는 한번 위에서 지시를 내리면 전국에서 쫙 퍼져나가는 획일적인 사회로 고착되고 만다.

사회 조직 문제는 현행 선거구 제도와도 관계가 있다. 1911년 중국의 민주주의 운동인 신해혁명이 발발했을 당시 선거 제도를 도입하는 과정에서 왜 사람을 지역 대표로 뽑는지를 두고 논쟁이 벌어졌다. 지역이라고 하면 100억 재산을 가진 이와 1억도 없는 이가 같은 곳에 사는데 도무지 그들 사이에 무슨 공통된 이해관계가 있기에 지역 대표를 뽑느냐는 지적이다. 단순하지만 중요한 질문이다. 지금도 지역 단위의 선거는 항상 부자들의 의사에 따라 주도되기 쉽고, 부자들이 선출될 가능성이 크다는 점이 지적되고 있다. 그 결과로 나온 대안이 민주주의 사회의 선거에서는 지역 대표와 직능 대표를 반반씩 뽑아야 한다는 것이다. 그게 오늘날까지 남아 있는 비례대표제의 정신이다. 그러니까 지역 대표로 갔을 때 대표성이 약할 수밖에 없는 구조를 보완하기 위해 대표성이 강한 직능 대표를 함께 뽑는 것이다. 지역 단위로 뽑는 민주주의에는 직능적인 이해관계를 가진 집단의 대표성이 사상되는 제도적 한계가 있다.

정치권에서는 평소 민생 대책을 말하다가도 정치 혁신이 논쟁이 될 때는 민생 개혁이나 경제민주화 의제는 완전히 뒤로 밀린다. 민생 개혁이나 경제민주화를 위해 정치를 혁신하자는 얘기는 한마디도 나오지 않는다. 정치 혁신은 어떻게 보면 권력 투쟁을 위한 수단으로 논의되는 측면이 있다. 그러다 보니 세입자나 중소상인 단체 등을 대변하는 정치 혁신은 어려워 보인다.

내가 아직 정치를 해보지 않아서 잘 모르지만, 그들의 행동에 대해 대충 짐작은 간다. 내가 정치인이라 해도 민생 개혁과 관련된 의제는 별로 이야기하지 않을 것 같다. 우선 '표'가 안 되고, 세입자나 중소상인 단체라는 것이 조직 기반이 있어 보이지 않고, 정치자금을 대줄 여력도 없어 보인다. 배신을 때리는 입법 활동을 한다고 해서 국회의원 자신이 퇴출될 위험이 없는데 나설 이유가 없지 않은가.(웃음) 정치 개혁을 우선하는 정치인들의 입장에서 보면 그렇다. 서민이나 저소득층 사람들이라고 하면 생계 활동에 대부분의 시간을 할애하면서 정치에 대해서는 선거일에 투표하는 것 말고 별로 관심이 없다. 정치자금을 후원한 적도 없으며, 자기들에게 직접적인 피해가 닥치기 전까지는 다른 사람들을 위해 나서본 적이 없는 이들이다. 정치인의 입장에서는 이해관계 집단으로만 존재하는, 말하자면 공적 집단은 아닌 사람들로 비칠 것이다.

물론 책임은 정치인 쪽이 더 크지만 문제는 양쪽에 다 있다. 지역사회에서 사회적 약자 혹은 영세 자영업자, 비정규직, 세입자들이 조직되어 있지 않기 때문에 지역 정치를 움직일 수 있는 추진체가 없는 것이다. 1987년까지 우리 사회의 변혁 운동은 학생운동이 주도했고, 더 나아가 학생과 지식인들이 주도했다. 물론 그 이후 노동조합이 조직되면서 사회적 영향을 미쳤지만, 영세 자영업자 같은 이들은 사회적으로 아무런 영향력이 없었고, 본인들 스스로도 영향을 미칠 수 있다고 생각하지 않았다. 그런 상태를 감안하면 최근까지 정치가 그들의 삶과 생활에서 떠나 있었다고 하는 것은 어느 정도 불가피한 측면이 있다. 원론적인 입장에서 정치인들에게 민생을 위한 입법을 최우선으로 하지 않느냐고 따지는 것은 좀 공허한 이야기이고, 지식인들의 하소연에 불과할 수 있다.

지역구에 마땅한 지역 조직이 없고 풀뿌리 당원이 없는 현재의 구조하에서는 당연한 점이 있다. 사회의 큰 틀을 바꾸는 차원에서 보면, 한국의 진보와 보수 논쟁에서 제대로 사회적, 계급적 의제가

부상한 적이 없다. 언제나 남북 관계, 한미 관계, 인권 문제가 의제로 올라왔지 사회정책적인 의제, 예컨대 복지, 물론 지난 대선에서 박근혜가 내걸었지만 그것은 선거를 위한 구호였고, 사회 세력이 그 문제를 두고 한판 붙은 적이 없었다. 사회적, 계급적 의제가 정치 의제로 떠오르지 못한 것은 우리 사회가 분단, 냉전 체제하에 있다는 한계에서 기인하기도 한다.

유권자들에게는 대통령이나 국회의원 후보를 선택할 때 자신들의 계층·계급적 이익에 따라 뭉치고 흩어지면서 판단할 기회가 별로 주어지지 못했다. 또 하나는 복지국가에 대한 상이 우리 사회에 아직 구체적이지 않을뿐더러 지방자치단체가 예산 부족으로 중앙 정부에 여전히 종속되어 있다. 쓸 수 있는 예산이 거의 없기 때문에 혁신적인 지방자치단체 실험이 일어날 수 없었던 것이다. 이를테면 영국에서 사회당이나 노동당 내에서도 가장 왼쪽에 있는 사람이 시장이 되는 경우처럼 진보적인 인사가 지방자치단체장이 되어 획기적인 정책을 펼쳤으면 그것이 파급 효과를 일으키게 된다. 그렇게 되면 시민들에게 복지에 대한 학습 효과가 생기는 것이다. 정치인들로서는 이렇게 혁신 지방자치단체 실험을 하면서 복지나 노동, 조세 분야에서 확실한 각을 세운 정책을 펴본 경험이 없기에 중앙 정치에 가서도 한계를 느낀다.

무상급식이라는 이슈가 사회복지 측면에서 큰 파장을 일으켰듯이 앞으로는 더 큰 복지 이슈, 민생 이슈가 제기될 것이다. 우리 사회가 점차 중대 선거 국면에서 이러한 사회경제적 이슈를 중심에 놓고 논쟁을 하면서 판단할 시기가 올 것이다.

그동안 한국 사회는 심한 분절을 겪었기 때문에 사회 상층과 하층 사이는 어쩌면 한 번도 이어진 적이 없을지도 모른다. 민주 정부가 들어섰을 때도 정치권력의 상층부만 바뀌었지 결국 민생의 하층엔 별 의미 있는 변화가 없지 않았을까.

보통 정치적 민주화가 사회경제적 민주화로 이어지지 않았다고 할 수는 없다. 이를테면 1989년부터 사용자 측이 파업을 주도한 노동조합에 손해배상 청구를 제기했고, 김대중, 노무현 정부에서도 그치지 않았다. 그래도 민주 정부하에서 사측이 소 취하를 많이 했다. 노동자들이 피부로 느끼는 민주 정부의 경험은 딱 그 정도이다. 그런데 현실적으로 그때 신자유주의 물결과 맞물리는 바람에 하층민의 실제 생활은 오히려 그전보다 더 힘들었던 경험을 했다. 하층 노동자들이 민주 정부를 냉소적인 시선으로 바라보는 것도 그 때문이다. 나는 특수한 상황이었다고 본다. 민주 정부와 신자유주의 시대가 맞물린 상황에서 일반 국민들이 둘을 구분해 볼 수 있는 것은 아니었다.

또 옛날 박정희 정권 시절에는 고도성장을 이루었는데 왜 지금은 성장이 안 되는지 물을 수 있다. 수출 길이 막힌 상태에서 내수를 살릴 정책 동력이 없는 한 한국 경제는 전처럼 성장하기 어렵다. 그렇다고 높은 집세 대출로 침체된 경제에 소비 능력이 끊긴 시민들을 설득하는 것은 불가능하다. 그래서 민생의 차원에서 정권 교체와 사회 현실 사이에는 미세한 변화는 있었지만 불행히도 함수 관계가 크지 않았다고 할 수 있다. 절대적 빈곤은 두말할 나위 없이 옛날이 훨씬 심했다. 처참한 빈곤이었다. 지금 와서 상대적 빈곤이 심하게 드러난다고 해서 옛날보다 지금이 우리나라가 더 빈곤해졌다고 말할 수 없다.

물론 예전에는 사회적 상승에 대한 기대가 있었고 모두 똑같이 가난했기에 버틸 수 있었다. 기대가 꺾이고 빈부 격차가 극심해지면서 사람들은 전보다 훨씬 큰 불행감을 느끼고 있다. 중산층에서 나락으로 떨어진 사람들에게 중산층의 신화를 다시 이야기하는 것은 현재로서는 거의 무망한 일이다.

스스로 자신들의 조직을 만들도록 도와야 한다

이번에는 거꾸로 내가 참여연대에게 질문을 하고 싶다.(웃음)

참여연대 민생희망본부에서 그동안 해온 활동을 보니까 사회적 대변, 여론 환기, 공익 소송, 대중운동화, 입법 청원 등으로 유형이 분류되어 있었다. 대변 활동은 그렇다 쳐도 과연 당사자 조직화 측면에서는 얼마나 기여를 했는지 궁금하다. 민생희망본부가 2012년경 망원동 시장 주변에 홈플러스가 입점하는 것을 반대하는 일에 개입했다고 알고 있다. 반대한 것은 좋은데, 그 싸움을 통해 이후 지역 주민이나 시장 상인들이 조직화되는 것으로 이어졌는가? 운동의 확산성이라는 차원에서 평가를 해볼 수 있다.

그리고 참여연대의 활동이 어떤 방향에서 완결성을 가지는지 알고 싶다. 고소, 고발을 해도 저쪽에서 접수는 하되 유야무야해버린다면, 다시 정치로 가야 하는 문제가 있다. 폭로를 해도 그것을 언론이 받아 써주면 좋은데 그렇지 않으면 언론과도 싸워야 한다. 또 공청회를 벌였는데 사회적 파급력이 떨어지면 다시 정치권을 찾아갈 수밖에 없다. 입법 청원도 정치권이 받아주지 않으면 다른 뾰족한 수가 보이지 않는다.

당사자와 정치권 사이에 시민사회가 끼여 있는데, 이런 경우 참여연대의 운동 방향은 어떻게 가야 하는지 질문하고 싶다. 좀 더 직선적으로 이야기하면 자기만족적인 운동으로 그친 것은 아닌가 하는 의문이 나온다. 고소, 고발 이후에 마땅한 사법 처리가 된 케이스, 미진한 케이스 그리고 법원에 접수는 됐지만 유야무야된 케이스, 또 의제를 제기하는 차원에서 사회적으로 그다지 확산이 안 된 경우, 가장 성공적인 경우 조직화까지 된 경우, 조직화까지 된 뒤 자기들이 직접 움직인 경우 등. 사례들을 유형화하고 과학적으로 검증을 해서 운동의 다음 진로를 찾아야 하는 게 아닌가 하는 생각이 든다.

이런 것 같다. 참여연대 같은 시민단체가 민생운동에서 해온 역할은 코디네이터였다는 생각이 든다. 불공정 행위로 피해를 본 당사자, '갑질'을 당한 당사자들과 직통으로 연결되면서 사안이 시작되면, 그 문제가 우리 사회에서

갖는 의미를 분석해 사회적으로 목소리를 낼 수 있는 전문가와 교수 등을 조직하고, 입법이나 정치적 의제화를 위해 필요한 역할을 할 국회의원도 교섭을 해 모아냄으로써 하나의 전선을 만들었다. 시민들에게 문제를 알리고 정치 의제화함으로써 피해 당사자들의 문제를 해결하는 운동의 패턴이지 않았나 생각이 든다.

또 공정거래위원회에 신고를 하거나 중소기업청에 민원을 냄으로써 행정기관에게 문제 해결에 나서도록 압박하고, 필요하면 국회에서 국정감사를 통해 해결하도록 촉구하고, 제도 개혁이 필요할 것 같으면 입법 청원을 했다.

이전의 재벌 개혁 운동은 일반 시민들 입장에서는 박수 칠 일은 되었지만 자신들의 문제라고 생각하기는 어려웠는데, 대리점이나 가맹점, 중소상인들의 현안을 놓고 불공정 거래와 갑질 관계를 다루는 경제민주화 운동으로 확장되면서 좀 더 시민들에게 호소력 있게 다가가지 않았을까 생각한다. 물론 노동조합을 하듯이 조직화까지 갔는가에 대해서는 한계가 없지 않다.

민생희망본부의 활동에 대해 좀 과학적인 평가를 했으면 좋겠다. 우리가 운동의 성취라는 기준을 어디에 둘지에 대해 지표가 있어야 한다. 이를테면 개악 입법을 막아냈거나 통과시킨 경우가 있을 테고, 조직화에 성공한 경우와 실패한 경우, 고발이 제대로 관철된 경우와 흐지부지된 경우, 의제를 제기한 데서 그친 경우 등 범주화해서 기준을 정해야 한다.

그리고 전체 타이틀에서 봤을 때 참여연대의 민생 활동과 박근혜 정부가 내세우는 민생 안정, 이 민생과 저 민생이 어떻게 다른

지 좀 더 명확히 설명되어야 한다. 참여연대의 민생운동은 애초 작은 권리 찾기에서 출발했는데, 작은 권리나 작은 이익의 민생은 어쩌면 저쪽이 더 잘할 수 있다. 그러면 이쪽, 시민단체는 민생의 개념을 바꿔야 하는 게 아닐까. 세입자와 영세 자영업자들이 겪는 어려움은 권리나 이익을 침해받은 것이기는 한데, 불공정 행위가 발생한 구조적인 문제와 시스템에 대한 담론 투쟁으로 이어지지 않으면 운동이 확산되기는 어렵다. 큰 투쟁 없이는, 우리가 예전에 참여연대에서 흔히 얘기했는데, 전투에서 이겨도 전쟁에서는 항상 진다.

전쟁에서 이기는 것은 궁극적으로 정치권력에 달려 있지만, 정치권력의 장에서 전체적으로 판을 바꾸려면 담론 투쟁으로 시스템에 대한 환기를 해야 가능해진다. 건물주가 장사가 잘되면 세입자를 당장 나가라고 할 수 있는 권력이 어디서 오는가? 그게 꼭 정치권력에서 비롯할까? 반드시 그런 것은 아니다. 임대인과 임차인 사이에 권력이나 권한의 차이가 법적으로 규정되어 있는 마당에, 아무리 건물 소유주라고 해도 갑자기 동네 집값이 오르고 장사가 잘된다고 해서 세입자를 내쫓아서는 안 된다. 도대체 무엇이 그렇게 만들었을까? 그런 문제를 큰 담론으로 제기를 해야 그 밑에 있는 소소한 문제도 해결책을 찾을 것 같다.

그래서 운동은 입법 활동과 정치 투쟁 및 지식인들의 담론 투쟁이 전제되어야만 가능하다. 참여연대도 입법 청원을 많이 했지만 좀 아쉬움이 크다. 찾아오는 시민들은 늘 투쟁을 요구하지만, 요구한 다음에 문제가 해결되면 바로 흩어져버린다. 해결이 안 되어도 흩어진다. 그러니까 해결이 너무 안 되면 연대가 안 되어 흩어지고, 연대가 잘되어 성공을 하면 하나씩 챙겨 가진 다음 흩어진다. 열악한 상황에 처한 사람일수록 흩어지기 쉽고 연결이 잘 안 된다.

그렇게 그다음 운동으로 연결이 되지 않는 것이 권리 투쟁의 한계이다. 권리 투쟁이 공동체의 관심사로 연결이 되지 않으면 투쟁의 성공은 보장되지 않는다. 그러므로 처음에는 우연하게 권리 투쟁에 가담한 이들까지 궁극적으로 하나로 뭉쳐 자신들의 조직을 만들게 해야 한다. 다음에는 투쟁을 요구하기보다는 내부에서 일종의 자조自助 조직을 꾸려나가 스스로 해결하는 방향으로 이끌어야 한다. 자기들끼리 서로 돈을 내고 힘을 축적해 어려운 날을 대비하는 시스템으로 가야 이 운동은 성공을 한다.

자영업자들의 경우 서로 경쟁 관계에 있으므로 자조 활동이 쉽지는 않겠지만 불가능하지도 않다. 동네가 살고 상권이 살아야 자신이 돈벌이를 할 수 있다는 생각이 형성될 때 자조가 가능해진다. 지난해 함부르크에 갔을 때 노동 박물관 견학을 돌면서 보니까 18세기 중반에 이미 노동조합이 '소셜 하우징'을 했다고 한다. 노동조합 초창기에 조합원들끼리 돈을 모아 땅을 구입하고 기술자들을 채용해 소셜 하우징을 했다. 한국은 1970, 1980년대부터 재벌과 정부가 결탁해 아파트 건설 사업을 시작한 뒤 그 구조가 수십 년 동안 유지되어왔다. 왜 우리는 주거 없는 사람들끼리 모여 자조적인 방식의 소셜 하우징을 하지 못하고 분양 시스템에 휩쓸려 갔을까. 그런 생각이 독일을 다녀오면서 들었다. 어디선가 하고 있겠지만 지금이라도 밑에서부터 주거 문제를 스스로 해결하기 위해 운동을 확산시켜야 한다.

문구점협회의 경우에는 대형마트가 문구 사업까지 진출을 하면서 위기가 닥치자 시민단체의 동의를 얻어 동반성장위원회를 통해 상생 협약을 맺었다. 대형마트에서 일정한 품목을 팔지 못하도록 했다. 그런데 더 나아가 협회 스스로 협동조합을 운영함으로써 문구를 지방자치단체나 기업에 납품을 하겠다고 나섰다. 사업자 협동조합이 되겠다고 표방했다. 결국 시민사회와 행정기관, 당사자 조직, 정치권이 협업을 통해, 밑바닥 풀뿌리 조직의 피해를 단순히 구제하는 선에서 더 나아가 조직 자체를 육성하는 움직임으로 가야 할 것 같다.

그런 의미에서 참여연대는 민원인의 억울함을 대변하는 데서 그칠 게 아니라 교육자로서의 역할까지 맡아야 한다. 그들은 자신들의 생활 문제가 너무 절박한 나머지 사안을 공적 차원으로 연결시키기가 어렵다. 물론 싸움을 하는 과정에서 자신들의 문제가 공적인 성격을 띠었음을 알게 된다. 자신들과 비슷한 처지에 있는 다른 이들의 존재를 알게 되고, 결국 정치에 가로막혀 있음을 깨닫는다. 참여연대는 사람들의 목소리를 대변하는 데서 끝날 것이 아니라 그들이 장기적으로 자기들끼리 뭉칠 수 있도록 유도를 하고, 교육도 필요하면 법률 지식 등을 지원해야 한다. 그들 사이에서 활동

쪽박차게
만들어줄 갑?

乙

쉽지 않을!

할 사람을 키우는, 약간의 교육자 역할을 맡아야 한다.

어쨌든 참여연대는 코디네이터 역할을 해야 한다고 생각한다. 중간에서 당사자들을 전문적인 교육 모임과 연결시키고, 행정기관과 연결시키고, 정치와 연결시키는 일이다. 중간에 서서 사회 밑바닥의 민생 조직이 성장할 수 있도록 돕는 것들이 우리의 역할이라고 본다.

더 멀리 내다봐야 한다. 참여연대가 시민들을 대변하더라도, 그들은 받을 돈만 받으면 떠나버리는 게 문제이다. 한국 사회에서 사회적 약자들은 자기들이 당하면 난리법석 치며 세상 끝난 것처럼 하다가 자기 주머니에 돈이 들어오면 바로 흩어져버리기 때문에 조직화가 안 된다. 각자 돈을 갹출해 공동 기금을 만들게 해야 한다. 세상에 공짜가 어디 있는가. 싸우는 일에도 내일을 위한 대비가 필요하다. 세월호 참사를 당하고 나서 어떤 사람이 울부짖으며 그런 이야기를 했다. 내가 그동안 세상 돌아가는 일은 많이 알았지만 시민단체 회비 한 번 낸 적 없고, 단체협약 한 번 한 적 없고, 집회에 한 번 참가한 적이 없다. 벌 받은 것이라고. 같은 이야기이다. 지금이라도 알았으면 흩어지지 말고 자기들끼리 돈을 모으자는 것이다. 100만 원 버는 사람은 1만 원을 내고, 1000만 원 버는 사람은 10만 원을 내 공동 기금을 만들어 싸우자. 투쟁 기금을 만들어 필요한 공부에 돈을 들이고, 서로의 뜻을 대변할 대표를 정치권에도 보내는 방식이다. 참여연대는 감정적 연대나 대변에서 더 나

아가 흩어지는 시민들에게 다음 운동을 위한 조직화를 제시해야
한다.

그동안 싸움의 구도에서 하층 계급들이 자발적으로 조직되어 지배 세력과
싸운 적이 없다면, 앞으로도 계급 문제는 사회적 의제가 되기 어려울 것 같
다. 다른 길이 더 유리한 것인가.

한국 사회는 비대칭적인 계급사회이다. 새누리당은 확실한 계
급 정당이다. 새누리당의 모든 정책에는 계급 노선이 일관되게 관
철되고 있다. 문제는 이 구조가 비대칭적이라는 데에 있다. 반대편
은 전혀 조직화가 되어 있지 않다. 저쪽은 확실한 계급 정당으로서
자신들 계급의 이익을 관철시키기 위해 최대한 복무하는데, 이쪽
의 약자와 피해자들은 뿔뿔이 흩어져 있다. 마르크스식의 자본 대
노동이라는 구도는 현실에 맞지 않게 된다. 그리고 나는 20세기적
인 노동조합 운동이 21세기의 경제민주화에 제일 중요한 주체가
되리라는 생각에도 약간 회의적이다.

그렇지만 전통적인 계급 대립을 떠나 사회적 약자들을 묶어주
는 싸움, 큰 틀에서 보면 어쨌든 자신들의 이해관계에 충실하도록
사람들을 주체화하는 싸움은 여전히 필요하다. 이를테면 화이트칼
라와 블루칼라의 이해관계는 동일하지 않고, 비정규직과 정규직의
이해관계도 동일하지 않다. 조건에 맞게 각각의 처방이 있을 것이
다. 비정규직 문제는 노사관계와 고용 승계 차원으로만 풀기는 어

렵고, 사회적 안전망이 함께 구비되어야 한다. 어쨌든 약자들을 그들의 이해관계를 중심으로 삼아 주체화하게 묶어주는 역할은 여전히 필요하다. 이러한 일이 이원적 계급 대립이라는 이론적 기반에서 설명되는 것은 아니지만, 지금 사회적 강자들의 방식에는 철저한 계급 노선이 깔려 있다. 하지만 약자들은 마르크스의 기대처럼 잘 조직화되지는 않는다.

지금의 계급 구조가 비대칭적인 상황이라면, 앞으로 사회적 약자가 주체화되고 힘을 얻기는 사실상 더 어려워진 것이 아닌가. 한국 사회의 계급적 구도를 바라보는 전망은 어둡다.

나는 그렇게 보지 않는다. 자본주의가 이런 식으로 계속 유지되고 지속 가능할지를 먼저 따져봐야 한다. 우리 사회의 불평등은 갈수록 심화되어 상위 1퍼센트의 소득이 전체 소득의 12퍼센트에 해당하고, 자산에서는 상위 10퍼센트가 총자산의 44퍼센트를 차지하고 있다. 이러한 상황에서는 소비 시장이 창출되기 어려워지므로 상위 소득자나 기업도 유지되기 어렵다. 위기를 맞은 것은 저쪽이나 이쪽이나 피차 마찬가지이다. 기존의 방식대로, 관성대로 가고 있을 뿐이지 저쪽도 저쪽대로 위기이다. 기존의 특권을 계속 가지고 갈 수 없고, 미래에 대한 투자가 불투명한 상태에서 지금 극도의 불안을 겪고 있다. 이제 어느 정도의 재분배가 이뤄지지 않고는 자본주의가 유지되기 어려운 상태에 처해 있다. 사회적 타협이라고 할까. 공적 생존을 위해서라도 그렇게 할 수밖에 없다.

정부도 수출 주도의 성장만으로는 어렵다는 것을 알고 있는 것 같다. 소득 주도 성장론을 끌어들여 흉내만 내고 있지만, 지금처럼 부동산 경기 부양만 계속 붙잡고 있다가는 때를 놓칠 수 있다.

하나 덧붙이면, 참여연대의 민생은 박근혜 정부의 민생과 어떻게 다른 철학과 비전을 갖는지 분명히 하면 좋겠다. 참여연대는 다른 내포를 가진 용어를 썼으면 좋겠다. 박근혜 정부의 민생은 동물에게 먹을거리를 주는 민생이다. 실제로 그 말을 씀으로써 국민을 동물 취급하고 있다. 정부가 얘기하는 일자리도 동물에게나 주는 일자리, 인간을 동물 취급할 때 나오는 일자리를 말한다. 그러니까 먹을거리만 좀 주면 만족하는 것들이라고 생각하는 모양이다.

참여연대의 민생은 그것과는 다른 개념이어야 한다. 먹을거리의 부재가 물론 지금 심각하지만 그것의 충족만 강조했을 때 나오는 결과가 인간의 자존감 상실이다. 자존감 상실과 사회적 시민권의 부재. 그러니까 직장이 없고, 매일 먹을거리를 고민해야 하는 불안한 상태에 처한 사람을 시민이라고 부를 수는 없다. 정치적 투표권이 있다고 다 시민이 되는 것이 아니다. 집주인에게 언제 쫓겨날지 모르는 사람이 어떻게 시민이 되겠는가. 사람들에게 안정된 미래, 인간으로서의 자존감을 살릴 수 있는 기회를 주는 민생이어야 한다.

어떤 인간성, 자존감을 살리는 문제는 개인적 차원이 아니라 사회 전체의 인식과 공동체와 관련되어 있다. 민생고에 허덕이는 하층 사람들에게 여유 있는 이들이 도덕성을 우선 요구할 수 있을까.

사람이 극도로 빈곤해지면 예의 도덕을 지킬 수 없게 된다. 기본적으로 동물처럼 된다. 노예화된 삶을 살아가는 사람이 인간의 품위를 지킬 수 없는 것은 예나 지금이나 마찬가지인 것 같다. 그러니까 사회적으로 짓밟힌 사람이나 어려운 환경에 처한 사람은 먹을거리에 허덕이게 되므로 염치와 예의를 차릴 여유가 없다. 그 사람에게도 불행이지만 사회 전체에서도 불행이다. 더 나아가 범죄이기도 하다. 그것이 엥겔스가 19세기 영국 노동자들의 비참한 삶을 바라보면서 말한 민중의 타락이다. 그러니까 민중들이 너무 처참해지면 도덕적으로 타락한다는 것이다. 지배자들은 그런 민중을 보면서 예의염치 없는 놈들이라고 하지만, 민중의 입장에서는 여유가 있어야 예의염치를 차릴 것이라고 한다.

그런 사람들에게 도덕성을 가지라고 하는 것은 나는 잘못된 생각이라고 본다. 바로 그 점 때문에 가장 처참한 처지보다 약간 나은 사람들이 위와 아래를 연결시킬 수 있는 역할을, 이건 중산층의 개념은 아닌데, 해야 한다. 어려운 사람들을 도와주는 것은 그들이 자조할 수 있도록 어떤 사고나 윤리를 상호 지원해주는 일이어야 한다. 엥겔스가 예부터 가난한 사람들은 부자들한테 도움을 받기보다는 가난한 이웃으로부터 도움을 받았다고 말했다. 약간 처지가 나은 사람들로서는 금전적 도움을 주는 데 그치지 말고 하층 사람들끼리 자조할 수 있는 기반, 즉 약자의 도덕 윤리를 만들어주는 일이 중요하다. 그러니까 강자의 도덕 윤리가 아니고 약자의 도덕 윤리를 만들어가야 하는데, 그 일의 출발에는 가장 처참한 처지의 사람들이 아니라 약간 상황이 나은 사람들이 나서야 한다.

우리가 이렇게 살면 안 된다, 저들이 나쁘고 우리가 이렇게 되어버렸지만, 그렇다고 우리가 똑같아져서는 안 된다고 하면서 자조할 길을 열어야 한다. 그래서 19세기 노동운동에서 중요한 활동 중 하나가 알코올중독자를 줄이는 일이었다. 사람들이 지치고 힘들면 알코올중독이 되면서 건강을 해치기 마련이었던 것이다. 그런 식으로 자가 치료를 할 수 있는 도덕 윤리를 밑으로부터 만들어나가는 운동이 필요하다. 그것은 노동운동이 아닐 수도 있다.

앞에서 로버트 라이시를 인용하면서 빈곤 우파에 대한 이야기를 나누었다. 그러니까 사람들이 빈곤해질수록 사상이 우파 쪽으로 기울어지고, 사회 전체적으로도 우경화되는 측면이 나타난다. 지금 세계 각지의 현장에서 목격되는 모습이기도 하다.

한국뿐 아니라 전 세계적으로 퍼져 나간 현상이다. 한국에서도 이주 노동자와 이민자를 반대하는 보수파의 상당수가 하층민이다. 자기들로서는 노동시장에서 직접 부딪치니까. 미국의 티파티에도 하층민들이 많이 가담했다. 어느 정도는 보편적인 현상이 되어버

박근혜 정부의 민생은 동물에게 먹을거리를
주는 민생이다. 실제로 그 말을 씀으로써
국민을 동물 취급하고 있다. 정부가 얘기하는
일자리도 동물에게나 주는 일자리, 인간을
동물 취급할 때 나오는 일자리를 말한다.

렸다. 그것을 해결할 수 있는 방법은 앞서 말한 대로 경제적으로 조금 나은 이들이 결합해 하층민의 고통을 이해하고 고통의 원인을 밝히면서 설득하고 교육하는 과정이다. 의식화라고 볼 수 있는데 시간이 꽤 걸리는 일이다.

한국의 국가와 자본주의: 냉전·분단 속의 기업국가[*]

한국 자본주의의 현재성: 신자유주의의 세계화

1989년 소련과 동구 사회주의의 붕괴로 냉전 체제는 끝났고 세계적으로는 신자유주의 시대가 도래했다고 한다. 그런데 이것은 동북아시아, 특히 한반도에는 부분적으로만 맞는 이야기이다. 동아시아의 근현대사에 대해 무지한 유럽 중심주의 시각을 갖는 사람들은 그렇게 말할 수 있다. 한국 사회도 1989년 이후 세계의 다른 나라들처럼 세계화와 신자유주의라는 현재성의 규정 아래 있다. 그러나 한국이 걸어온 역사적 경로가 다르기 때문에 통시적인

---

[*] 기업사회, 기업국가란 미국의 가토 연구소가 골격을 만들고 지난 대통령 부시가 제창한 소유자 사회ownership society와 유사한 개념이다. 소유자 사회라는 것은 의료보험, 사회보장에서 자기 자신의 소유자로서 개인의 책임성을 강조하는데, 정책으로 표현될 경우, 기업에 대한 감세 조치, 상속 제한, 의료보험의 개인 선택권, 교육에서 부모의 결정권 중시, 퇴직 후 설계에서 개인의 선택권을 중시하는 정책을 지향한다.

것과 공시적인 것이 한국의 정치·경제 현실 속에서 하나의 총체로서 얽혀 있다. 이러한 관점에서 한국 자본주의, 한국 사회를 봐야 한다.

우선 우리가 처해 있는 한국 자본주의의 현재성은 세계적 신자유주의 질서이다. 신자유주의는 지금 지구상의 모든 나라에 거의 예외 없이 관철되고 있다. 그것은 국가가 '자유'의 이름으로 시장주의를 강제하는 것이며, 사유화(민영화), 규제 완화, 노동시장 유연화, 노동 억압 등의 정책으로 나타난다. 국가는 법 집행, 시장 규제자로서의 역할을 축소하는 대신, 노동자나 약자들의 저항을 통제하고 규율하는 '치안국가'로서의 성격은 오히려 강화하고 있다.

한편 생산의 서비스화, 탈국가화 그리고 지구적 소비주의 문화와 맞물려 사회적 연대는 해체되고, 불평등과 빈곤은 더 커지고 있다. 즉 생산 체제의 성격 변화와 탈영토화 현상 때문에 저성장이 만성화되고, 국가 간 격차보다는 국가 내의 불평등이 더 커지고 있다. 이 질서에서 탈락한 사람들은 불평등과 빈곤을 개인의 책임으로 받아들이며, 개인화나 파편화로 인해 집단적 저항의 가능성은 더 희박해지고 있다.

1990년대 이후 지구적 금융자본의 지배, 경기 침체와 고용 불안, 저성장, 자본의 이윤 실현 기회 축소는 2008년 금융 위기를 불러왔으나, 미국을 필두로 한 국가 개입으로 일단 봉합 국면에 접어들었다. 그래도 유럽발 경제 위기가 상존하고 있고, 만성적인 저성장 체제가 극복될 가능성은 크지 않다. 세계 모든 나라가 겪고 있는 이러한 저성장은 과잉 자본화와 중산층의 소비 능력 저하, 지구적인 불평등에 의해 초래된 것이기도 하다.*

신자유주의의 세계화는 탈산업화, 생산의 서비스화, 즉 소비 자본주의와 맞물려 있다. 소비 자본주의와 고객 중심주의는 조직 노동의 입지를 약화시키고, 모든 서비스업 노동자를 '감정 노동자'로 만들고 있다. 이러한 자본주의하에서는 분노 표출과 집합적 저항은 억제되고 우울증과 자살이 가장 흔한 사회현상이 된다. 그 결과 노동자들은 사용자에 대해 저항하는 것이 아니라 서로에 대해 그리고 소비자에 의해 압박을 느끼고 있다.

자본주의와 신자유주의가 극단으로 가면 탈자본주의, 탈근대가 열리는 것이 아니라 새로운 세습 자본주의, 준신분사회가 도래한다는 사실도 새롭게 주목되고 있다. 그리고 여러 나라는 사실상 새로운 과두제 사회, 새 귀족사회로 변하고 있다. 이런 의미에서 민주주의는 거의 허울로 전락하고 있다. 자본주의는 오직 덜 자본주의일 경우에만 생존이 가능하다는 지적까지 나올 정도로, 과도한 자본주의는 민주주의를 위협하고 민주주의의 후퇴는 자본주의를 위협한다.**

신자유주의는 국가의 책임성과 사회적 동원과 응집성을 해체함으로써 국민주권의 원리에 기초한 근대 국민국가와 자유민주주의 체제를 위기에 몰아넣었다. 특히 자본주의는 공산주의라는 적

---

* Wolfgang Streeck, "How Will Capitalism end", *New Left Review*, May-June 2014
** 이하 볼드 처리한 강조 표시는 편집자의 것이다.

이 없어지자 민주주의와의 동거 혹은 타협을 불편하게 여기면서 민주주의의 근간이 되는 법치의 원칙도 벗어던지려 하고 있다. 결국 제도 정치에서 대표되지 못하는 인민들은 선거에 더 참여하지 않게 되어 각 나라에서 투표 참가율은 저하되고 있다. 게다가 각국의 재정 위기로 국가의 하부구조가 취약해지고 국가의 보호 기능이 후퇴하자 조직 노동은 물론 사회의 주변 세력들이 더욱더 탈정치화되었으며, 제도권 정당의 대표성이 흔들리게 되었다.

애덤 스미스의 '보이지 않는 손'의 논리를 편향적으로 해석한 오늘날의 신자유주의 논리는 시장 논리를 도덕의 차원까지 격상시켰으며, 가난은 단순히 부끄러운 현실이 아니라 처벌되어야 할 것으로 보기 시작했다.* 이 점에서 본다면 신자유주의는 자본의 지배를 가장 노골적인 형태로 표현한 것이지만, 시장의 실패자, 탈락자들은 자신의 처지를 탈계급적인 방식, 즉 고립된 개인으로 체험하기 때문에 이것은 '계급 없는 계급사회', 혹은 '비대칭적인 계급 구조화'라 부를 수도 있다. 그래서 200여 년의 역사를 가진 대의제 민주주의와 근대 국민국가는 현저하게 그 통합성을 상실하기 시작했다. 국가 내 국민은 주권을 누리는 소수의 주류 세력과 국가 밖으로 버려진 존재인 '잉여'로 구분되었다.

권력과 자본 세습, 잉여 노동자의 신노예화 현상은 세계화 국면에서 국민국가의 역할을 축소, 포기하는 것과 맞물려 있다. 이는

---

* 로익 바캉, '처벌 대상으로서 가난' 《가난을 엄벌하다》(시사인북, 2010)

패권 국가인 미국 및 미국 자본주의의 도덕적 위기를 수반한다. 미국의 도덕적 지도력 상실은 9·11 테러 이후 지구적 테러리즘이 등장한 원인이며, 1948년 미국과 영국이 합작한 이스라엘 건국 이래 지금까지 계속되는 중동 지역의 만성적 전쟁 상태의 원인이기도 하다. 미국이 일본의 전쟁범죄에 대해 불처벌impunity의 원칙을 적용하고, 그 후 남미나 아시아의 독재자들과 손을 잡고 국가 이익과 자본주의 패권을 도모했는데, 탈냉전 이후 테러가 만연된 것은 이에 대한 역풍이라고 볼 수 있다. 패권 국가인 미국의 도덕 헤게모니 결핍은 오늘날 모든 국민국가와 국민국가 내 지도부의 도덕적 무규범 상태를 불러온다.

신자유주의 시대는 곧 신보수주의, 즉 테러리즘, 극우 인종주의, 반유대주의의 시대이기도 하다. 세계 곳곳에서 국지전이 발생하고, 퇴영적인 민족주의와 인종주의가 활개를 치고 있다. 노르웨이에서 우익 테러, 영국 대도시에서 이주 청년들의 폭동, 일본에서 재일 한국인에 대한 혐오 열풍 등 국제적인 현상은 물론, 세월호 유족들을 비웃은 일베와 극우 세력들의 맞불 '폭식 투쟁', 테러 집단이었던 서북청년단의 부활 등 국내 현상 역시 신자유주의의 도덕적 타락의 한 징후이다. 그 근저에는 경쟁의 대열에서 탈락하면서 좌절한 청년과 소수자들의 분노가 깔려 있다.

한국의 국가, 정치 구도, 자본주의의 역사성: 냉전·분단의 규정성

그러면 신자유주의의 이러한 현재적 규정성은 어떻게 한국과 동아시아의 역사적 규정성과 결합되어 오늘의 한국 사회를 구성하고 있을까?

한국은 1945년 일제의 패망 이후 세계적 차원의 냉전적 대립의 전선에 서게 되어 통일된 국가를 만드는 데 실패했다. 그래서 미국에 의존하는 반半주권 상태의 분단국가가 수립되었고, 곧바로 3년간의 피비린내 나는 한국전쟁을 겪었다. 일제 식민지 지배 질서는 청산되지 않은 채 미국식 자유민주주의의 외피 속에서 온존했다. 1953년 휴전 이후 남한과 북한은 서로 적대하는 준전쟁국가로 고착화되었다. 전쟁과 안보를 최우선시하는 국가, 즉 적에 대한 폭력 행사를 준비하는 국가는 내부의 적에게도 설득보다는 배제의 원칙을 적용한다. 그래서 국민주권의 원칙은 내외 모두에서 불구 상태에 놓인다. 나는 이것을 '반의반의 주권 상태'라 부른다. E. E. 샤츠슈나이더는 미국은 민주주의 국가라 하지만 정당의 대표적 부재로 '절반의 인민주권'밖에 보장하지 못한다는 점을 강조한 바 있는데, 냉전적 분단-전쟁 상태에 있는 한국은 사회주의는 물론 민족주의 세력까지 배제되면서 미국 정도의 인민주권 실현도 어려우므로 반의반의 주권 상태에 있다고 본다.

필자가 '전쟁정치'라고 표현한 한국의 지배·권력 양상은 백낙청 교수가 주장하는 분단 체제와 일맥상통하는 것이지만, 전쟁정치라는 규정은 그냥 분단이 아니라 적대적 분단이 국내 정치에 연장되는 점을 강조한 것이다. 분단-휴전의 내재화로서 한국의 정치사회 그리고 권력관계에 더 강조점을 두고 있다. 필자가 강조하는 전쟁정치는,

교전 상황이 아니라고 하더라도 내부 반체제 세력의 도전을 이유로 국내 정치가 전쟁 수행의 모델이나 원리에 입각해서 진행될 때, 정치·사회 갈등이 폭력화되거나 지배 질서 유지를 위해 적과 우리의 원칙과 담론이 사용되어 적으로 지목된 집단의 존재와 활동의 기반을 완전히 없애려 할 때, 국가권력 행사에 대한 저항, 정당 간의 갈등이 비정규 전쟁과 갈등 양상으로 벌어지게 된다. 이 경우 내전과 치열한 정치 갈등은 거의 구별할 수 없고, 사회 전 영역이나 집단에 전쟁의 논리가 일반화된다. 국가 내부의 노동·빈민 세력, 비판적 지식인까지도 내전 중의 절대적 적처럼 취급되고, 이들을 제압해 무력화하는 일이 국가의 일차적 목표로 거론된다. (…) 전쟁정치는 이데올로기 차원, 법적 차원, 공권력의 행사 방식 등 다차원적으로 진행될 수 있다. 이 경우 국가권력의 행사는 광범위한 폭력을 수반하는 경향이 있다.[*]

1987년 '민주화' 이후에도 국정원, 기무사, 공안 검찰 등 공안 기구가 건재할 뿐만 아니라 국내 정치에 여전히 개입하는 이유, 국가보안법이 건재하고, 국민의 사상과 표현의 자유가 여전히 제한되는 이유는 바로 이 전쟁정치에서 기인한다. 이러한 조건에서 집

---

* 김동춘, 《전쟁정치: 한국 정치의 메커니즘과 국가폭력》(도서출판 길, 2013) 140쪽

권 여당은 국가, 민족, 가족 가치를 중시하는 의미의 통상적인 보수 세력이 아니며, 그에 맞서서 형성된 제1야당도 평등, 복지, 정의를 지향하는 '진보' 세력이라고 부르기 어렵다. 한국의 집권 여당은 스스로 우익이라고 자처하고 있으며 자신의 권력을 위협하는 모든 세력과 개인을 좌익으로 몰아붙인다. 이러한 냉전의 정점에 있던 시기에 사용되던 사고방식과 담론인 '적과 나'의 대립 구도를 집권 세력이 설정한 이상 정당 간의 정치적 타협과 대화는 매우 어렵다.

한국에서 제도권의 여야 구도 밖에서 진보 정당을 건설하려는 노력이 계속 좌절되고 보수 양당 구도가 고착된 이유도 바로 전쟁정치에서 주로 기인한다. 분단·준전쟁 체제하에서 야당 및 일체의 저항 세력의 이데올로기적 물적·사회적 기반은 체계적으로 파괴되었기 때문에 사실상 일당독재 체제가 지난 70여 년 동안 유지되고 있다. 일본 하토야마 정권, 즉 자민당 일당독재를 끝내려는 민주당의 실험이 실패한 이유, 대만 민진당의 실험이 좌초한 것도 한국과 유사한 맥락에서 이해할 수 있다. 1945년 직후 국가 형성기에 미국이 동아시아 반공국가 수립을 위해 정보기관을 동원해서 동아시아의 모든 극우 정당을 공식·비공식 지원했던 점도 무시할 수 없다.

그런데 전쟁정치하에서 정치 구도의 굴절은 단순히 지배구조의 특징만이 아니라 자본주의의 성격도 규정한다. 이 점에서 필자는 한국 자본주의를 '냉전 자본주의'라고 부르고 싶다. 냉전 자본주의의 특징은 소유권 절대주의와 구조적 반反노동, 재벌 체제, 가족 신뢰 체제이다. 흔히 냉전 체제하에서 서방 여러 나라는 사회주의라는 적의 위협과 내부의 조직 노동 세력의 저항을 끌어안기 위한 일종의 '수동 혹은 예방' 조치로서 복지 체제를 도입했다는 설명도 있지만, 한국의 경우 서유럽과 달리 보수 세력에게 그러한 양보와 타협을 강제할 조직 노동의 힘이 취약했기 때문에 오히려 더 강한 시장 자본주의가 도입되는 방식으로 나타났다. 즉 준전쟁 상황이 복지정책 도입을 강제한 것이 아니라 전쟁 상황이 오히려 극단적 반복지로 나아가게 만들었다. 특히 한국의 노동·복지 체제는 국가 폭력과 '강요된 제1세계주의'로 인해 더욱 강한 시장만능주의, 가족주의, 개인책임주의 양상을 띤다.

1989년 이후 유럽은 탈냉전기로 접어들었지만 동아시아는 여전히 냉전 질서에서 벗어나지 못하고 있다. 중국의 개혁 개방, 러시아와 미국의 충돌로 신냉전 기류가 형성되고 있으며 그것이 한반도의 분단을 이중적으로 규정한다. 그래서 1987년 이후 민주화의 반격을 맞은 과거의 반공주의가 종북 이데올로기로 부활했고, 국정원 등 수사·정보기관이 스스로를 재정비해 또다시 국내 정치에 개입하고 있다. 일제 식민주의 체제가 냉전이나 분단으로 변형, 지속되면서 국가의 국민에 대한 책임성, 정당의 국민적 대표성, 사상과 표현의 자유가 불구 상태에 있는 한편, 반공 자유주의라는 정치 자본은 오늘날에 와서는 재벌 개혁, 증세, 복지 확대, 비정규직의 노동조건 개선 등 사회경제의 민주화를 좌절시키는 조건이 되고 있다. 즉 과거의 국가 폭력은 이제 시장의 폭력으로 재연, 지속되고 있다.

한국 자본주의의 통시성과 공시성: 동아시아형 주변부 신자유주의

지금의 신자유주의는 복지국가의 위기를 돌파하기 위한 중·북유럽 국가의 중심부 신자유주의와 노동 세력의 도전을 맞은 개발독재국가의 구보수 세력이 위기를 타개하기 위해 도입한 주변부 신자유주의로 그 유형을 구분할 수 있다. 중·북유럽 국가의 경우 기본적으로 시장의 민주화, 법의 지배, 사회적 안전망과 사회 통합, 노동조합 운동의 제도화가 어느 정도 이루어진 신자유주의의 경로를 겪게 되었다. 프랑스의 사르코지, 독일의 메르켈처럼 서유럽에서도 신자유주의 정책을 옹호하는 우파 정권이 탄생하고 또 재집권에도 성공했는데, 우파 정권이라 하더라도 하루아침에 탈규제, 복지 해체 정책을 밀어붙이지는 못했다.

주변부 신자유주의는 1973년 아옌데 정권을 붕괴시킨 칠레의 피노체트 정권이나 1980년 광주 학살 이후 집권한 전두환 정권처럼 쿠데타 등의 방식으로 도입된다. 이 경우 자유시장 원칙은 국가 폭력, 노동 억압 등 파시즘 혹은 권위주의와 공존한다. 대만이나 한국 등 동아시아 국가의 경우 신자유주의는 기존의 냉전 반공 체제와 충돌 없이 진행되었다.*

---

* 이러한 구분은 애초 하비가 시도한 것이다. 와타나베 오사무는 일본은 양자의 양상이 결합된 동아시아형에 가깝다고 지적한다.

신자유주의는 단순한 자유 경쟁이나 시장 논리의 확대가 아니라 구체적인 정책 속에서는 규제 완화를 통한 경제적 독점의 강화, 노동시장 유연화 조치 같은 국가의 노사관계 개입으로 인한 노동조합 연대의 해체, 은행과 국영기업의 사영화를 통한 사적 자본의 헤게모니 강화 등으로 나타난다. 즉 국가는 대기업에 각종 혜택을 부여하고 노동자의 조직화와 연대를 해체하는 방식으로 극히 비중립적·비대칭적으로 개입한다.

그런데 주변부 신자유주의 경우 국가는 사적 이익을 노골적으로 옹호하는 양상을 띤다. 극단적인 형태에서는 국가가 범죄 집단과 결탁한 '마피아 자본주의'가 된다. 즉 자유민주주의와 법치주의의 원칙을 지키는 나라에서 국가는 중립성의 외양을 지니면서 자본 축적을 지원하는 경향이 있지만, 아예 그런 중립성과 공정성의 외양조차 견지하지 못한 나라의 경우 경찰·관료·사법부 등 국가기관이 마피아 자본과 직접 결탁해 사적 이익의 노골적인 옹호자가 된다.

결국 신자유주의는 국가권력의 축소가 아니라 자본과 국가 간의 새로운 관계 수립을 의미한다. 주변부 신자유주의 국가가 대개 그러하듯이 한국의 경우 크게 보아 초기 국가 건설 과정에서 민간에서도 축적된 자본이 거의 없었고, 국가도 금융과 조세를 통해 경제성장의 밑거름 역할을 할 자본을 확보할 능력이 거의 없었다. 당연히 재분배는 생각조차 할 수 없었다. 그 결과 오히려 사기업과 가족이 금융·의료·교육·복지 등의 재생산 영역을 주로 담당했는데, 1990년대 이후 신자유주의 물결, 즉 작은 국가, 탈규제, 공기업 민영화의 분위기 속에서 그 경향이 더욱 노골화되었다는 점이 특징이다. 다시 말해 입법부나 행정부뿐만 아니라 사법부까지도 '비즈니스 프렌들리'를 표방하면서 자본 축적의 조력자 역할을 한다는 점이 특징적이다.

그런데 동아시아 국가들은 과거 제국주의·식민지 청산이 이루어지지 않은 채 미국·유럽이 주도한 냉전 질서에 수동적으로 편입되었다. 즉 파시즘 청산이 이루어지지 않음으로써 전후 민주화는 극히 제한적이었고, 과거의 극우 세력이 여전히 지배 세력으로 남아 있게 되었다. 동아시아형 주변부 신자유주의에서 국가의 억압적 힘은 강대했으나 재분배 기능은 거의 없었다. 그리고 국가의 하부구조인 재정 능력과 공공성이 매우 취약했기 때문에 자본, 군부, 국가 관료 등이 유착해 시장경제를 발전시켜왔다. 관료 집단, 즉 국가 엘리트의 리더십과 윤리 의식이 낮고, 사법부나 검찰이 중립적 규제자로서의 역할을 거의 하지 못한다.

또한 이들 나라의 국가 엘리트는 사익을 위해 국가권력을 이용하는 경향이 있다. 국가가 공공과 정의의 원칙에 서 있지 않고 사익 집단을 제어하지 못하기 때문에 공권력에 대한 신뢰가 약하다. 그래서 국민들은 엘리트들을 지지하거나 신뢰하지 않고 법 집행의 공정성을 의심하기 때문에 필자가 《전쟁과 사회》에서 말한 각자도생의 논리가 작동하는 피난사회의 모습을 지니게 된다. 특히 한국전쟁, 1997년 IMF 위기 등 국가 위기를 맞을 때 대통령을 포함한 지배 엘리트들은 자신들의 이익을 위해 국민을 내버린다.

1997년 IMF 구제금융을 받은 이후 본격화된 한국 신자유주의는 과거 개발독재 시절의 경제 엘리트에 의해 주도되었다는 특징이 있다. 외환 위기 직후에는 그 위기를 가져온 주원인인 경제 투명성 확보, 반부패, 재벌 개혁의 변죽을 울렸으나, 곧바로 유야무야되고 말았다. 오히려 이 위기는 국내 경제 엘리트들의 매개를 통해 외국자본이 한국의 금융과 기업을 거저 집어먹는 기회가 되었다. **그 후 한국 경제는 여전히 공정 경쟁의 원칙이 작동하지 않는 독점의 영역과, 생존경쟁의 논리가 과도하게 작동하는 영역으로 완전히 양극화되었다. 정작 시장 원리가 적용되어야 할 영역에는 독점이 지배하고, 오히려 보호 육성되어야 할 영역은 과도한 경쟁과 시장주의에 노출되어 있다.***

결국 한국 자본주의의 역사성과 신자유주의 세계화의 현재성을 같이 고려해서 지금의 한국을 보면, 과거의 군사독재, 더 거슬러 올라가 반공 자유주의와 1990년대 이후의 신자유주의는 강한 연속성을 띤다. 따라서 과거 한국의 병영국가와 오늘의 기업국가를 별개의 것으로 봐서는 안 된다. 군부 엘리트가 권력권에서 탈락한 것을 제외하면 한국의 지배 엘리트는 거의 교체되지 않았다. 단지 과거의 안보·성장 논리의 자리를 종북·경쟁력 논리가 대신하

---

* 관료 집단, 재벌, 공기업, 제1야당, SKY 대학은 경쟁에 노출되지 않은 채 독점 지위를 향유하고 있지만, 그 외의 경제 · 사회 영역은 전쟁과 같은 약육강식 논리가 적용된다.

고 있다는 점이 다르다.

과거의 국가 폭력은 일상의 폭력으로 변형·지속되고 있다. 2008년 쌍용차 농성 노동자들이 공장 지붕으로 쫓겨 올라갔을 때, 테러 진압 임무를 가진 경찰이 토끼 사냥하듯이 노동자들을 진압하는 동영상의 풍경은 1980년 5·18 당시 공수부대원의 시위대 학살을 부드러운 형태로 재연한 것이다. 공권력의 감시, 법의 집행이 거의 미치지 않는 기업 현장에서 자발성의 이름을 빌린 구조적·상징적 폭력, 억압, 언어폭력과 성폭력의 일상화도 그런 맥락에서 이해할 수 있다.

오늘의 한국 자본주의의 모든 문제를 신자유주의로 환원시키는 담론과 운동 노선은 한국 자본주의, 신자유주의의 역사성을 무시하고 있다. 분단과 냉전은 식민지 체제가 다른 형태로 지속하고, 주변부성과 식민성이 온존하는 양상을 지닌다. 한국은 IMF 위기 이전부터 이미 공공 부문에 대한 국가와 사회의 부담이 작고, 사회 투자 부분이 극히 취약한 냉전 자본주의의 특징을 갖고 있었다. OECD 국가 가운데 국내총생산GDP 중 사회복지 분야 지출 비율 최하위, 고등교육 재정에 대한 국가 부담 규모 최하위라는 수치가 그것을 말해주고 있다.

사회·문화적으로 보더라도 냉전 문화와 신자유주의 문화는 공존하고 있다. 한국에서는 2000년대 이후 자라난 젊은이들만 경쟁을 내면화하고 불평등과 실업 빈곤을 개인의 문제로 받아들이는 것이 아니다. 오히려 국가 인프라가 거의 없던 1950년대 냉전의 극성기에 청소년기를 보낸 현재의 노인층도 빈곤은 자신의 능력과 노력의 부족에 기인한 것이라 여기면서, 현재 수준의 복지는 오히려 자신이 기여한 것에 비해 과도하다는 성취주의와 능력주의 사고를 강하게 갖고 있다.

오늘 한국이 거의 10년째 자살 공화국이라는 오명을 벗어나지 못하는 것은 개인화된 사회적 약자들이 효율성과 능력주의 논리를 내면화한 상태에서 어떠한 집단 저항의 가능성과 대안도 찾지 못하기 때문이다. 노동 유연화를 오직 '해고할 수 있는 자유'로만 이해하는 기업과 소수 재벌, 거기에 고용된 사람을 제외하고는 사투를 벌이고 있는 한계상황에서 중소기업과 자영업자, 비정규직들의 극히 열악한 현실, 그 질서를 받아들인 결과이다.

'굴절된 민주화' 이후의 부드러운 '우익 쿠데타'

비즈니스 프렌들리 정책을 표방한 이명박 정부 이후 한국은 더욱 기업국가, 기업사회로 변해갔다. 그러나 박근혜 정부 들어서 지배 질서는 냉전 보수주의, 유사 파시즘 체제로 더 후퇴했다. 이 두 정부는 신자유주의와 신보수주의의 가장 퇴영적인 형태라 볼 수 있다. 특히 이명박 정부가 과도기를 보였다면, 박근혜 정부는 반북 이데올로기를 강화한 가운데 노골적 언론 통제, 사찰, 야당 무력화, 친자본, 반노동 정책을 폈다. 즉 극히 형식화된 선거 정치와 정당정치는 남았지만 여타 민주주의 절차는 거의 무시되었으며, 고문과 노골적 폭력 행사만 제외하면 박정희·전두환 정권의 억압적 행태를 거의 반복하고 있다. 그리고 국정원, 국방부의 선거 개입, 국정원의 간첩 조작 등 사실상 헌정 질서를 위배하는 행태를 구시대적 반북 경제 이데올로기로 덮어버리려 했다.

이명박·박근혜가 집권할 수 있었던 것은 신자유주의 정책 기조를 택한 김대중·노무현 정부하에서 심각한 경제적 고통을 겪은 중하층, 노동자들이 경제 이데올로기에 귀를 기울였기 때문이었다. 물론 이명박·박근혜 정권은 남북 화해 진척과 재벌 지배구조 변화, 경제민주화와 복지 확충, 저출산 고령화 문제 대처, 교육 개혁 등 그 어느 하나도 국정 의제로 제대로 제기해 해결한 것이 없다. 두 정권이 예상했던 것보다 더 수구·보수의 길로 가게 된 것은 집권 여당이 국가와 사회를 이끌어갈 지도력을 갖고 있지 못하기 때문이기도 하지만 제1야당 역시 정치 구도 내의 독점 이익에 안주해 있기 때문이다.

흔히 말하는 '87년 체제'라는 것이 헌법상의 자유민주주의, 선거에 의한 정권 교체 가능성, 삼권분립, 노동조합 설립 자유화, 법의 지배, 언론 자유의 공준을 마련한 점에서 민주주의의 길을 열기는 했다. 그러나 국가보안법이 건재했고, 책임 정치의 실현을 방해해온 수사·정보기관이 그대로 살아남았으며, 단순 다수대표제의 대통령 선거와 소선구제에 기초한 국회의원 선거가 자리 잡아 국민의 정치적 의사가 정치에 제대로 반영될 수 없었다는 점 등을 생각해볼 때, 민주화의 질이나 수준도 매우 낮았다. 1987년 6월 항쟁의 정치적 공간 위에서 '87년 세력'이 형성되었고, 그들이 지금까지 시민사회 운동, 제1야당과 진보 정당을 통해 정치 변화를 추구해왔으며, 김대중·노무현 정부도 이들의 힘에 의해 수립되었다.

한국의 산업화가 압축적이었던 것처럼 1987년 이후 국내외 정치·경제 변화도 압축적이었다. 가장 중요한 계기는 세계화의 물결과 1997년 외환 위기 전후의 경제 양극화와 불평등의 심화였다. 2004년 민주노동당이 의회에 진출했지만, 그 사회적 기반인 조직 노동의 사회적 영향력이나 연대 능력은 이미 크게 잠식된 상태였다. 이 기간 동안 과거 민주화 운동가, 사회운동 지도자들이 대거 정치권으로 흡인되었다. 그러나 대체로 개인 입당과 수혈의 형태로 들어갔기 때문에 개인의 정치적 생존을 위해 제도권 정치인의 일인으로 안주하게 되었고, 그들의 변신은 결국 그들을 통한 변화를 기대하던 세력들에게 실망감을 주었다. 그 결과 반공 보수 헤게모니는 흔들리지 않았고, 호남이라는 거점과 대중의 불만과 반대를 표출할 다른 정치적 대안이 없었기 때문에 제1야당은 별다른 대안을 제시하지 않고도 야당으로 안주할 수 있었다.

물론 김대중 정부는 남북 화해와 평화통일 기반 조성이라는 큰 족적을 남겼고, 노무현 정부는 탈권위주의와 과거 청산 등에서 무시하지 못할 업적을 남겼다. 그러나 이들의 집권은 바로 1997년

경제 위기, 즉 본격적인 신자유주의적 구조조정 시점과 일치했고, 이들의 정치 개혁은 신자유주의 경제정책에 의해 빛이 바랬다. 이들 정권에서 표출된 구민주화 세력의 국가 경영 실험이 강고한 반공 보수와 연합한 신자유주의적인 신보수의 공세에 무너졌다. 그러나 조직 노동 세력이 이들 진보적 자유주의 혹은 구민주화 세력을 압도할 힘을 갖지 못했기 때문에 이명박·박근혜 정권은 아무런 헤게모니 없이도 헤게모니를 유지할 수 있게 되었다.

이제 한국의 87년 체제는 사실상 끝났다. 이것은 민주화 담론이 더 이상 국가 개혁의 대안을 담을 수 없으며, 1987년 민주화를 주도한 세력이 국가나 사회를 이끌어갈 지도력을 거의 상실했다는 의미이다. 조직 노동운동이 보수화 또는 체제 내화 되고, 시민운동은 제도화되었으며, 보수 야당이 무력해지고 진보 정당이 사실상 존재감을 잃은 것은 그것의 현상적 표현이다. 2014년 세월호 침몰 사고가 단순한 사고로 마무리될 수도 있었으나, 대참사가 되고 큰 사건으로 발전한 이유도 하나의 재난 사고조차 제대로 처리할 수 없는 국가·사회·정당의 총체적 무능력과 직무유기 때문이다. 그래서 오늘의 모든 경제·사회적 위기는 단순히 정권 교체만으로는 절대로 해결될 수 없다. 국가와 사회의 전면적인 쇄신을 요청하는 이유이다.

사회 건설과 정치·국가 재구축을 위한 대안:
'사회국가' 수립의 필요성

　노무현 정부 수립 전후인 2000년대 초반 한국은 근본적인 체제 전환을 요청하고 있었다. 그 전환은 이중적인 차원에서 접근해볼 수 있다. 개발독재 시절의 경제성장→평생 고용→교육을 통한 지위 상승→결혼과 가족 복지→퇴직금·연금을 통한 노후 보장으로 집약되는 그간의 한국의 사회경제 메커니즘이 저성장→불완전고용→교육의 계층 상승 기능 중단→결혼 불능과 가족 복지 붕괴 시대로 진입했기 때문이다. 정치적으로는 '53년 체제'라 부를 수 있는 분단·반공, 북한 적대와 안보 지상주의→흡수통일 모델이 더 이상 작동하지 않게 되었다. 그 이유는 탈냉전과 미국의 전략 변화→지구적인 패권 구도의 균열, 중국의 부흥과 일본의 보수화→남북 화해, 평화통일 요청→동북아 새 평화 질서 및 민간 안보의 시대로 진입했기 때문이다.

　노무현 대통령이 스스로를 '구시대의 막내'라고 본 것은 정확했다. 그렇다면 그의 임기 중에 이미 여야, 시민사회 모든 면에서 새로운 지도력이 구축되었어야 했다. 그런데 이명박·박근혜 정부의 퇴행으로 10년의 시간을 허송세월했으며, 제1야당의 정치적 지도력도 거의 없다. 특히 현재의 박근혜 정권은 거의 통치 불능 상황에 빠졌으며, 대통령의 눈치만 보는 집권 여당은 의미 있는 변화를 주도할 힘이나 비전도 없고, 제1야당 역시 대안 세력으로 부상하지 못하기 때문에 정치 교착, 사회 교착이 지속되고 있다.

현재 한국은 경제적으로도 주변부 신자유주의가 가져온 양극화와 불평등, 기업의 투자 부진과 경제 침체, 소비 저하 등 극심한 위기 상태에 있다. 정치적으로는 핵심 국가기관의 헌정 문란, 정치 부패, 언론의 신뢰 상실, 준파시즘적 사회집단의 발호, 세월호 유족들에 대한 조롱 등에서 보인 정의 상실, 도덕 해체 현상 등이 노골화되어 있다. 거시 역사적으로 보면 지난 100여 년 동안 한국이 거쳐온 식민지 근대화, 돌진적인 개발독재, 성장주의와 서구 따라가기에 몰두해온 근대화 과정의 모든 모순이 거의 한꺼번에 모든 영역에서 동시에 터져 나왔다.

그래서 오늘 한국 사회가 안고 있는 문제는 길게는 한 세기, 짧게 잡아도 적어도 30, 40년 이상 걸릴 수 있는 정치·사회 개혁을 필요로 한다. 물론 동아시아형 주변부 신자유주의 한국은 단순히 신자유주의 질서 일반을 극복하는 과제와 더불어 식민지, 냉전을 거치느라 제대로 꼴을 갖추지 못했던 근대 주권국가를 제대로 세우는 작업을 포함한다. 그것은 한반도의 전쟁·분단 체제의 극복, 즉 남북한 화해 및 통일과 연동되어 있다. 물론 정당 지지율을 반영하지 않는 국회의 의석 배분 구조를 개혁하는 등의 정치 개혁과 선거 정치를 거치지 않고 대중투쟁만으로 이러한 신자유주의의 폐해를 교정하기는 어렵다.

그러나 정치 개혁과 선거 승리만으로는 결코 정치와 사회를 바꿀 수 없다. 선거와 정당정치 혁신은 정치·사회 개혁을 위해 반드시 거쳐야 할 과정이지만, 정치 위의 정치, 즉 사회권력의 분배 구조를 개혁하지 않고는 김대중·노무현 정부가 겪은 정책 실패는 반복될 가능성이 크다. 오늘 한국 같은 기업사회에서는 기업 권력이 정치권력 위에 있다. 그래서 기업 권력을 변화시키지 않은 채 정치권력을 교체하더라도 그 정권은 정부 위의 '그림자 정부'에 의해 포획될 것이다. 미국의 대법원이 그렇듯이 한국도 이제 대법원과 헌법재판소 등 선출되지 않은 사법 권력이 선출된 권력을 농단하는 사법의 정치화가 과도하게 진행된 상태이다. 정당정치가 사회 갈등을 수렴하는 역할을 하지 못하면 대기업, 대형 로펌, 사법부가 정당의 역할을 대신할 것이다.

동아시아형 주변부 신자유주의 국가인 한국은 일본, 대만 등과 같이 정치 민주화, 즉 정당의 사회적 대표성 확보, 나아가 1945년 이후 임시적이고 불구적인 형태로 만들어진 국가를 다시 수립하는 과제를 추진해야 한다. 그러기 위해서는 자본·관료·정치권의 유착을 견제하고 감시할 수 있는 시민사회의 공공 역량 강화, 그것에 기초한 대안적 정당의 지도력이 있어야 한다. 즉 책임 있는 대안 정당의 건설, 사회 재구조화, 국가 건설 모두가 거의 동시에 진행되어야 한다. 사회 재구조화, 정치 변혁을 포함한 국가 건설을 지향해야 한다.

조선왕조가 붕괴되고 식민지 근대화의 길을 걸은 이후 한반도에서는 '민족'이라는 가치가 매우 중요한 관념과 실천으로 존재했지만, '사회'가 제대로 구축되고 실천된 적은 없다. 분단국가의 수립으로 국민주권의 원칙이 제대로 수립되지 못했다. 근대 한국에서 지역사회, 직업집단, 노동조합, 대중의 행동 등으로 요약되는 '사회'는 주로 저항운동 속에서 존재해왔다. 도덕·문화적 차원에서 보면 사회는 사회적 상호관계에서 신뢰의 형성 그리고 사회 구성원 간의 감정 공동체로 존재한다. 사회가 존재하려면 악행은 처벌을 통해 억제되고, 처벌하는 행위는 도덕적으로 옳고 칭찬할 만한 행위로 간주되어야 한다.*

그런데 한국에서는 처벌과 포상의 원칙이 제대로 집행되어본 적이 없기 때문에 엘리트들은 불법적이고 부도덕한 방식으로 권력을 잡았고, 대중들은 불법을 저질러야 돈을 벌 수 있었다. 그래서 법에 대한 복종이나 질서 유지는 자발성에 기초를 두지 못했다. 가족·친족·동문·고향 사람들의 1차 집단은 존재했지만 국가와는 별개의 공적 영역으로서 사회, 그리고 국가를 넘어서는 동아시아와 세계 문제를 인식할 수 있는 상상력이 미디어나 지식사회에 존재하지 않는다.

여기서 '사회'란 공공성을 의미한다. 공공성은 사회의 다수자, 즉 약자와 빈곤층을 포함한 중간층 이하의 모든 사람들에게 공통된 것을 의미한다. 제도적 차원에서는 관료 기구가 시민적 감시와 통제 위에서 활동하는 것, 정당이 사회적 대표성을 갖는 것, 재판이나 검찰의 기소가 권력자의 입김에 휘둘리지 않고 시민적 개입

---

* 애덤 스미스, 《도덕감정론》(비봉, 2009) 144쪽

속에서 진행되는 것, 기업과 노동조합이 이익 추구를 기본으로 하더라도 더불어 사회적 요구를 의식하고 행동하는 것, 언론이 기업의 이해만 반영하는 것이 아니라 수용자의 요구나 의사를 대변하는 것, 대학이 공공적 기능을 담당하는 것, 지방정부나 지역사회가 중앙정부로부터 어느 정도 자율성을 확보하는 것, 전문가들이 그들의 윤리 기준 위에서 행동하도록 직업집단이 조직화되는 것, 자발적 결사체가 자유롭게 조직되어 공적인 마인드를 갖은 채 이익을 표출하는 것, 일반 시민들이 가족 외의 지역사회나 직업 사회의 성원으로 행동하고 기여하는 것 등을 의미한다.

한국에서 사회 건설과 정당 건설, 국가 건설이 동시에 수행되어야 한다면 현재 수립되어야 할 국가는 19, 20세기형 근대국가가 아니라, 21세기형 '사회국가'여야 할 것이다. 한국의 제헌헌법에도 '민주적 사회주의' 혹은 경제·사회적 민주주의 보장을 내용으로 하는 사회국가의 지향이 포함되어 있었다. 현행 헌법에도 헌법 전문에 명시하고 있는 '국민생활의 균등한 향상'을 포함해, 제119조의 '균형 있는 국민경제의 성장', 적정한 소득분배의 유지, 경제민주화 등의 내용이 담겨 있기 때문에 사회국가의 요소가 있다. 그리고 헌법이 그저 명목적인 규범으로 그치지 않고 구체적으로 실천되기 위해서는 하위 법이 부합해야 하고, 입법부의 의석 구성, 관료 집단의 정책 지향, 법원의 지향이 부합해야 한다.

여기서 말하는 사회국가에서는 국가가 공공성, 사회적 유대의 실현태가 되어야 한다. 지금과 같은 신자유주의 시대에 그것은 국가가 정의의 원칙에 서서 시장의 통제자로서 역할을 한다는 것을 의미한다. 한국에서는 재벌 개혁이 관건이다. 기업 활동은 근대사회 형성의 기반이기도 하지만, 규제되지 않을 경우에는 사회를 파괴하기도 한다. 그래서 폴라니가 말했듯이 시장·경제 활동 영역은 사회 (활동)의 일부로 자리매김되어야 한다. 그리고 여기서의 시장 규제 사회는 국가의 행동을 통해 구체화되지만, 국가를 넘어서는 것, 초국적 시민사회를 지향하는 것이어야 한다. 예컨대 한일 과거사 문제는 한일 국가 엘리트의 야합으로 봉인되었으나 여전히 국가 엘리트들은 국민 통합을 위해 활용하고 있다. 이 경우 한일 시민사회의 연대만이 국가 엘리트의 야합을 폭로하고 진정한 연대를 위한 돌파구를 마련할 수 있다. 그러나 그 이전에 더 중요한 것은 각각의 국가, 혹은 정치를 변화시키는 일이다.

한국의 분단·전쟁 상황 그리고 동아시아 정치가 변하지 않는다면 남한만의 사회국가 건설은 어렵다. 그래서 평화·통일의 지향과 사회국가의 건설은 반드시 결합되어 있다. 특히 한국은 국토가 좁고 인구가 적기 때문에 생산, 소비 등 경제활동에서 국내시장보다는 해외시장에 크게 의존할 수밖에 없다. 시장의 규모가 작기 때문에 사회 내의 분업과 전문화의 정도도 지연될 수밖에 없고, 결국 거대 시장권을 가진 주변 강국에 의존하기 쉽다. 남북통일이 되거나 남북 화해가 이루어지면 경제·사회 정책 형성에서 군사·정치 변수의 제약을 줄일 수 있고, 시장 규모도 확대되어 사회 및 국가의 운신 폭을 넓힐 수 있다.

맺음말: '사회국가' 수립을 위한 주체 형성

사회국가의 건설을 위해서는 그것을 담당할 주체 형성이 가장 중요하다. 현실적으로는 그러한 의지를 가진 정치 세력이 만들어지고, 그들이 정권을 장악해서 입법을 통해 그 역할을 할 수밖에 없다. 그러나 그러한 정권이 들어서도록 하는 것, 정권이 그런 역할을 하도록 하는 것 역시 사회적 주체 형성을 전제로 하는 것이므로 양자는 서로 맞물려 있다. 그래서 사회적 주체 형성과 정치 주체 형성은 동시에 진행되어야 한다.

최근에는 미디어가 정당의 역할을 대신하는 경향이 있다. 그런데 현대 한국의 거대 미디어는 수용자보다는 광고주에 더 크게 종속되어 있으니 준정당인 미디어는 광고주인 대기업에 종속되어 있다고 봐도 좋을 것이다. 그래서 대안적 미디어는 대안 정당 건설의 전제이자 그 자체이기도 하다. 물론 21세기에 단일 계급이나 사회적 정체성을 기반으로 한 정당이 계속 존속할 수 있을지 의문이다. 또 현재와 같은 정당이 새 세대를 끌어들일 수 있을지, 사회 변화의 그릇이 될 수 있을지는 논란의 여지가 있다. 입법과 사법을 국가가 허용한 정당과 사법부가 독점해야 한다는 것도 20세기의 유산일지 모른다. 그래서 시민 입법, 시민 사법의 제도를 고안할 필요가 있다. 어쨌든 정당 건설과 사회적 주체 형성은 함께 가야 한다.

사회국가를 위한 주체를 어떻게 만들어낼 것인지에 대한 장·
단기의 과제를 생각할 때, 우선 고려해야 할 부분은 신자유주의의
최대 피해자는 청년 노동자와 실업자들이라는 점이다. 이들 대다
수는 능력주의와 경쟁주의 신화를 받들기 때문에 매우 개인주의
화되어 있다. 한편 최근 홍콩 청년들의 시위에서 볼 수 있듯이 일
자리, 주거권, 결혼과 출산의 권리 확보를 가장 절실하게 요구하는
것은 서비스 분야에 불완전하게 고용된 청년들이다. 따라서 다양
한 영역, 특히 서비스직에 종사하는 청년 노동자들이 다양한 방식
으로 조직화되어 새로운 사회적·정치적 주체로 등장할 수 있도록
조건을 마련할 필요가 있다.

경제조직들은 사회적 역할에 좀 더 비중을 두는 단위가 되어야
할 것이다. 그것은 노동조합과 협동조합의 결합, 기업의 사회적 책
임 강화, 대학과 지역 시민단체의 시민 정치교육 강화 등을 통해
실천될 수 있다. 노동조합은 협동조합 결성에 적극 나서서 빈민,
자영업자, 농민, 비정규직 노동자들과의 연대의 기반을 마련해야
하고, 이를 통해 사회적 주체로 거듭나야 한다. 특히 지역에 거의
기반을 두지 않는 한국의 기업별 노동조합들은 ILO가 권고하는
것처럼 지역사회의 사회 서비스 제공, 일자리 창출, 지역의 빈곤과
불평등 문제 해결의 주체로 나서기 위해 협동조합 결성 작업에 적
극성을 보여야 한다.

협동조합은 생활 세계를 시장화, 식민화하는 신자유주의에 대

항하는 중요한 거점이 될 수 있다. 지역 금융 등 새로운 금융 체제가 모색되어야 한다. 노동조합이나 협동조합은 평생교육 기관으로 기능해야 하며, 모든 노동조합 조합원이 적어도 하나의 사회단체, 하나의 협동조합에 필수적으로 가입하도록 조직 차원의 캠페인을 벌일 필요가 있다.

각 정치·사회 단위는 청소년을 위한 시민교육, 특히 노동·평화·인권 교육을 전면적으로 실시해야 한다. 지역사회의 시민교육 기관을 활성화하고 사회교육을 통한 여성 의식화, 주민 의식화 작업이 필요하다. 이를 위해서는 교사들이 학교를 벗어나 지역사회의 탈학교 청소년, 학부모 교육에 부분적으로 개입할 필요가 있다. 그리고 대학은 평생교육 제도를 더욱 활성화해서 사실상 영국의 개방대학, 현재의 방송대학이 하는 기능을 담당해야 할 것이다.

중앙집권 국가의 전통을 가진 한국은 일본이나 미국에 비해 지식인의 역할이 매우 중요하고, 그것은 당분간 변하지 않을 것이다. 지식인의 역할이 없어지면 개혁의 방향이 상실되고 곧 나라도 지탱될 수 없다. 그런데 완전히 기업 조직처럼 운영되는 지금의 한국 대학은 그런 지식인을 만들어낼 수 없다. 장기적으로는 정당이 자체의 정치 엘리트 양성, 사회적 의제와 담론 형성 기능을 해야 하지만, 그것이 불가능한 현재 시점에서는 대학 밖의 연구 공간이 활성화되어 사회적 담론과 비전을 결집하는 기능을 해야 한다. 주체 형성은 사회적 비전이 있어야 가능하다. 비전은 인간성의 실현과 인간의 잠재력을 억압하는 현재의 신자유주의적 자본주의를 넘어서는 상상력 속에서 나올 것이다.

김찬호

인간의 격格

——————————

　영등포구청역 근방의 순두부집에서 점심을 함께 했다. 그는 멀지 않은 '하자센터'에서 부센터장을 맡고 있었을 때다. 옆자리에는 계 모임을 하는 아주머니들로 시끌벅적했고, 순두부찌개와 콩비지 등 두부 음식이 정갈했다. 식사 후 주변에서 찻집을 찾다가 들어간 곳은 사주팔자도 봐준다는 한 '다방'이었다. 원두를 끓이는 대신 병을 꺼내 맥심 그래뉼 커피를 타주는, 그리고 그 흔한 음악 한 곡 흘러나오지 않는 덤덤한 곳이었다. 그는 이렇게 조용하고 손님 없는 곳에서 인터뷰를 해도 괜찮겠다 했는데, 우리는 그 말을 무지르고 참여연대 '참팟' 녹음실로 이끌었다. 나중에 후회했다. 그 한적한 다방에서 오전 시간에 만나 인터뷰를 했더라면 어땠을까?

　다시 만났을 때 그는 머리 손질을 깔끔하게 하고 나왔다. 그때 찍은 사진은 옆모습이 잘 나왔다. 인터뷰를 하기 전에 저녁을 먹었는데, 《모멸감》을 독파하지 못한 한 명은 밀린 독서를 마치기 위해 따라오지 않았다. 겨울 꼬막이 한창일 때라 밥에 비벼먹기도 했고, 따로 한 접시를 반찬으로 시키기도 했다. 그는 일본에서 연수할 당시의 이야기를 했는데, 인터뷰에도 나온 지역공동체 실험과 마을 살리기는 그의 오랜 관심사였다.

　밤늦도록 말하다 보면 목이 말랐는데, 귤을 까먹기도 했다. 우리는 1층 카페에 다녀오거나 다른 전화를 받는 등 한눈을 팔았는데 그는 중간 휴식에도 자리를 뜨지 않았다. 어느덧 마음이 놓였다. 우리는 계속 궁금한 것을 물고 늘어졌다. 밤 10시쯤 끝났을 때 그의 목소리는 그래도 지친 기색이 없었다. 남의 말을 다 챙긴 다음 한번 끊긴 자신의 말을 다시 이어서 하려면 갑절로 힘들었을 것이다.

　구정을 목전에 둔 밤이라 거리의 어둠 속에는 일찍 귀가한 자들이 남긴 쓸쓸함이 남아 있었다. 우리는 배화여대 앞쪽으로 걸어 올라간 뒤 주택가를 돌아서 경복궁역 근처의 시장 골목으로 들어섰다. 음식 재료를 파는 시장이었다면 그에게 굴비 한 손을 선물하고 싶었다.

민생이라는 말이 어떻게 다가오는지부터 시작해보자.

'민생'의 '민'은 집합적인 개념이다. 그런데 일반 국민 같은 불특정 다수라기보다는 일정한 색깔을 띤 무리에 가깝다. 영어 단어 'people'에는 그냥 뿔뿔이 흩어진 사람들의 무질서한 모습이 보인다면, '민'은 어느 정도 유대나 연결이 전제된 듯하다. 그래서 '민'은 단독으로 쓰이는 경우는 거의 없고 다른 단어 뒤에 붙어 파생된다. 서민, 국민, 시민, 주민 그리고 난민 등 참 많다. 그중 가장 비참한 처지에 있는 사람들이 난민일 것이다. 우리는 1960년대에 국민으로 동원되었다가 1980년대 후반부터는 일정한 자유권을 획득하면서 시민으로 살게 되었고, 이제는 생활난에 허덕이는 난민 신세가 되었다. 물론 난민의 본래 뜻은 그렇지 않지만 개별화되어 생존에 급급한 우리의 모습은 그 말이 어울린다.

'생'이라는 말도 참 중요한 개념이라고 생각한다. '생'은 생활, 생애, 생존 등 여러 의미로 파생된다. 김홍중 교수는 생존, 공존, 독존, 탈존이라는 삶의 형식을 열거했는데, 나는 여기에 '잔존'을 추가하고 싶다. 소멸되기 직전의 삶의 모습이다. 지금은 분명 생존이 다급한 시대이다. 살아남는 것이 중요해졌다. 생존이라는 삶의 형식은 난민의 삶과 딱 맞물려 있다. 생물학적 연명이 제일 주요한 존재 이유가 된 난민과 생존. 민생 중에서도 가장 딱한 부분이다.

나는 우리 사회의 보이지 않는 삶의 모습에 대해 말하면서 몇 가지 예를 들어보려 한다. 얼마 전에 12층짜리 아파트로 이사를 했다. 처음 이사 왔을 때 마음속으로 다짐한 것이 하나 있었다. 같은 동에 사는 이웃 주민을 출퇴근길에 마주치면 내 쪽에서 먼저 인사를 하기로 작정했다. 예전에 살던 아파트에서는 실천하지 못했는데 처음부터 습관을 잘 들이지 못한 탓이 컸다. 평소에 하지 않던 인사를 도중에 새로 시작하려면 얼마나 멋쩍겠는가.

9층과 10층에 사는 두 이웃과 나란히 엘리베이터를 탔다. 둘은 나와 인사를 나누기 전까지 한 번도 다른 이웃들과 인사해본 적이 없다고 했다. 평소에는 다들 알은척도 하지 않고 스쳐 지나갔다. 그렇게 높은 아파트도 아닌데 말이다.

아파트의 1층 출입문은 비밀번호를 눌러야 들어올 수 있는 구조이다. 영미식 생활방식에서 유래한 '게이티드 커뮤니티gated community'의 공간 구성이다. 그렇게 외부의 유입을 엄격히 제한하면 상호 교류가 없는 닫힌 커뮤니티가 된다. 외부와 철저히 차단할수록 주민들 사이의 소통도 그만큼 줄어든다. 김우창 선생이 일전에 한 말씀에 나는 공감한다. 한국 사람들은 악착같이 사람 많은 곳에 모여 살려고 하면서, 또 악착같이 인사를 하지 않는다는 것이다.

그렇게 친소 여부와 관계없이 이웃을 만나면 무조건 인사를 하기 시작하자 차츰 어색함도 사라졌다. 이웃들의 표정을 보면 인사하는 내 모습이 싫지 않은 것 같았다. 누구나 같은 마음이었는지도 모른다. 우리 사회에서는 낯선 존재에게 좀처럼 마음을 열지 않는 습관이 빠르게 번져나가고 있다.

나는 강의나 강연 때문에 지방에 내려가는 일이 잦은데 한번은 기차 안에서 한 할머니와 나란히 앉게 되었다. 그런데 할머니는 가는 동안 내내 잠만 자며 아무 말씀도 하지 않았다. 나도 책을 보거나 스마트폰을 들여다보면서 말을 건넬 기회를 엿보았다. 그러다가 결국 아무 말도 하지 못하고 기차에서 내리게 되었다. 혼자서 아무 말도 하지 않는 할머니의 모습을 보면서 저런 상태가 지속되면 치매가 오겠다 싶었다. 예전 1970년대에는 논에서 일하다가도 지나가는 기차만 봐도 손을 흔들었다. 동네 어디를 가도 말을 쉽게 섞을 사람이 있었다.

그때는 타인에 대한 신뢰가 높았다. 자기가 먼저 마음을 열면 상대도 마음을 열 것이라는 높은 수준의 신뢰가 있었다. 신뢰 수준이 사회 전반에서 현저하게 떨어지면 가까운 옆 사람에게도 함부로 마음을 열지 않게 된다. 속임수에 넘어갈까 봐 상대방에 대한 경계를 늦추지 않는다. 이제 우리 모두 관계를 맺는 일에 방어적이 되었다. 할머니 앞에서 말문을 트지 못하는 나도 그 흐름에 휩쓸리고 있는지 모른다.

그런 세상 속에서 우리는 타인에게 쉽게 모멸감을 주고, 자존감도 간단히 흔들린다. 기대만큼 타인들이 자기를 인정해주지 않는 것 같으면 반발심이 생긴다. 나는 두 가지 지점이 부딪쳤다고 본다. 우선 자기 자신에 대한 기대감이 높아졌다. 자기는 다른 사람보다 우월한 위치에 있으므로 그에 걸맞은 대우를 받아야 한다고 생각한다. 다른 사람에게 요구하는 서비스의 수준이 높아진 것이다. 하지만 기대한 만큼 자기를 대해주는 사람은 점점 줄어든다. 서로 상하관계를 떠나 인간적인 측면에서 인정하고 지지하는 경우가 드물어졌다.

사소한 일이지만, 할머니에게는 옆 사람이 먼저 말을 걸어주는 것이, 그리고 무슨 일로 지방에 내려가는지 물어봐주는 것이 할머니에게는 자신의 존재 가치를 확인받는 과정이었을 것이다. 그동안 살아온 생애에 대한 존엄을 확인받는 순간이다. 지금 한국 사회는 이렇게 유대가 약해졌다.

한편으로는 사회에 대한 정보가 많아지면서 주위의 시선이 주는 압력도 높아진다. SNS를 들여다보면 세상에 잘나고, 예쁘고, 똑똑한 사람이 넘쳐난다. 자기만 뒤처지는 것 같아 보이면 자존감이 세차게 흔들린다. 기대치는 높아지는데 실제로 자기를 지지하는 사람을 일상 속에서 점점 찾기 어려워진다. 이 괴리를 해소하기 위해 주체가 벌이는 일이 이른바 '갑질'이다. 《모멸감》에도 나오지만 모멸감을 느끼는 쪽이 다 정당한 것은 아니다. 내면에 파열된 것이 많은 이의 손에 권력이 쥐어지면 작은 일에도 타인이 무례하다고 느끼며 파괴적인 충동에 사로잡힌다.

사회에 여백이 없어졌다

선생은 《돈의 인문학》에서 위세에는 두 가지 얼굴, 즉 허세와 위엄이 있다고 지적했다.

위엄이라고 하면 백석의 시 '흰 바람벽이 있어'에 나오는 '외롭고 높고 쓸쓸한' 시적 자아의 모습에 가깝다. 타인에 대한 높은 수준의 신뢰를 가지되 그리움 속에서 일정한 거리를 유지하는 정신이다. 위엄은 사람들 사이의 외적인 차이에서 기인하는 것이 아니라 자기 내부의 '외롭고 높고 쓸쓸한' 시공간을 발견하는 데서 온다. 그것을 다른 사람으로부터 확인받아야 할 때 허세로 드러난다.

우리의 위 세대는 고도성장을 압축적으로 겪어오면서 자기 삶의 정당성을 제한된 한두 가지 가치에서만 확인받는 삶을 살았다. 그리고 그 제한된 가치 체계는 아래 세대에 그대로 대물림되었다. 그러다 보니 살면서 '이렇게 살아도 되는가, 나는 가치 있는 존재인가'라는 질문을 계속 던지게 된다. 성형수술이 유행처럼 번지는 것도 사회에서 통용되는 가치 체계가 협소하기 때문이다. 자신의 존재 가치를 추구하는 데 여러 맥락이 작용하고 허용된다면 그것을 확인받는 자리도 다양해질 것이다. 그동안 자기에게 맞지 않는 삶을 살았다면 다시 삶의 방향을 전환하면 된다. 일자리나 자산이 없는 상태라면 사회적 주류를 벗어난 삶을 계획해봐도 된다.

사회 안에서 용납되는 삶의 맥락이나 가치 체계가 제한적이면 정신의 유연성이 현격히 떨어진다. 자기가 사회가 정해놓은 일정한 기준에 미달한다고 느끼는 순간 발밑의 기반은 급속히 무너진다. 일제강점기와 한국전쟁을 거치는 동안 위 세대는 절대적 가난에서 벗어나는 데만 매달렸다. 우선 결핍을 채워야 했다. 바닥까지 내려간 생존의 기로에서 어떻게든 기적적으로 살아 돌아오는 일이 자신의 존재 가치를 증명하는 길이었다. 삶의 정당성을 채우는 코드가 획일적이었다. 그러다가 저성장 사회로 접어들면서 기존의 방식과 기준으로 자신의 존재 가치를 증명하기가 어렵게 되었다.

일상 속에서 '세상이 어쩌다 이렇게 삭막해졌을까' 싶을 때가 많다. 예전에는 고속버스를 타고 고향에 다녀올 때 항상 옆에 앉은 사람과 이야기하고 휴게소에서 사온 간식을 나누어 먹곤 했다. 지금은 아무도 그렇게 하지 않는다. 우등고속을 예매할 때도 옆자리에 사람이 앉는 것이 불편해서 그런지 늘 일인석이 제일 먼저 찬다고 한다. 민생이 어려울수록 사람들의 심리는 더욱 고립되는 것 같다.

TV에서 동물 다큐멘터리를 보면서 그런 생각을 한 적이 있다. 동물원에서는 겨울에 기온이 떨어지면 사자와 호랑이를 실내 우리에 가둬둔다. 그러다가 바닥에 싼 똥을 치우고 청소할 때가 되면 동물들을 다른 방으로 옮겨놓고 우리를 말끔히 씻어낸다. 그런데 본래의 자리로 돌아온 동물들은 익숙한 냄새가 사라져버린 우리 안에서 몹시 불안해한다. 물론 요즘엔 사육사들도 동물 각각의 생태를 고려해 청소 방식에 신경을 쓸 것이다. 여기에 인간의 생태를 대입해볼 수 있다.

지금 인간의 서식지는 어떻게 구성되어 있는가? 인간은 어떤 경우에 당황하고 불안해할까? 인간에게는 사회라는 복잡한 네트워크가 있어야 한다. 인간이라는 말뜻 자체가 인간은 혼자 힘만으로 살아남기 힘든 존재임을 말한다. 인간은 사회 바깥에서 혼자 힘으로 해결할 수 있는 것이 별로 없다. 그런 면에서 동물 중 인간이 제일 무능할 것이다.

어쨌든 인간은 본질적으로 삶을 유지하기 위해 관계망이 필요한 존재이다. 현대적 삶에 큰 영향을 미친 것이 세 가지 있다. 상품 시장과 정보 네트워크, 공간이다. 시장 원리가 사회 전역에 확대되면서 모든 것이 상품화되었다. 웬만한 문제는 돈을 매개로 한 거래로 해결한다. 예전에는 이사할 때가 되면 이웃과 친지들이 아침 일찍 나와 이삿짐을 거들었는데 요즘에 그런 일은 상상조차 할 수 없게 되었다. 이사하려면 포장이사 업체에 맡기는 것이 당연해졌다.

지나간 일이지만 예전에는 그런 식으로 살지 않았다. 상품 거래가 만연하지 않던 시절에는 구매력이 없어도 생계를 마련할 길이 있었다. 시장 원리가 일상의 모든 공간을 흡수해버리자 이제 시장 안에서 돈을 벌고, 시장에서 물건을 사서 해결하는 회로만 강화되었다. 요새 젊은 교사들은 수업 시간에 상품 구매 과정을 설명하면서 대형마트에 가서 장 보는 일을 예로 든다고 한다. 20, 30대 교사 자신들부터 그런 환경 속에서 자라났다.

이제는 말부터가 먼저 전통시장과 시장으로 구별되어 있다. 전통시장에 가서 이웃과 함께 물건을 사고 흥정도 하는 모습을 보여주면서 학생들에게 마을 경제를 가르쳐야 한다. 교사가 대형마트를 예로 설명하면 삶의 풍부한 감수성이 전달되지 않을 것 같다.

세상은 점점 '삶'이 보이지 않는 쪽으로 가고 있다. 주의를 기울이지 않으면 노동도, 죽음도 잘 보이지 않는다. 동네에서 장례를 치르는 풍경이 어느새 사라졌다. 상여가 문 밖을 나서지는 않더라도 장례차가 골목을 빠져나가는 모습조차 거의 보이지 않는다. 가정에서는 엄마가 집안일을 하는 모습이 보이지 않는다. 부부는 맞벌이에 지치고 아이는 학원 공부에 지친 가정에 남은 것은 컴퓨터와 텔레비전, 스마트폰 같은 전자 제품뿐이다. '삶'이라고 할 만한 것이 별로 없다. 둘러보면 상품밖에 남지 않은 세상이다. 그리고 나머지는 미디어가 빠르게 대체했다.

우리는 인터넷 보급률 부문 세계 최고를 자랑하는 나라에 살고 있다. 얼마 전에 홍콩에 사는 한 아이가 소원이 스마트폰이 되고 싶은 것이라고 해서 화제가 된 적이 있다. 자기가 울 때는 주위에서 아무도 돌아보지 않는데 스마트폰이 울리면 바로 반응하는 모습을 보면서 부러워했다고 한다. 미디어가 넘쳐나는 곳에서 인간관계는 냉랭해진다. 기차 안에서도 둘러보면 자는 사람이 절반이고, 깨어 있는 경우라도 스마트폰을 들여다보고 있다. 책을 읽는 사람은 한 칸에 한 명이 있을까 말까 하다. 기차 안에서 결정적으로 사라진 풍경은 창밖을 멍하니 쳐다보는 사람의 모습이다. 특별한 일 없이 시간을 보낼 줄 아는 사람을 찾아보기 힘들다.

그리고 마지막으로 공간을 살펴보자. 서울과 수도권의 주거 정책은 건설업체에 유리한 '스크랩 앤드 빌드scrap and build'(낡은 건물과 시설을 없애고 새로 건설하는 것)에 기반하고 있다. 옛날 것을 싹 갈아엎고 새로 짓는 방식이다. 얼마 전 시사 주간지에 실린 얘기인데 뉴타운이 조성된 지역은 선거에서 보수 진영의 무덤이 되기 쉽다고 한다. 선거운동을 하려면 토호 세력을 조직해 새마을운동 펼치듯 밀어붙여야 하는데 뉴타운 개발이 되면서 오랫동안 지역에 뿌리를 내려온 인적 기반이 와해되었기 때문이다.

뉴타운 지역의 사람 살이를 단적으로 보여주는 예가 있다. 보통 아파트 신축 공사가 마무리되고 분양받은 사람들이 입주하면 시행사는 마지막 공정만 남겨놓는다. 하청 업체를 시켜 시설의 하자를 보수해주는 일이다. 그 일을 맡은 자영업자 사장이 일이 너무 힘들다고 하소연하는 것을 보았다. 입주한 집에 찾아갔다가 주

세상은 점점 '삶'이 보이지 않는 쪽으로
가고 있다. 주의를 기울이지 않으면 노동도,
죽음도 잘 보이지 않는다. 동네에서 장례를
치르는 풍경이 어느새 사라졌다. 상여가 문
밖을 나서지는 않더라도 장례차가 골목을
빠져나가는 모습조차 거의 보이지 않는다.

부들한테 모욕당하는 경우가 부쩍 늘었다고 한다. 공사하느라 후줄근한 옷차림으로 다니는 탓도 있지만, 함부로 하대하고 무시하면서 아예 사람 취급을 하지 않는다는 것이다. 뉴타운 지역에 걸쳐 그런 식의 대우가 빠르게 증가하고 있다고 했다.

뉴타운 지역에서는 아파트 문을 딱 열고 밖에 나가봐도 같이 이야기할 사람이 없다. 20년 전만 하더라도 동네에 나가면 바로 아줌마들이랑 수다를 떨면서 지낼 수 있었다. 마을 사람들끼리 자기 자신을 애써 증명할 필요도 없고, 또 그런 모습이 자연스러웠다. 그런데 지금은 집 밖에 나가보면 자기를 보고 알은체하는 사람이 아무도 없다. 미디어에서는 끊임없이 남들에 비해 자기는 못났고, 살쪘고, 아줌마처럼 옷을 입는다고 비교하게 만든다. 그렇게 억눌린 감정 상태에 있는 사람 주위에 좀 만만한 이가 나타나면 바로 스트레스를 분출할 희생양이 된다. 그래서 시설 보수를 맡은 업자들 사이에서는 진상 짓을 하는 고객들의 블랙리스트가 있다고 한다. 그런 집에 가게 되면 문 앞에서부터 그 집 애를 보고 한바탕 칭찬을 해준다고 한다. 그러고 나면 갑질이 줄어든다는 것이다. 그만큼 타인으로부터 인정받고 싶은 욕구가 충족되지 않는다는 말이다.

사람은 스크랩 앤드 빌드 방식에 기초한 아파트 주거 환경에서는 삶의 뿌리를 내리기 어렵다. 이는 마을 공동체가 남아 있는 곳을 찾아가보면 실감하게 된다. 인천 동구 지역에 가보면 몇 곳 남지 않은 옛날 마을을 찾을 수 있다. 외지 사람이 가더라도 마을 입구에서부터 마음이 편해지는 것이 느껴진다. 지나가는 할머니들은 옷차림이 남루해도 표정에 짓눌린 구석 하나 없고 위엄이 흐른다. 가난은 엄연하지만 자존감은 삼성 임원보다 더 높아 보인다. 오랫동안 보아온 사람들 사이를 그들은 느긋한 걸음으로, 어떤 설명도 필요 없는 표정으로 지나간다.

우리의 삶이 힘든 것은 스펙을 쌓는 청년들뿐 아니라 모든 세대가 남 앞에서 자기를 끊임없이 설명해야 하고, 상대방이 자기를 무시하지 않는지 긴장하며 살펴봐야 하기 때문이다. 상황이 이렇다 보니 좌중의 분위기를 띄울 농담조차 하지 못한다. 농담을 하려 해도 분위기가 썰렁해질 것을 각오할 신뢰가 애초에 없는 것이다. 어울리지 않는 농담을 하더라도 비웃음을 사지 않을 것이라는 믿음이 없다.

삶의 뿌리를 내리지 못하는 공간 속에서 사람들은 흩어질 뿐이다. 세상살이의 어려움은 주거 불안정 때문만이 아니라 사회 관계망이 깨진 데에서도 기인한다. 자기를 알아봐주는 가까운 지인들이 모두 사라져버린 곳에서 혼자 살아가는 삶의 피폐함을 다들 알고 있다.

정리를 해보면 인간에게 필요한 공간이라는 것은 돈이나 시장, 미디어를 통하지 않고도 사회와 접속할 수 있는 지점을 말하는 것 같다. 자본과 시장을 통하지 않고도 사람들과 소통하고 만날 수 있는 공간이다.

우리 사회를 보면 타인을 만날 때 우선 확인하는 징표가 있다.

돈과 미모, 학력, 지위, 자녀의 성적 등이 그 사람이 어떤 사람인지를 말해준다. 이러한 것들 없이도 소통할 수 있는 공간이 필요하다.

말씀을 들으면서 한 가지를 깨닫게 된다. 민생을 바라볼 때 개인이나 가계 차원에서 사고하다 보면 주거비나 교육비, 의료비, 반값 등록금 등 구체적 사안에 집중하게 된다. 그런데 그보다 먼저 사람들 사이의 네트워크가 복원되어야 한다는 생각이 든다. 가처분소득이 몇 푼 늘어난다고 해서 이웃집에 도둑이 들어도 나 몰라라 하는 황량한 도시에 살고 싶지는 않다.

민생 대책은 피해자와 가해자의 구도 속에서 이전 상태를 복원하거나 부족분을 보상받는 방식으로 이뤄지고 있다. 이는 해당 사건에 국한되는 단편적인 해결이 되기 쉽다. 여기에는 민생 내부에서의 횡적 연대가 없다. 물질적 보상에 머물 것이 아니라 고유한 면적과 입체감을 가진 차원으로 넓혀나가야 한다. 점들 사이에서 이동하는 단선적인 관계를 고유한 면적과 부피를 가진 관계로 탈바꿈하는 일이 인문학의 과제라고 본다.

내가 '하자센터'에서 근무하면서 네트워크 학교라는 인문학 수업을 중고생들과 함께 진행한 적이 있다. 그때 있던 일은 많은 것을 다시 생각하게 한다. 요리 학교라는 수업도 있었는데 애들이 점심에 요리를 만들어 다른 학교 학생들에게 돈을 받고 팔았던 모양이다. 그런데 서로 모르던 학생들이 인문학 수업을 함께 들으며 관계를 트게 된 다음부터는 똑같은 요리인데도 맛이 달라지더라는 이야기를 했다. 자기가 아는 애들이 만든 요리를 먹는다고 생각해 보니 요리에서 친구의 얼굴이 보인다고 할까. 요리에 스토리가 생긴 셈이다. 전혀 모르는 남이 아니라 친구가 만든 음식이라 맛있게 느껴진 것이다.

시골 텃밭에서 자기 손으로 직접 기른 채소를 수확했을 때 식탁에 그동안 들인 노동과 시간이 함께 올라오듯이 말이다. 가족들의 사이가 좋을 때는 마주 앉은 밥상이 훨씬 풍성하게 느껴지지 않던가.

삶의 기회가 줄어든다는 것

앞선 세대들이 자신들의 존재 이유를 제한된 가치에서만 찾게 된 맥락과 배경을 좀 더 자세히 설명해달라.

삶의 기회라는 측면에서 살펴볼 수 있다. 지금 세상살이가 힘든 것도 삶의 기회가 점점 박탈되는 데서 오는 위축과 불안이 크게 작용하기 때문이다. 힘들어도 자기에게 아직 기회가 남아 있다고 느껴지면 세상이 견딜 만하다. 하지만 더 이상 기회가 없음을 확인하는 순간 주체하기 어려운 절망과 분노가 자라난다. 해방 이후 한국 사회에서는 삶의 기회가 거의 폭발하다시피 늘어났다. 고도성장기를 거쳐 50년이 지나는 동안 1인당 국민소득이 600배 늘었고, 수출은 1만 배가량 성장했다. 이 수치는 세계 어디에서도 찾아볼 수 없는 엄청난 기록이다.

그런데 삶의 기회라는 것은 경제적 차원에만 있는 게 아니라 정치·사회 차원에도 있다. 민주화 세대는 산업화 세대가 만들어놓은 토대 위에서 열매를 따먹으며 자신들의 정치적 입지를 넓혀나갔다. 산업화 세대와 민주화 세대의 공통점은 도전과 개척의 경험 또는 승리의 경험을 가졌다는 데에 있다. 한 세대는 지독한 가난을 이겨냈고, 그다음 세대는 폭압적인 독재 정권에 맞서 싸웠다. 그 경험은 책을 읽어서 습득한 것이 아니라 그야말로 몸으로 터득한 것이므로 해당 세대가 아니고는 공유할 수 없는 자신감이고 역사적 자산이다.

1990년대 학번들이 대학을 졸업하고 도전과 개척을 시작할 무렵에 바로 앞 세대인 386세대가 정보화와 벤처 사업 부문을 전부 독차지하고 있었다. 가만히 보면 맨 아래 세대의 사회 진출 기회를 틀어막았다는 점에서 386세대는 자신들의 앞 세대인 산업화 세대와 크게 다르지 않다.

인간은 두 가지를 비교한다. 과거와 현재를 비교하고, 남과 자기 자신을 비교한다. 제일 행복한 경우는 어제보다 오늘이 나아졌고 자기가 남보다 낫다고 느껴질 때이다. 제일 비참한 경우는 어제만 못한 데다가 앞으로도 남보다 나을 것 같지 않을 때이다. 남은 경우의 수는 어제보다 나아졌지만 자기는 남만 못하다고 느낄 때와 어제만 못하지만 남보다 나아졌다고 느끼는 때이다. 예전에는 첫 번째 경우가 많았다. 게다가 시간이 지나면 더 나아지리라는 희망이 있었다.

하지만 이제 상황이 달라졌다. 내일은 나아지리라는 기대나 남보다 잘살 수 있다는 희망에는 아무런 근거가 없다. 운전을 할 때 길이 막혀도 다 같이 시속 20킬로미터로 차가 빠지는 경우와 자기 차선만 꼼짝도 하지 않는 상태에서 옆 차선이 시속 60킬로미터로 빠지는 것을 바라보기만 해야 하는 경우는 천지차이가 난다.

예전에는 사람들이 살아갈 힘이 있었다. 삶의 공간이 꾸준히 넓어지고 기회가 열리는 시대를 스스로 개척한다는 자신감이 있었다. 그것이 반세기 동안 우리를 버티게 해주었다. 산업화 세대와 민주화 세대는 어떤 의미에서는 상호 보완적인 관계라 할 수 있다. 서로 맹렬히 싸웠지만 한편에서는 기성세대와 '맞짱'도 떠보고 극복하려 한 경험을 함께 나누었다. 아래 세대가 대학에 진학하면서 학력 수준이 높아지면 자연히 앞 세대가 극복되었고, 앞 세대는 그것을 인정할 수밖에 없었다.

그런데 대부분 대학을 나와 영어도 잘하는 민주화 세대가 사회의 주인으로서 입지를 굳히고 기성세대로 진입하자 그다음 세대는 아무리 해도 앞 세대를 뛰어넘기 어려워졌다. 이러한 가파른 격차와 불평등은 우리 사회가 그동안 얼마나 지나치게 제한된 가치 체계에 사로잡혀 있었는지 말해준다. 삶의 의미를 비좁은 가치 영역에 국한한 채 그 맛에 중독되어 살아왔다.

우리는 삶의 보람, 역동성, 동기, 열정 같은 강렬한 가치를 너무 짧은 순간 한꺼번에 들이마신 것은 아니었을까. 어떻게 보면 강력한 약효를 지닌 마약을 투약하고 나자 그것보다 약한 것은 통하지 않는 것과 비슷하다. 더 나아가 민주화 세대는 공동체 속에서 살았던 공간의 경험까지 소유하고 있다.

이를테면 어릴 때는 마을 공동체의 보호를 받으며 자라났고, 일요일이면 친척집에 찾아가 삼촌과 이모의 이야기를 들었으며, 시장 한복판에서 마을 사람들이 만날 치고받으며 살아가는 모습을 볼 수 있었다. 간혹 이웃이나 길거리에서 사람이 죽어나가는 모습도 눈에 띄었다. 어떻게 보면 학과 공부를 하면서도 세상 공부를 함께 해나갔기에 나중에 그 경험 체계는 삶에 큰 도움이 되었다. 그에 비해 아래 세대는 애초부터 풍성한 공간 경험에서 배제되었다. 다시 말해 민주화 세대까지는 이전 세대가 만들어놓은 배움의 토대를 자연스럽게 누린 데 반해, 그다음 세대부터는 사회적 관계망이 약해지면서 토대 자체가 사라져버렸다. 이제 그들에게는 매뉴얼화 된 공부나 프로그램밖에 습득할 것이 없다.

중독이라는 말이 기성세대가 누린 혜택이나 경험을 단적으로 표현하는 듯하다. 그와 관련해 삶의 기회와 자기 정체성 문제와 연관되는 지점을 좀 더 짚어달라.

우리 사회가 해방 이후 누린 부의 홍수, 기회의 홍수를 중독이라고 표현한 것은 우리의 관리 능력 이상의 부가 한꺼번에 주어졌

우리는 삶의 보람, 역동성, 동기, 열정 같은
강렬한 가치를 너무 짧은 순간 한꺼번에
들이마신 것은 아니었을까. 어떻게 보면 강력한
약효를 지닌 마약을 투약하고 나자 그것보다
약한 것은 통하지 않는 것과 비슷하다.

음을 강조하기 위해서이다. 해방 후 50년 동안 이뤄낸 경제성장의 속도는 어느 사회도 감당하기 힘든 것이었다. 갑자기 로또를 맞으면 그 사람에게 재난이 되는 것처럼 부가 서서히 늘어나면서 관리 능력도 함께 진화했으면 좋았을 텐데 그러지 못했다. 감당이 안 되는 부가 한순간에 벼락처럼 쏟아졌고, 사람들은 그것을 만끽했다. 부정부패를 관리할 수준조차 되지 못했는데 단지 운 좋게 해방 이후 균등하게 출발한 사회경제적 지위, 국제 경기와 수출 호황 등이 맞물리면서 벼락같은 부가 쏟아져 내렸다.

그 뒤 시간이 가면서 기회와 보상 간의 균형은 어긋나기 시작했고, 어떤 역사에서도 반복되거나 복제될 수 없는 기형적인 사회 구조를 겪어야 했다. 비유하자면 돈 잘 버는 부모 밑에서 호의호식하던 자식이 어느 날 갑자기 가세가 기울어 길바닥에 나앉는 것과 같다. 하룻밤 사이에 용돈이 끊기고 배불리 먹지 못하게 되자 결핍에 적응하지 못하는 어린 자식과 같다. 한번 중독을 거친 사회는 금단증상을 심하게 겪을 수밖에 없다.

감정이라는 코드가 사회의 주요 이슈로 부상한 것도 어떻게 보면 갑작스러운 고도성장의 기울기와 정체에서 비롯한 것 같다. 한국 사회가 감정과의 접점을 발견한 과정이 있을 것이다.

사회에 성장의 기운이 남아 있을 때는 감정 코드가 사회적 이슈가 되지 않는다. 사회를 움직이는 감정이 무엇인지 논하지 않는

다. 아마 《모멸감》이 10년 일찍 나왔더라면 사람들에게 외면을 받았을지도 모른다. 독자들은 그런 글을 왜 썼는지 의아해했을 것이다. 고도성장이 준 열매가 그득하지는 않아도 아직 남아 있을 시기에는 '갑질' 문제가 사회 전면에 부각되지 않는다. 물론 반항과 분노는 지속되어왔지만 사회는 지금처럼 가파르지 않았고 사람들의 인심도 그렇게 각박하지 않았다.

풍요의 자취가 온데간데없이 사라지고 사회 고유의 응집력이 쪼그라들면, 사람들의 에너지는 감정의 통로로 흩어져버린다. 최근 감정 노동이나 갑질 등 감정과 관련된 사회문제가 화두가 된 것은 그만큼 사회의 응집력이 약해졌다는 증거이기도 하다. 지난날처럼 너무나 가난해 먹고사는 일에 급급할 때는 감정 코드가 부각될 겨를이 없었다. 고도성장기에는 앞서 말한 대로 사는 것이 너무 재미있었고, 사회에는 1억 달러 수출이나 독재정권 타도 같은 확연한 목표가 있었다.

목표가 분명한 사회는 스스로의 내부에서 동력을 발견한다. 사회적 연대도 그것을 토대로 이루어진다. 지금 같은 사회 환경에서는 아무리 해도 예전같이 한번 맞붙어 싸워보자 하는 식의 동력은 나오기 어렵다.

문화인류학에서는 1997년 외환 위기를 기점으로 한국 사회 전반에서 벌어진 전환에 주목한다. 쓰러진 민생 앞에서 사회가 비정하다는 것을 실감한 뒤부터는 개개인들이 연대의 의미를 잊고 생존 현장에 뛰어들었다는 분석도 있다. 그전에는 작은 승리를 이룬 경험이라도 있었는데 그것조차 아래 세대에게 전수되지 못했다.

외환 위기 직후만 해도 사회는 큰 변화에 직면하지 않았다. 고려가 망했다고 곧바로 조선으로 넘어가는 것이 아니라 조선 중기까지는 고려의 문화 체계가 이어지듯이 말이다. 사회 내적 변화는 천천히 진행되었다. 2001년의 갤럽 조사를 보면 사람들은 어떤 가치가 소중한가라는 질문에 60퍼센트 이상이 '건강'과 '가족'을 꼽았고, 15퍼센트 정도가 '돈'을 들었다. 10년이 채 되지 않은 2009년, 순서는 완전히 뒤바뀐다. '돈'이 '가족'과 '건강'을 앞지른다. 그사이에 계층 상승에 대한 희망이 무너졌던 것이다. 돈의 위력 앞에 사회적 자존감이 확 무너지던 시간이었다.

어떻게 보면 사회 전반이 철들었다고도 할 수 있다. 앞서 말했

듯이 부유한 집안에서 잘 먹고 잘살다가 부모의 사업이 망하면서 길거리에 나앉은 자식의 모습이다. 한국 사회는 전후 처음으로 '고생'이라는 것을 알게 되었다. 사회 전체가 일탈할 기로에 서게 돼서야 비로소 철들 계기가 생긴 것이다. 그동안 실력 이상의 대우를 받다가 처음으로 제대로 된 성적표를 받은 셈이다.

그 무렵 TV 광고에 '부자 되세요' '당신이 사는 곳이 당신을 말해줍니다' 같은 광고 카피가 등장하는 등 돈이 사회적 신분을 가리키게 되었다.

그전에도 재력이 권력으로 크게 작용해왔지만, 대놓고 돈 자랑을 하는 사람은 졸부 취급을 받곤 했다. 그나마 이러한 돈에 대한 이중적인 태도가 사회를 유지시키는 규범 역할을 해왔다. 그러다가 사회가 임계점에 다다랐다고 해야 할까, 돈 앞에서 욕만 하다가 다 같이 그 길로 따라가는 시점이 있었다.

어떻게 사회를 다시 만들 것인가

말씀을 들어보면 자신에게 '삶의 기회가 주어져 있다'는 기대감, 공정한 도전이 가능하다는 사회적 환경이 자존감의 주축인 것 같다. 지금은 경제적 가난에 심리적 가난까지 겹친 모습이다.

1970, 1980년대에는 가난한 대학생들이 정말 많았다. 내가

81학번인데 대학 시절에 친구 자취방에 갔다가 방 안의 세숫대야에 물이 얼어붙어 있던 것을 본 기억이 난다. 입을 옷이 없으면 동아리 친구들끼리 남는 옷을 모아서 주고 그랬다. 당시엔 가난해도 살기가 그렇게 팍팍하지 않았던 것은 소비 비용이 그리 높지 않았던 탓도 있지만 삶의 기회가 많다는 기대감이 작용했기 때문이다. 비록 지금 이렇게 살고 있지만 사회 전체가 나아지는 이상 도로에서 차가 쭉쭉 빠질 때 앞 차가 나간 만큼 자기도 앞으로 나가게 되리라는 믿음이 있었다. 그래서 서로를 바라보는 눈 자체가 달랐다.

대학 캠퍼스엔 운동권 분위기가 지배적이어서 부잣집 애들이 오히려 가난한 티를 내고 다녀야 했다. 부르주아 집안 출신을 무턱대고 곱지 않은 시선으로 바라보는 경우도 있었다. 이처럼 가난은 상당히 주관적이며 무엇을 결핍으로 느끼는가에 따라 달라진다. 당시에는 방 안의 물이 얼어붙고 바깥 날씨가 추워진다고 해서 불행하다는 느낌이 들지 않았다. 단지 일상이 그런 것이라고 생각했다. 복합적인 요소들이 현실을 떠받치고 있었는데 그 토대가 없어지면서 지금은 고되고 가난한 삶이 불행하게 느껴진다.

인간은 역시 역사적인 존재이기 때문에 과거로부터도 자유롭기 어렵지만, 미래로부터도 마찬가지이다. 지금은 초라해도 내일은 달라질 것이라는 믿음이 현재의 자기를 규정한다. 당장 화장실에 다녀와야 하는데 화장실이 가까이 있을 때는 참을 만하다가도 주변에 화장실이 없다고 생각하면 훨씬 고통스러워지는 것과 같은 이치이다. 삶의 기회를 부여받는다는 것은 그것으로 어떤 필요를 해결하게 된다는 의미도 있지만, 동시에 자기가 사회에 수용되고 있음을 확인하는 차원도 있다. 경제적 생계를 해결하는 기회이면서 사회라는 추상화된 타자에게 받아들여진다는 뜻이 된다.

개인과 사회의 선순환 관계가 어느 때보다 중요하다는 생각이 든다. 사회와 개인이 서로 적대하고 멸시하고 무시하는 관계라면 희망이 없다.

미국의 실업 지원 정책 중에 매일 출근할 공간을 마련해주는 프로그램이 있다. 여럿이 한 사무실을 쓰면서 각자 자리에서 구직 활동을 하게 되고, 원한다면 비서도 공동으로 둘 수 있다. 실직했다고 집에만 처박혀 있으면 심리적으로 위축되기 쉽다. 그럴 때 이 프로그램은 집 이외의 다른 사회적 공간을 제공함으로써 재기할 심리적 터전을 만들어준다. 사람은 집 이외에 참여할 다른 사회적 공간이 남아 있다는 사실에서 큰 위안을 받는다는 발상이다. 실업 수당만큼 중요한 것이 자기를 기다리는 사회적 공간의 존재이다.

이러한 차원에서 사회 복원은 중요하다. 《모멸감》을 쓴 뒤에 '사회적 자존감'이라는 것에 생각이 미쳤다. 자존감이라고 하면 개인 차원에서 접근하기 마련인데 그보다 넓은 의미인 사회 차원에서 자존감을 고려해보았다. 개인은 사회가 자신을 어떻게 대우하는지 매 순간 직감한다. 어떤 사회적 공간에 가면 사람들은 자신이 존중받고 있다는 느낌을 받는다. 이를테면 우리가 성당이나 고찰 같은 유서 깊은 건축물을 찾아갔을 때 그곳에 와 있다는 사실만으로 위안을 받는 경험이 그렇다. 좋은 사회는 소속감만으로 구성원들에게 품격을 누리게 하는 곳이다. 사람들은 자신의 존재가 사회로부터 어떤 대우를 받는지 직감적으로 판단한다. 지금 이 사회는 사람을 존중하는 사회라는 느낌, 사회를 복원한다는 것은 그런 자존감을 회복하는 수준을 말한다.

가족 관계도 개별화를 넘어 사회와 이어지는 지점을 찾을 수 있다. 가족 내부의 문제라 해도 가족 성원 사이의 노력만으로 해결이 어려울 때가 적지 않다. 성원 사이에 약간의 마찰이나 지루함이라든지 부부간의 권태 등이 일어날 때 사회 속의 조망이라는 시각을 확보하면 전환의 계기가 생긴다. 예컨대 지역의 생활협동조합 활동에 부부가 함께 참여했다고 치자. 타인들 사이를 오가며 어울리는 배우자의 모습 속에서 그동안 놓친 측면을 발견하게 될 수도 있다. 집에서 볼 때와는 생판 다른 낯선 모습이나 의외로 지적인 표정이 눈에 띈다. '저 사람한테 저런 면이 있구나' 한다. 자녀들을 동반하고 마을 잔치 등에 나가보라. 애가 이웃집 아줌마한테 칭찬을 받는 모습을 보고 평소의 한심하다는 걱정을 접을 수도 있다. 가정이라는 제한된 공간이 사회와의 접점을 통해 밖으로 열리게 된다.

그런데 우리는 지금 자신의 존재를 펼칠 수 있는 공간이 너무 부족하다. 노래방에 가서 노래를 부르거나 성형수술을 하거나 스펙을 쌓는 경쟁에 시달리면서 자신의 욕망에 한정되기 쉽다. 이때 사회와 연결되는 작은 이음새가 필요하다. 이를테면 아파트 단지를 조성할 때도 하드웨어적인 공간 이외에 산책로나 쉼터 같은 공유 공간이 포함되어야 한다.

돈 되는 일이 아니면 몸을 사리는 사회일수록 이러한 공간을 찾아보기 어렵다. 삶의 즐거움이 공적인 차원에서 주어질 때 이를 공적인 행복감이라 할 수 있다. 1인당 국민소득이 낮은데도 세계 각지의 부러운 시선을 받는 나라들은 대부분 공적인 행복감이 보장되는 곳이다. 그런 점에서 쿠바 같은 나라가 사회 전체적으로 우리나라보다 훨씬 높은 수준의 삶의 품격을 누리고 있다. 우리 사회는 사람들끼리 순수하게 존재로서 만나는 축제, 가난하더라도 살아있음을 확인할 공간이 너무 부족하다.

한국 사회가 전반적으로 부실해졌다는 증거는 곳곳에서 튀어나온다. 예컨대 지하철 승객 중 고령자 비율이 전체 인구에서 고령자가 차지하는 비율보다 훨씬 높다. 몸이 불편해 꼼짝 못 하는 이들을 빼곤 상당수의 노인들이 그냥 별일 없이 바깥에 나온다는 말이다.

65세 이상 노인들의 지하철 무임승차는 어떤 의미에서는 '복지승차'라고 할 수 있다. 서울시는 이로 인해 해마다 수천억 원의 적자를 본다. 그런데 무임승차 연령 기준을 70세로 올리거나 무임승차를 폐지하자는 논란이 일 때마다 보건복지부가 반대하는 이유가 따로 있다. 그렇게라도 노인들이 집 밖에 나오게 됨으로써 건강을 유지하는 효과가 발생하고 건강보험의 재정에도 큰 도움이 된다고 한다.

개인은 사회가 자신을 어떻게 대우하는지 매 순간 직감한다. 어떤 사회적 공간에 가면 사람들은 자신이 존중받고 있다는 느낌을 받는다. 이를테면 우리가 성당이나 고찰 같은 유서 깊은 건축물을 찾아갔을 때 그곳에 와 있다는 사실만으로 위안을 받는 경험이 그렇다. 좋은 사회는 소속감만으로 구성원들에게 품격을 누리게 하는 곳이다.

누구라도 하루 종일 지하철을 타는 건 엄청난 에너지 낭비일 것이다. 집과 지하철의 중간에 완충지대가 있어야 한다. 어떻게 서울에 살면서 집 밖에 나와 갈 곳이라곤 지하철 하나밖에 없게 되었을까. 집을 나와서도 위엄을 잃지 않을 수 있는 공간이 없기 때문이다. 지금은 지하철이라는 익명의 공간이라도 가야 사회 속에서 그나마 자신을 지킬 수 있다. 자기 존재를 기꺼이 드러낼 수 있는 곳, 한 인간으로서 존중받을 수 있는 사회적 공간이 주어지지 않는한 노인은 지하철에서 내려도 갈 곳이 없다.

돈밖에 삶의 보람이 없는 세상에서 사람의 도리라는 에토스는 자취를 감춘다. 돈벌이가 되지 않으면 한순간 안면 몰수하는 관계 속에서 명예와 품격이 생겨날 리 없다. 상가 권리금을 가로채려고 비정하게 임차인들을 내쫓는 건물주들의 도시에 '마을 살이'는 보이지 않는다.

자본주의의 기저에는 비자본주의적인 요소가 자리하고 있다는 분석과 통한다.

비자본주의인 것에는 두 종류가 있다. 하나는 자연이고, 또 하나는 호혜적인 영역이다. 경제학에서 말하는 외부경제, 즉 자연 속에서 이뤄지는 일벌들의 노동이나 사회간접자본으로 생기는 이익이 여기에 속한다. 자본주의는 이러한 노동과 자본을 전제로 하지 않으면 아예 성립이 되지 않는다. 그 많은 일을 하는 벌들한테 돈을 준다고 상상해보라. 나중에는 로봇 벌들로 대체되고, 그것들을 관리하는 회사에게 돈을 지불해야 할 것이다. 어떤 자본주의도 그 막대한 돈을 감당할 수 없다. 모든 것이 철저하게 돈으로만 환산되면 거꾸로 자본주의가 들어설 자리가 없어진다.

학원 수업을 예로 들어보자. 학원 강사는 일정한 강의 시간을 기준으로 보수를 받게 되는데, 한 학생이 수업이 끝난 뒤에 이해가 되지 않는다며 질문을 했다. 강사는 한 번 더 설명해달라는 학생 앞에서 돈과 관계없는 일은 할 수 없다고 내쳐야 할까? 그런 학원은 얼마 가지 못해 망할 것이다. 그때 학원 강사의 추가 설명은 자본주의적인 것이면서 비자본주의적인 것이 되는 역설이다. 당장 돈벌이로 이어지지 않더라도 넓게 보면 상호 이익으로 이어지리라는 신뢰에서 행해지는 일종의 호혜적 관계이다.

비자본주의적이면서 보편적인 것의 확대가 사회 복원으로 직결된다는 말이다.

우리가 부러워하는 북유럽 국가 같은 경우 사회 구성원들 사이에 또는 사회 자체에 대해 신뢰가 높다. 유명한 에피소드인데, 한 덴마크 부부가 유모차를 끌고 미국 여행을 갔다. 아기가 잠든 것을 보고 밖에 잠시 둔 채 레스토랑에 들어가 식사를 했다가 현지 당국에 의해 유아 방치로 단속되었다. 유모차를 창가에서 보이는 곳에 두고 식사를 하는 것은 덴마크에서는 흔한 일이었지만 미국에서는 허용되지 않았다. 두 나라의 사회적 신뢰 수준이 확연히 차이가 났던 것이다. 이를 보듯이 한 사회에서 신뢰야말로 사회적 비용을 낮추는 길이다.

노동시장을 보더라도 한국 사회는 연봉이 그 사람의 값어치이고 자존감의 거의 모든 것이 되어버렸다. 그런 와중에 노동 유연성 문제로 압박당하는 개인을 사회가 든든하게 뒷받침하지도, 국가가 지원하지도 않는다면 개인은 노동시장에 내동댕이쳐진다. 노동력 착취에서 헤어날 길이 없어진다.

자산과 소득이 많은 이들의 입장에서도 사회에 대한 신뢰 없이 돈만 움켜쥐고 살아서는 사는 재미가 없어진다. 돈에 사로잡혀 골목 상권조차 양보하지 못하는 자본이 어떻게 인생의 즐거움이라는 코드를 접할 수 있겠는가. 굳이 '노블레스 오블리주'로 접근할 필요가 없다. 물질 추구가 아닌 인간학적인 풍요, 삶의 다른 차원을 깨우치게 하는 것이 인문학의 또 다른 과제이다.

살맛 나는 공간, 그것 없이는 삶의 즐거움도 없다는 착상이 새롭다. 사람들에게 공간에 대한 감각을 일깨우고, 더 나아가 돈과 미디어가 개입하지 않는 공간에 대한 재미를 느껴보게 하는 것이 의미 있다.

공유 경제도 있고 민생을 돌보는 운동 차원도 있지만 우선 거창하지 않은 우리 주변의 공간 설계에서부터 시작해보자. 이를테면 점심 한 끼를 다 함께 모여 먹는 모임을 개설할 수 있다. 물론 살기

서울 서촌의 이웃들인 모인 '서촌주거공간연구회'에서는 '서촌작목반'을 꾸리고 있다. 창가에 두는 작은 화분도 텃밭으로 인식하면서 '손바닥 농사'를 짓는다는 생각이다. 골목의 이웃들을 찾아다니며 텃밭의 규모를 확인하고 재배한 씨앗을 함께 나눈다.

힘든 노숙인들에게 당장 한 끼 식사를 제공하는 지원도 중요하다. 그런데 사람들의 참여를 이끌어내 스스로 조직화하게 하는 노력도 필요하다. 모임은 동네의 주민자치센터나 학교에서도 가능하다. 미국의 한 초등학교에서는 점심시간에 학교를 지역사회에 개방했다. 주민 중에 혼자 밥 먹는 사람이나 그것이 싫은 사람이 있으면 자신의 밥을 손수 싸 와서 애들이랑 함께 먹게 하는 모임이다. 모임 운영에 전혀 비용이 들지 않고, 교사가 동석하니까 안전 문제도 없다. 아이들은 함께 밥을 먹으면서 자연스럽게 마을 어른들을 만날 기회가 생긴다.

소셜 다이닝 같은 무료 급식 사업은 단지 밥을 제공하고 그런 자리를 마련하는 일이지만, 이러한 모임은 마을 살리기, 마을 복원 같은 상상력과 결합되어 있다. 그때 음식은 의미가 달라진다. 배달시켜 먹는 음식이 아니라 스토리가 있는 음식이 된다. 달리 말해 음식을 해주는 사람과 함께 먹는 사람의 얼굴이 보인다. 요즘 혼자 밥 먹는 사람이 많아지는 것도 사실 돈이 없는 것이 아니라 함께 먹을 사람이 없어지는 사회 환경을 반영한다. 사회적 자존감이 떨어진 것이다.

정말 공간과 관계라는 것이 사람들에게 생기를 준다. 얼굴빛이 달라진다고 말을 한다. 그런데 지금 민생의 형편을 보면 사회적 공간이 마련되고 관계가 복원된 다음에 민생 현안이 해결되는 순서로 순차적으로 진행될 것 같지는 않다. 당장 밑바닥에서 허덕이는 이들은 무슨 생기 운운이냐, 할지도

모른다.

요즘엔 가난해지면 생활력까지 떨어진다는 것이 문제이다. 생활력은 살아가는 힘 또는 생활 기술을 의미한다. 지금 가난한 이들은 일자리를 구하기 어렵기도 하지만 구해볼 엄두조차 내지 못하고 있다. 예전에는 기본적으로 어렸을 때부터 살림을 해봐서 집안이 어려울 때는 부잣집에 파출부 살이라도 나갔다. 가난해도 요리를 잘하는 것이 가능했다. 요즘은 가난한 집안에서는 아이들이 살림에 접근할 여력조차 남아 있지 않다. 그런 환경 속에서 자라난 청년은 30대가 되어도 스스로 자기 밥상을 차릴 줄 모른다.

살아가는 힘은 결국 세월의 힘이므로 아주 복합적이고 자연스러운 성격을 띤다. 여러 사람과의 관계 속에서 그리고 동시대적 여건 속에서 숙달된다. 생활력이 박탈된 청년 세대의 상황은 하루아침에 벌어진 일이 아니다. 외환 위기 이후 일찍이 모든 것이 점수와 숫자로 환산되는 사회에서 자라난 학생들은 완전히 생활 세계에서 배제되었다. 오로지 한 종목만 잘하는 운동선수가 어느 날 그 종목이 대회 정식 종목에서 폐지되자 갈 곳을 몰라 길을 헤매는 것과 같다. 학생들에게 단 한 가지 코드의 삶을 주입시킨 다음 이제 살아보라고 세상에 내보내는 것과 마찬가지이다. 이전 세대들은 한 가지 삶의 기술만 가져도 워낙 다양한 기회가 주어지는 사회에서 살면서 그 후 다른 기술을 습득하기도 쉬웠다. 어쨌든 지금 청년들은 삶의 생태계가 무너진 처지에 있다. 또 한편으로는 욕망은 높아지고 주변 시선의 압력에 시달리면서 불안감이 증폭되고 있다.

앞에서 음식에 스토리가 들어가면 밥상의 의미가 달라진다는 지적을 했다. 스토리텔링은 사회 복원과 일정한 연관이 있어 보인다.

좋은 스토리텔링이란 이야기의 발화자와 수용자 사이에 경험의 공유가 일어나는 경우를 말한다. 드라마 〈응답하라 1988〉이 선풍적인 인기를 끈 것은 사람들에게 20년 전 일상의 경험을 함께 한 기억을 떠올리게 했기 때문이다. 더 나아가 경험의 공유가 선물이 되는 경우라면 더욱 좋다. 우리 할머니, 할아버지의 지난 인생 이야기를 들어보면 엄청 고생하며 살았다는 사연이 대부분이다. 그렇다 해도 이야기는 고통스럽기만 한 데서 끝나지 않고 자연스럽게 우리 마음속에 파고들어 인생을 배워나가는 계기를 제공한다. 그들의 신산스러운 삶이 현재 우리의 어두움, 구차스러운 현실과 겹치면서 나중에 우리의 삶이 누구한테는 선물이 될 수 있다는 가능성을 품게 한다.

TV 토크쇼에서 반복되는 강요된 스토리에는 생생한 인간관계가 없다. 좋은 스토리텔링은 발화자와 수용자 사이에 인격적 관계를 맺게 하고, 그것을 통해 경험 체계가 삶의 자양분으로 자리 잡게 한다. 어쨌든 우리에게 스토리텔링을 할 경험과 공간이 없다면 자신의 고통은 그냥 자신만의 것으로 그치게 된다. 자신들의 삶이

다음 세대에게 선물이 되는 스토리텔링 체험이 맥이 끊어지고 있다. 사회가 무너지고 사회적 공간이 줄어든다는 것은 구성원들에게는 자신들의 이야기를 경청해줄 대상과 공간이 사라진다는 말이기도 하다.

가장 작은 실천은 무엇인가.

스토리텔링에는 자기를 상대화하는 훈련이 필요하다. 어떤 발언이든 자기를 예외로 둔 채 주장만 되풀이해서는 안 된다. 자기는 선이고 남은 악이라고 규정한 순간 이분법은 독선이 되어버리므로 자기도 언제든 권력이 될 수 있음을 주의 깊게 지켜보는 일이다. 여러 상황 속에서 타인들이 얼마나 다양한 방식으로, 자신들도 미처 깨닫지 못하는 방식으로 기여하는지 그들의 이야기를 통해 헤아리는 일이 중요하다. 자기는 역사의 흐름의 한복판에서 늘 의로움의 편에 서서 싸워왔으니 영웅처럼 떠받들어져 한다는 허세와 체면의 스토리는 지난 세대의 어두운 그림자일 수 있다.

사람들이 집 밖에 나가 가담할 사회적 공간이 갈수록 줄어든다는 진단은 사실적이지만 비관적인 세계 인식이기도 하다. 비관을 극한까지 밀고 나가면 공간 없는 사회는 어떤 모습을 하게 될까.

그렇게 되면 사회는 비공간이나 비거주, 즉 사람들이 그냥 방치

되는 상태에 이른다. 앞서 말한 대로 동물원에 갇힌 짐승처럼 서식할 수 없는 땅에 버려지게 된다. 예부터 사회에서 추방된다는 것은 무서운 징벌이었다. 추방되어 잘 풀리면 남사당패에 들어가거나 임꺽정 같은 산적이 되기도 하고, 안 풀리면 낯선 땅에서 객사하거나 호랑이한테 물려 죽기도 했다. 그만큼 마을에서 쫓겨나는 것은 무서운 징벌이었고, 마을은 아무래도 안전한 곳이었다.

내가 어렸을 때는 도시이든 시골이든 마을에 떠돌이가 한둘 꼭 있었다. 어디로 돌아다니는지는 몰라도 1년에 한 번씩은 어김없이 나타나는 사람이 있었다. 그런 마을 자체가 해체된다는 것은 우리가 앞으로는 허허벌판에서 살아가게 된다는 것을 의미한다. 지금도 우리는 옆집 사람이 죽어도 문 밖으로 썩은 내가 나지 않는 이상 누구 한 사람 거들떠보지 않는 곳에 살고 있다.

어떤 의미에서는 자본이나 미디어로 뒤덮인 현실을 보면 차라리 추방된 자의 방랑 이야기가 낭만적으로 다가온다.

낭만이 스며들 수 있는 사회가 되어야 한다. 소비와 폭력에 의지하는 무리한 방법을 쓰지 않아도 살아 있음을 확인하는 길이 무엇일까를 고민해봐야 한다. 한국 사회도 이제 저성장 사회로 접어들었으니까 더욱더 낭만을 살릴 줄 알아야 한다. 지금 사회에서는 실업자뿐만 아니라 '실낙자'도 마찬가지로 살기 힘들다. 실낙자, 삶의 즐거움을 잃어버린 사람. 아무리 돈이 많아도 낙(살맛)이 없어 쾌락만 쫓는 삶도 위기에 처해 있기는 마찬가지이다.

어떻게 해서 우리가 삶의 즐거움을 잃어버렸는지 곰곰이 따져 볼 필요가 있다. 나는 어렸을 때와 청소년기에 교회에 다니며 겪은 일들을 떠올려본다. 주일예배에 참석하면서 어른부터 어린애까지 한자리에 모여 가족처럼 지냈던 기억이 난다. 권사와 장로님 집을 포함해 교회 신도들의 집을 거리낌 없이 찾아다녀도 되었고, 언제 든지 문을 두드리면 열어주는 삶의 공간이 나를 기다리고 있었다. 서로 관계 맺는 일에 자신감이 있었고, 관계를 유지하는 데에 불안 감이 없었다. 물론 지금 사회에도 집도 아니고 직장도 아닌 제삼의 공간이 있지만 이미 그곳은 상업화되어 있다. 독립이 보장되면서 고립되지 않는 제삼의 공간을 마을 공동체 안에 어떻게 마련할지 고민해야 한다.

옛날의 것이 다 좋으니 그때 그 시절로 돌아가자는 말이 아니 다. 마을의 삶에는 어둠도 깃들어 있었다. 때로는 개개인의 사생활 이 보장되지 않았고, 마을이나 아버지의 권위로부터 벗어나려는 독립의 열망에 붙들리기도 했다. 내가 지난날의 세계를 돌이켜보 는 것은 우리가 지금 어떤 좋은 것을 잃어버리지는 않았는지 되돌 아보자는 취지이다.

노동은 존엄해질 수 있는가

공사장 인부

서울의 수서역과 평택의 지제역을 연결하는 수도권 고속철도 율현터널이 3년 5개월의 공사 끝에 2015년 6월 개통되었다. 길이가 50킬로미터로 국내에서 가장 긴 터널인 만큼 관통식도 비교적 성대하게 치러졌고, 국토교통부장관 등 100여 명의 내빈이 참석했다. 그런데 행사장에 정작 그동안 작업해온 일선 인부들은 보이지 않았다. 조선일보 6월 29일자 보도에 따르면 "전날 밤 퇴근할 때 현장사무소에서 '장관님을 비롯해 높은 분들이 오시니 내일 오전엔 출근하지 말고 현장 주변에 얼씬거리지도 말라'고 했다"고 한다.

인간은 자신의 존재 가치를 추구한다. 많은 경우 그것은 타인과의 관계 속에서 확인된다. 우리는 누군가로부터 칭찬을 듣거나 은연중에 선망의 시선을 받으면서 행복감을 느낀다. 문제는 타인의 비천함을 애써 드러내면서 자신의 존귀함을 드러내는 경우이

다. 열등하다고 여겨지는 부류의 인간이 있어야 비로소 자아 정체
성이 가까스로 확인되는 것이다. 마음이 부실하고 삶이 빈곤할수
록 구별 짓기에 매달린다. 내면이 허약한 사람들이 권력과 지위를
갖게 될 때, 그 힘을 남용하는 과정에서 수많은 사람들을 무력하게
만들어버린다.

　그런 역학이 작동하는 배경에는 사회적으로 널리 공유되는 신
분 관념이 있다. 신분제도가 오래전에 사라졌지만 여러 기준으로
사람들을 위아래로 나누는 서열 의식이 여전히 남아 있는 것이다.
직업의 귀천을 구별하는 가치관이 그 한 가지 핵심을 이루는데, 육
체노동의 극심한 비하로 나타난다. 예를 들어 고등학교 교과서에

는 단순노무직이나 판매직, 농어업 종사자들에 대해 부정적 묘사가 많다. 심지어 무거운 짐을 지고 있는 사람의 그림과 함께 '중학교밖에 못 나왔으니 이런 일밖에 못 하네'라는 말이 붙어 있다. 또한 경찰청이 만든 수배 전단에는 범죄자의 인상착의가 '노동자풍'이라고 버젓이 쓰여 있다.

직업과 재산을 기준으로 인간의 격을 매기는 의식구조는 한국의 급속한 경제성장에 어느 정도 기여했다고 볼 수 있다. 절대 빈곤으로부터 탈출하려는 의지만이 아니라, 사람대접 좀 받고 싶다는 열망이 악착같이 공부하고 일하는 동기가 되었기 때문이다. 생존 투쟁과 인정 투쟁이 동전의 앞뒤처럼 맞물려 있었던 셈이다. 맹렬한 성취 의욕은 상당 부분 결실로 이어졌다. 하지만 저성장 시대에 접어들어 전체적인 부의 증식이 멈춰버린 상황에서는 득보다 실이 많아진다. 자존감의 획득이 제로섬게임으로 되어버리기 때문이다. 아니, 그 이상인지 모른다. 내 자부심을 위해 여러 사람들이 모멸감을 맛보아야 하는 것이 아닌가.

경제적인 상승 이동이 점점 더 어려워지고 있다. 모든 영역이 공급 과잉 상태이고, 지구 생태계의 여건상 에너지와 자원의 소비도 억제해야 하는 형편이다. 이제 일의 목적과 의미를 다르게 배치해야 한다. 오로지 돈벌이의 수단이기만 한 것이 아니라 그 자체로 즐거움의 원천이 될 수 있도록 변환해가는 것이다. 그를 위해서는 우선 노동을 통해 인간적인 생활이 가능하도록 기본소득이 보장되어야 한다. 아울러, 일을 통해 성취감을 느낄 수 있어야 하는데 그것은 다른 사람들로부터 받는 존중과 깊은 관련이 있다. 근로에 대한 사회적 피드백이 원활히 이뤄져야 하고, 더욱 근본적으로 노동의 맥락을 새롭게 설정하는 작업이 요구된다.

오스트리아의 화가이자 건축가인 훈데르트바서의 시도는 한 가지 사례로 언급된다. 그는 자신이 설계한 건축물을 지을 때 노동자들이 단순히 시키는 대로 일하지 말고 디자인의 공동 주체로 참여해달라고 제안했다. 그는 진짜 문맹은 창조하지 못하는 이들이라고 말했다. 창조성은 자기의 일을 귀하게 여길 때 발현된다. 그래서 훈데르트바서는 일요일에 노동자들에게 자신들의 가족을 초대해 일하는 모습을 보여주도록 하게 했다. 과업 지시에 수동적으로 따르는 것이 아니라 스스로 일의 주인이 되는 모습을 보여주기 바랐다.

공사장 인부에게 무엇을 하고 있느냐는 질문에 어떤 이는 그냥 벽돌을 쌓고 있다고, 어떤 이는 돈벌이를 하고 있다고, 그리고 어떤 이는 성당을 건축하고 있는 중이라고 대답한다는 비유가 있다. 똑같은 일을 하면서도 거기에서 얻는 보람은 전혀 다를 것이다. 그런데 그 의의는 당사자의 행복감에서 그치지 않는다. 일에 대한 정성은 곧 그 결과물의 질로 직결된다. 완공된 지 얼마 지나지 않았는데 보도블록의 곳곳이 꺼지고 건물의 벽과 바닥에 균열이 생기는 것을 흔히 목격한다. 그런 부실함으로 인해 치르는 대가는 적지 않다.

인간은 무엇인가에 최선을 기울여 완성을 하는 데서 기쁨을 느낀다. 그러한 제작 본능과 장인 정신을 방해하는 요인들이 우리 사회엔 너무 많다. 노동자를 천민 취급하는 풍조도 그 가운데 하나이다. 터널의 준공식에 인부들을 접근 금지시키는 발상은 천박한 권위주의의 병적 징후이다. 우리는 그 비루한 근성을 떨쳐낼 수 있는가. 노동은 존엄해질 수 있는가.

버스 기사

서울의 평일 아침 도로는 자동차들로 가득 찬다. 사람들의 마음도 바쁘다. 나는 시내버스로 출근하는데, 그렇지 않아도 빠듯한 이동 시간이 운전기사의 개인 용무 때문에 지체될 때가 종종 있다. 동네의 어떤 정류장에 잠시 정차해놓고 화장실을 다녀오는 것이다. 어림잡아 네다섯 번 승차에 한 번 정도 그런 상황에 놓이게 된다. 기사가 볼일을 보고 오는 동안 승객들은 1~2분 정도 기다려야 하는데, 출근길에 그 시간은 꽤 길게 느껴진다. 하지만 불평하는 승객은 거의 없다. 시골 버스에서나 봄직한 광경을 대도시에서 접할 때마다 여러 생각과 느낌이 스친다.

서울에 중앙 전용 차선이 늘어나면서 버스의 정시성定時性은 점점 높아지고 있다. 도착 예정 시간도 정류장 전광판에 1분 단위로 안내되며, 스마트폰으로는 1초 단위로 확인된다. 시스템이 그만큼 합리화된 것이다. 기사들의 자세도 크게 달라졌다. 넥타이 차림으로 승객들에게 인사를 건넨다. 무정차 통과는 엄두도 내지 못한다. 정밀한 모니터링 장치를 통해 기사들의 노동은 승객들의 편의를 최대한 보장하는 방향에서 관리되고 통제된다.

'고객 중심'은 거스를 수 없는 추세이다. 서비스산업의 경쟁이 치열해지면서 업체들은 소비자를 끌기 위해 몸부림친다. 점원들은 깍듯한 자세로 손님을 맞아야 하고, 야간 생활이 늘어나는 것에 맞추어 심야 영업을 한다. 다른 한편 지방자치제 출범 이후 '행정도 서비스'라는 구호 아래 공무원들이 엄청나게 친절해졌다. 관존민비의 체질이 완전히 바뀐 것은 아니지만, 시민들이 체감하는 행정의 인터페이스는 확실히 부드러워졌다. 공무원들은 인터넷 게시판에 오르는 '민원'에 바짝 긴장한다.

공급자가 수요자를 중심으로 처신하는 것은 바람직하다. 그러나 조금 세밀히 들여다보면, 그 과정에서 고달파지는 것은 근로자들이다. 고객의 환심을 사거나 불만을 누그러뜨리기 위해 자신의 감정을 조작하거나 억눌러야 하는 감정 노동의 강도가 한국은 유난히 높다고 평가된다. 젊은이들이 백화점 주차장에서 승용차들에게 고개 숙여 인사하는 모습도 외국에서는 찾아보기 어렵다. 백화점과 대형마트와 면세점 등의 연장 영업으로 종업원들의 건강권과 휴식권이 위협받는다.

소비자와 유권자의 권리는 노동자와 공무원에 대한 권력으로 작동한다. 그러나 그 힘은 말단의 직원을 압박하는 것이 아니라, 불합리한 시스템을 시정하고 자본과 권력의 횡포를 견제하는 방향으로 움직여야 한다. 그것을 소홀히 하면서 눈앞에 보이는 근로자의 고분고분한 태도만 요구한다면 사회의 진보는 요원하다. 재화와 서비스를 직접 생산하고 전달하는 이들(영세 자영업자 포함)에게 수요자들은 관대해질 필요가 있다. 상대방이 겪는 고충을 섬세히 헤아려야 한다.

다행히 우리에게는 인지상정이 남아 있다. 음식점에서 종업원들이 퇴근할 시간이 되었다며 양해를 구할 때 대부분의 손님들은 너그러이 자리에서 일어선다. 시내버스에서도 그렇다. 출근 시간이 빡빡해도 운전기사의 생리적인 욕구 해결을 나무라는 승객은 없다. 물론 배차 간격이나 일회 운행 시간을 조정하는 등 기사들의 근무 구조를 조정하는 식으로 근본적인 해결책을 강구하는 것이 필요하다.

그러나 노동자의 기본권이 노사관계와 제도만으로는 보장되지 않는다. 소비자와의 관계도 중요하다. 그것이 오로지 돈을 매개로 한 수단적 관계라면, 노동자는 도구로 전락하게 된다. 소비자는 자신의 합리적인 권리를 주장하면서도, 노동자의 인간적인 권리를 배려할 줄 알아야 한다. 그것은 곧 자기 자신을 위한 것이기도 하다. 노동자와 소비자가 따로 있지 않기 때문이다.

기사 아저씨가 잠깐 자리를 비운 동안, 멈춰선 버스 안에서 나는 잠시 시간에 쉼표를 찍어본다. 무엇 때문에 우리는 매일 이렇게 허겁지겁 달려가는가. 묵묵히 기다리는 승객들도 잠시 마음의 속도를 내려놓는 듯하다. 황급하게 운전석으로 돌아오면서 승객들에게 사과의 말을 전하는 기사, 그분의 사정을 담담하게 배려하는 시민들에게서 나는 하루 살아갈 힘을 얻는다.

아파트 경비원

내가 사는 아파트에서 종종 보던 풍경이 있다. 경비실 앞에 의자 두 개가 놓여 있었는데, 주민 할머니 한 분이 거기에 앉아 경비원과 이런저런 이야기를 나누는 모습이었다. 스티로폼상자에 흙을 담아 고추와 상추를 심어놓고, 그것을 함께 돌보기도 했다. 아흔이 훌쩍 넘어 보이는 노인은 자식뻘 되는 경비원과 그렇게 도란도란 시간을 보내곤 했다. 그 경비원이 없었다면 집 안에서 텔레비전 시청으로 소일했을지도 모른다.

또 다른 경비원이 떠오른다. 그분은 취미로 이런저런 나무와 꽃들을 재배하는 식물의 달인이었다. 주민들이 집에서 키우다가 죽게 만든 화분들을 떠맡아 손질했는데, 대개 얼마 지나지 않아서 건강하게 되살아났다. 틈만 나면 팔을 걷어붙이고 분갈이를 했던 경비원의 표정에는 늘 활력이 넘쳤다. 나무들이 제법 울창한 경비실 옆을 지날 때면 초록빛 그늘을 잠시 누릴 수 있었다.

주민들에게 그렇게 가외의 즐거움을 선사하는 경비원의 모습은 점점 줄어들고 있다. 사회 전반적으로 여유가 없어서도 그렇겠지만, 근무 여건이 빡빡해지는 탓도 있는 듯하다. 최근 경비원 대신 CCTV나 비밀번호 자동문 등 첨단 경비 시스템을 설치하는 아파트가 늘어나고 있다. 2015년부터 아파트 경비원에 대해 최저임금 100퍼센트를 보장해주게 된 상황에서, 관리 비용을 줄이려 경비 인력을 최소화하는 것이다. 이에 경비원들은 임금을 적게 받아도 좋으니 계속 일을 하고 싶다면서 월급 동결 서명 운동을 벌이기도 했다.

현재 아파트 경비원의 9할 정도가 60세 이상 고령자이다. 모두 개별 용역 회사에 소속된 비정규직이지만, 업무는 많다. 주차 관리에서 방범, 눈과 낙엽 치우기, 쓰레기 분리수거에 이르기까지 온갖 자잘한 일들을 챙겨야 하고, 수많은 주민들을 상대하다 보니 마음 고생도 적지 않다. 젊은이들마저 상전 노릇을 하려 할 때 자존감이 상한다.

평소에 주민들은 아파트 경비원의 존재를 각별히 느끼지 못한다. 우편물을 수령할 때 인사를 나누거나, 층간 소음 등으로 다른 집에 싫은 소리를 하고 싶을 때 대신 이야기해달라고 부탁하는 정도이다. 그러나 경비원은 알게 모르게 중요한 역할을 한다. 얼마 전 무인 시스템으로 운영하는 부산의 어느 아파트에서 만취한 노인이 밤에 출입구 계단에서 넘어졌는데, 방치되어 있다가 뒤늦게 배달원에게 발견되어 병원에 옮겨졌지만 결국 사망한 일이 있다.

안전한 생활 세계가 점점 중요해지는 지금, 기계 시스템만으로 공간을 관리하는 것은 한계가 있다. 사람이 직접 상황을 판단하고 신속히 조치를 취해야 하는 일들이 많기 때문이다. 경비원의 일은 그 외에도 여러 가지가 있을 수 있다. 할머니의 말벗이 되어준 경비원처럼 주민들과 지속적인 관계를 맺으면서 이웃 역할을 해주거나, 정원사 경비원처럼 공유 공간을 좀 더 매력적이고 쾌적하게 가꿔가는 데 한몫을 할 수 있다. 이러한 일들은 업무가 아니라 즐거운 삶의 나눔이어야 한다.

여당도 경제정책의 기조를 성장에서 고용으로 전환했다. 고령자들의 일자리를 새로 확충하는 것도 절실한 마당에, 그나마 괜찮은 일터를 없애는 일에는 신중을 기해야 한다. 우선 아파트 관리비를 전체적으로 점검하면서 조정하는 방안을 찾아보자. 예를 들어 건물의 화려한 야간 조명에 들어가는 전기료 등은 얼마든지 줄이거나 없앨 수 있다. 그리고 입주자들이 관리비 내역을 좀 더 투명하게 감시하면서 불필요한 경비나 부정 지출 등을 크게 줄인 사례가 많다. 아파트 민주주의의 실현을 통해 관리의 재정적 기반을 리모델링할 수 있는 것이다. 그리고 정부도 고용 유지 지원금 같은 대책을 강구할 만하다.

경제적인 계산을 넘어 사회적인 의미를 발견할 때 해결책과 합의의 폭이 넓어진다. 아파트 경비원은 단순노동 이상의 역할이 가능하다. 아파트의 질을 높이는 데 경비원들이 어떻게 기여할 수 있을까. 고령자들이 자신의 경험과 지혜를 살리면서 살기 좋은 주거 공간을 만들어가는 일거리들을 찾아보자. 하드웨어에서 소프트웨어와 휴먼웨어로 패러다임이 전환하는 시대, 아파트 경비원은 무형의 가치를 창출하는 서비스업으로 새롭게 디자인될 수 있다.

우울증은 전 세계적으로 환자가 계속 늘어나고 있고 치료에도 많은 어려움이 따른다. 사람은 왜 우울증에 걸리는가. 최근에 진화론적인 관점에서 그 질병의 정체를 규명하려는 시도가 흥미롭다. 우울증에 걸린 사람들의 두뇌를 살펴보면 편도체가 과도하게 활성화되어 있다고 한다. 편도체란 공포와 불안과 슬픔을 느끼도록 해주는 부위인데, 물고기들도 그것을 지니고 있다. 천적이 나타나면 편도체가 신호를 보내서 스트레스 호르몬을 분비하고 그것이 온몸의 근육을 활성화함으로써 재빨리 도망가게 해준다. 말하자면 그것은 일종의 자기방어 장치라고 할 수 있다.

그런데 물고기를 어항에 가두어 두고 그 안에 천적을 함께 집어넣어 그것에게 쫓겨 다니는 생활을 한 달 정도 지속하게 하면, 우울증에 걸려버린다. 스트레스 호르몬이 너무 오랫동안 계속 분비되면 뇌에 이변이 일어나고 손상을 입는다. 영양물질이 부족해

져서 뇌의 신경세포들이 위축되기 때문이다. 그래서 그 물고기들은 정상적인 물고기들에 비해 움직임이 매우 저조하다. 방안에 처박혀 꼼짝하지 않는 우울증 환자의 무기력한 모습을 닮았다. 사람도 물고기처럼 공포와 불안에 너무 오랫동안 노출되어 있으면 감정이 마비된다. 극심한 생활고나 지나친 경쟁 등이 우울증의 원인이 되는 것이다.

그리고 포유류 단계에서 편도체는 천적 말고 또 다른 상황에 반응하기 시작했다. 바로 고독이다. 예를 들어 어린 시절 질병 치료 때문에 사육사에 의해 격리되어 양육된 침팬지는 어른이 되어서도 무리에 섞이려 하지 않고 혼자서 가만히 지내는 경우가 많다. 외로움이 우울증을 유발한 것이다. 사람은 그러한 사회적 고립에 더욱 취약하다. 사회신경과학자 존 카치오포는《인간은 왜 외로움을 느끼는가》라는 책에서 관계의 단절이 건강을 어떻게 손상시키는지 밝히고 있다. 그에 따르면 인간은 오랜 진화 과정에서 '사회적 유대'가 생존에 유리하다는 것을 터득하게 되었고, '외로움'을 고통스럽게 느끼도록 유전자가 형성되었다고 한다. 따라서 한국처럼 일인 가구가 급증하고 교류와 소통이 희박해지는 사회에서 우울증은 계속 늘어날 것이다. 어떻게 대처해야 할까.

서울 마포구는 2012년 4개월 사이에 8명이 투신자살한 성산동 임대아파트 주민들을 대상으로 1년 이상 자살 예방 사업을 벌임으로써 자살을 크게 줄였다고 한다. 그 가운데 중요한 프로그램으로 꼽히는 것은 합창단과 바느질 공방이다. 둘 다 어떤 목표를 정해놓고 자신의 잠재력을 일깨운다는 공통점이 있다. 배움과 연마를 통해 완성을 향해 조금씩 나아가는 것이다. 그리고 두 가지 모두 신체 활동을 매개로 공동의 경험을 빚는다는 것도 비슷하다. 자기 안에 갇혀 있던 마음을 공동체에 접속시켜 기쁨의 에너지를 나누는 것이다. 핵심을 요약하면 성취감과 유대감이다. 무엇인가를 이뤄내는 보람과 타인과 연결되는 뿌듯함, 바로 그것이 살아 있음을 느끼게 해준다.

다시 우울증 이야기로 가보자. 인간이 출현하면서 다른 영장류에게는 없는 또 하나의 우울증 인자가 생겨났다. 그것은 다름 아닌 언어이다. 인류는 언어를 통해 다른 사람의 경험을 자기의 것으로 만들고 거기에 감정까지 결부할 수 있게 되었다. 그리고 언어로 구성된 상징계, 즉 물질세계보다 훨씬 광활한 의미의 우주를 살아가기 시작했다. 그래서 이야기를 주고받으면서 또 하나의 리얼리티를 살아가고 거기에서 희로애락을 경험한다. 누군가 내게 던진 한마디에 절망하고 우울증에 빠지는 것이 인간이다. 사이버공간을 통해 전달된 악담에 시달리다가 자살에까지 이른다. 침팬지들이 보면 도저히 이해할 수 없는 일이다.

성산동 임대아파트에서는 주민들이 디제이로 참여하는 라디오 방송도 선보였다고 한다. 이미 다른 몇몇 지역에서 공동체 라디오 프로젝트가 진행되고 있다. 인터넷을 활용해 장애인들이 제작하고 진행하는 방송 채널도 여럿 출범했다. 방송은 새로운 언어 공간을 창출한다. 거기에서 사람들은 자신의 일상을 공적인 차원으로 승화시킬 수 있다. 사소한 경험을 스토리로 가공하고 소통하면서 가난이나 장애에 짓눌리지 않을 기력을 얻을 수 있다. 잔혹한 현실에 압도되지 않고 살아갈 이유를 찾아가는 대화의 세계에 초대되면서 우리는 인간으로서 존귀함을 깨닫는다.

정태인

시장과 경쟁은
경제학자의 신앙

그는 참여연대 팟캐스트 '참팟'의 고정 출연이다. 녹화를 위해 참여연대에 들르는 시간에 맞춰 약속을 했다. 그래서 맨 먼저 인터뷰를 할 수 있었지만 마지막까지 계속 만난 분이기도 하다. 인터뷰할 때는 총선을 앞둔 시기였고 정치권 이슈가 압도적이었지만, 우리는 사회경제 문제에 초점을 맞추었다. 이야기는 현 정부의 경제정책에 국한되지 않았다. 차라리 경제학이 사회 전체를 집어삼킨 지금 불균형의 원인이 궁금했다. 너도나도 경제학 교과서에 나오는 시장 원리와 자유 경쟁을 성토했다.

극심한 소비 부진에 시달리는 가계를 생각하면 갑갑하고 답답했다. 문득 한숨이 나왔다. '경제학자들은 왜 그래요' '경쟁이나 시장은 차라리 이념이 아닌가요' 우리의 푸념을 그는 아무렇지 않게 웃어넘겼다. 그러고 나서 한마디로 정리했다. 그들은 학문이 아니라 신앙을 하는 거라고. 색안경을 끼고 세상을 보는 이들과 무슨 말을 섞겠느냐고. 환멸도 무슨 여지가 남아 있을 때의 감정이다. 그는 여전히 경제학이 싫다고 했다. 언뜻 그의 웃음은 어떤 한계 근처를 서성이는 듯했다.

칼 폴라니의 말처럼 시장 원리 하나에 포획된 사회는 찢어지고 있었다. 고된 민생 살림 이야기가 쉽게 풀리는 순간도 있었다. 그는 한편으로 사람 이야기를 계속 들려주었다. 참여정부 시절 청와대 비서관으로 재직하면서 겪은 일이나 경제정책을 주도한 경제학자, 관료 등과의 사연을 곁들였다. 신현송 교수와 유시민 장관, 고 김기원 교수 등 다들 알 만한 이름들이 나왔다. 그의 말을 듣다 보면 인연들과의 만남이 하나의 동력인 것처럼 비쳤다. 잠시 뒤쳐지던 이야기도 하나하나 이름이 발화되는 순간 흔쾌해지면서 속도를 내기 시작했다.

사진 촬영은 어찌 된 일인지 계속 일정이 어긋났고, 가까스로 구한 사진사는 카페통인의 원동욱 간사였다. 활짝 웃고 있는 여름날 그의 모습이 카메라에 찍혔다.

참여연대는 2007년부터 주거, 교육, 의료 분야에서 가계 지출 부담을 줄이는 '3대 가계 부담 줄이기' 운동을 본격화했다. 이들 분야에서 공공성이 확대되어야 서민 가계의 먹고사는 문제가 해결된다.

예전에는 '의식주'라 했는데 요즘에는 '의교주'로 바뀌었다. 의료와 교육, 주거를 말한다. 그것만으로도 서민의 생활비 중 60퍼센트가 넘는다. 여기에 스마트폰이 대중화하면서 통신비가 추가되었다. 그 부담에 한마디로 등골이 휜다. 단순히 가격을 낮추는 선에서 더 나아가 공공서비스에 걸맞는 공공성이 회복되어야 한다.

사실 '3대 가계 부담 줄이기 운동'을 펼친 것은 서민의 가계부에서 가처분 소득이 늘어나야 소비가 진작되고 내수 경제도 활성화된다는 생각에서 비롯되었다.

지금 소비가 극도로 위축되어 있는데 가계마다 엄청난 부채를 지고 있기 때문이다. 물론 자기 능력 이상으로 돈을 빌린 것이 잘못일지 모르지만, 정부가 빚내라고 부추긴 책임이 더 크다. 최경환 경제팀이 2014년 7월부터 2016년 1월까지 1년 6개월 동안 빚내서 집 사라는 정책을 일관되게 추진했다. 정부로서는 성장률을 올리려면 건설 경기를 일으켜야 하고, 건설 경기를 일으키려면 집을 많이 지어야 하는데 그렇게 되면 집값이 떨어질 수밖에 없으니, 건설 경기를 살리면서 집값을 유지하는 방법을 찾아야 했다. 집값이 오르려면 수요가 있어야 하는데, 이때 자금이 없어 집을 사지 못하는 가계에게 대출을 증가시켜서 가수요를 만들었다. 두 마리 토끼를 잡으려면 국민들이 미친 듯이 집을 사는 길밖에 없었다.

실제로 성공했다. 그동안 집값도 오르고 건설 투자가 지속되어 평균 성장률 3퍼센트를 유지했다. 문제는 그 결과 우리 국민이 진 가계 빚 총액이 2016년 1월 1200조 원을 넘어섰다는 데 있다. 가계 부채가 그 정도 되면 가처분소득의 40퍼센트를 빚 상환에 쓸 수밖에 없다. 소비를 할 여력이 바닥이 났다. 개별소비세 인하로 미래의 소비를 끌어다 써서 현재의 소비 수준이 유지되었기에 이제 앞으로는 소비 부진으로 경제성장률은 2퍼센트 아래로 떨어질 가능성이 높다. 가계 부채는 개별 가계를 떠나 사회 전반의 거시 건전성이 달려 있는 중요한 문제이다.

경제 폭탄을 터지지 않게 관리하다
다음 정부로 떠넘기기

채무 조정 문제를 빠뜨릴 수 없다. 청년들은 학자금 대출로 빚을 진 뒤 여기에 청년 실업이 장기화되면서 악성 채무를 짊어지게 되었다. 자영업자들도 생계비 부족으로 부채가 늘어나면서 채무 압박에 시달리고 있다. 부채에 내몰리는 청년들을 위해 파산 회생 제도가 활성화되어야 하는데, 금융 당국은 도덕적 해이를 부추기고 금융 질서를 어지럽힌다는 이유로 비판적인 입장을 낸다.

사실 경제학을 전공한 나도 금융을 잘 모른다. 왜 이자를 받아야 하고, 이자는 어느 정도가 적합한지. 경제학에서는 시장의 균형 때문이라고 얘기하지만, 40~50퍼센트 이자를 받는 시장에서 무슨 균형을 말하는가. 140년 전인 1870년대만 해도 미국에서는 5퍼센트 넘는 이자를 받으면 사형에 처해졌다. 미국의 경제학자 하일브로너의 책에 6퍼센트 이자를 받았다가 사형된 목사의 이야기가 나온다. 예로부터 5퍼센트 넘는 이자는 받으면 안 되는 일로 간주되었다.

그런데 어느 순간부터 고리와 돈놀이가 떳떳한 일로 여겨졌다. 우리 부모님 때만 해도 서민들이 은행에서 대출을 받는 것은 상상도 못 할 일이었다. 당시 민생운동의 요구 중 하나가 가난한 사람들도 돈을 빌릴 수 있게 은행의 문턱을 낮추자는 것이었다. 세계 경제 차원에서는 1970년대 중반 이후, 우리나라에서는 외환 위기 이후 가계를 상대로 한 고리 대출이 은행의 주 업무로 자리 잡는다. 실제로는 과잉 대출이다. 채무자의 상환 능력은 따지지 않으면서 상품을 제대로 설명하지도 않고 팔았다는 점에서 약탈적 대출이기도 하다. 특히 청년들의 빚은 탕감을 해주는 게 은행한테도 도움이 될 것 같다. 지금은 그런 원칙들이 갖춰져 있지 않은 상태이다.

학자금 대출을 상환할 책임이 청년에게만 있을까? 경쟁에 뒤지지 않으려고 70퍼센트 넘는 학생들이 대학에 진학하는 사회 구조는 무관할까? 내가 제일 싫어하는 경제학 용어가 '도덕적 해이'라는 말이다. 대체 도덕적 해이라는 것이 보통 사람들에게까지 적용되는 사례가 그리 흔할까? 보통 말하는 도덕적 해이는 이런 것이다. 자동차보험을 들어서 사고가 나도 보험금이 충분히 나온다면 운전을 조심하지 않게 되고, 그 결과 오히려 교통사고가 늘어나 보험료도 올라간다는 것이다. 그러니까 처음 보험을 계약할 때 상정했던 도덕적 기준에 못 미치게 행동하거나 나태해진다는 이야기이다. 그런데 자동차보험을 들었다고 그전보다 함부로 운전하는 사람이 얼마나 되겠는가. 사실 도덕적 해이라는 말은 일반인들에게 해당되지 않는다.

한때는 보건복지부장관이 건강보험 개혁을 논의할 때마다 그 말을 남용했다. 가난한 사람들이 보험이 보장된다는 생각에 무턱대고 병원을 간다고 했다. 노인들이 병원들을 돌아다니며 파스를 받아오는 경우를 꼬집었다. 그렇다고 그 금액이 얼마나 되겠는가.

아무리 진료비가 싸다고 해도 본인 부담금이 붙기 마련인데.

아무래도 부동산 시장에 가장 영향을 미치는 것은 금융정책이다. 박근혜 정부에서 빚내서 집 사라는 정책을 고수하고 DTI, LTV 규제를 아예 노골적으로 풀어버리면서 최근 집값이 많이 올랐다.

LTV(주택담보인정비율), DTI(총부채상환비율) 규제는 참여정부 후기인 2006년에 도입되었다. 그때 그 정책이 시행되지 않았다면 부동산 거품을 끝내 잡지 못하고 위기가 터졌을지도 모른다. 그러다가 최경환 부총리가 박근혜 정부의 경제정책의 수장이 되면서 두 규제를 풀어버렸다. 그때가 2014년 8월이다. 그 후 가계 부채는 분기마다 35조 원씩 늘어났고 최경환 부총리의 임기 동안 120조 원이나 증가했다.

2015년 말 기준 한국은 국민 1인당 2761만 원의 빚을 지고 있다. LTV, DTI 규제는 거시 경제 차원에서 중요한데, 정부는 단기간에 경제성장률을 끌어올릴 생각밖에 없다. 이러한 경제정책을 부채 주도 성장이라 하는데 대표적인 나라가 미국이다. 유럽에서는 이탈리아나 그리스 같은 남부 유럽 국가들이 가계에 빚을 줘 소비를 늘림으로써 성장률을 높이는 정책을 썼다. 한국은 과거 수출 호조에 힘입어 수출 주도 성장을 유지해오다가 2008년 세계 금융 위기 이후 세계 경제의 장기 침체로 수출 동력이 현저히 떨어지자 부채 주도 성장 정책으로 돌아섰다.

은행 입장에서는 개인을 상대로 한 대출이 돈 떼이는 경우가 더 적다. 기업은 파산해버리면 대출금을 회수할 길이 없지만, 개인의 경우 쫓아다니며 받을 수 있고 정 안 되면 압류를 진행해도 된다. 개인을 상대로 한 돈놀이가 은행의 주 업무가 되어버린 이상 늘어나는 가계 부채는 안중에 없다.

무리하게 빚내서 집을 사게 되면 진짜 집값이 올라간다. 가계 소득이 늘어나는 속도보다 집값이 올라가는 속도가 더 빠르면 영원히 집을 못 사게 된다. 청년들이 아무리 저축을 많이 해도 20년 이내에 집을 사는 일은 이제 불가능해졌다.

이명박 정부도 부동산 경기 활성화 정책을 썼지만 금융 규제만큼은 건드리지 않았다. 잘못하다가는 경제 위기를 불러올 뇌관이 될 수 있다고 당시 정책 책임자와 공정거래위원장도 조심했다.

이명박 대통령한테 인복이 있었는지 곁에 신현송 국제경제보좌관이 있었다. 옥스퍼드대 교수를 지내다가 대통령과의 인연으로 청와대에 들어왔다. 지금은 스탠퍼드대 교수로 재직하고 있는 한국의 대표적인 재외 경제학자이다. 장하준 교수한테 사정을 물어봤더니, 대통령이 현대건설 사장으로 있을 당시 신보좌관의 아버지가 부사장을 지낸 인연이 있었다. 대통령이 영국에 출장을 오면 잠자는 곳이 신보좌관네였다고 한다. 어릴 때부터 대통령과 잘 알고 지낸 사이였다.

이 개인적 인연이 이명박 정부를 위기에서 구했다. 신보좌관은 저명한 거시경제학자이다. 2008년 세계 금융 위기 이후 금융시장이 요동치자 그는 2010년 '거시 건전성 규제 3종 세트'를 도입했다. 그리고 한국의 LTV와 DTI는 세계적인 모범 사례라고 주장하며 규제 완화를 외치는 이들을 주저앉혔다. 그가 있는 한 아무도 금융 규제를 건드리지 못했다. 당시 지식경제부장관이던 최경환 의원이 그때부터 이미 규제를 신축적으로 완화할 필요가 있다고 불을 지폈지만, 신보좌관의 완강한 반대를 넘어설 수 없었다. 대통령도 국제적 명망이 높은 학자의 말을 따랐다.

박근혜 정부에 들어서 30대층의 가계 부채가 많이 늘어났다. 이제 하우스 푸어 대열에 30대들도 뛰어들게 되면서 어떻게 보면 빚이 대물림되는 형국이다.

2015년 기준으로 우리나라 소득 증가율은 4.3퍼센트 수준인데 가계 부채 증가율은 10.4퍼센트였다. 부채 증가 속도가 소득 증가 속도의 두 배가 넘는다. 만일 부채가 증가하지 않는 상태에서 소득이 늘어나면 조금씩 갚아나갈 수 있겠지만 지금 상태가 지속되면 갚을 가능성이 없다. 언젠가는 위기가 터질 수밖에 없다는 얘기이다. 그러니까 집값이나 자산 가격을 떨어뜨리는 것이 좋다. 다만 폭락하면 바로 금융 위기가 올 수 있으므로 서서히 떨어뜨리거나, 아니면 집값이 안정되어 있는 상태에서 소득이 늘어나서 집값에 대한 부담이 줄어들도록 정책을 써야 한다.

그런데 정부는 단기 경제성장률을 올리기 위해 자꾸 건설 경기 부양에 기대고 있다. 폭탄 돌리기나 다름없다. 다음 정권에서 누가 대통령이 될지 모르지만 어마어마한 폭탄을 껴안고 국정 운영을 시작해야 할 것이다. 박근혜 정부로서는 갈수록 커지는 폭탄을 어떻게든 터지지 않게 관리하다가 다음 정부로 넘기는 것이 최고의 경제정책 목표가 되어버렸다. 유일호 부총리로 바뀌었지만 건설 경기 부양 정책은 지속되고 있다. 소비 증가는 정부의 예상은 2.4퍼센트이지만 사실 1퍼센트대를 유지해도 다행이다.

대선 공약으로 이명박 대통령이 747을(경제성장률 7퍼센트, 1인당 국민소득 4만 달러, 세계 7위 경제 대국), 박근혜 대통령은 474를(성장률 4퍼센트, 고용률 70퍼센트, 1인당 국민소득 4만 달러) 제시했다. 임기 5년이라는 단기간에 이를 해결하려 보니 무리할 수밖에 없는 게 아닌가. 부동산 경기 부양을 기조로 하는 경제정책이 상당히 위험한 줄 알면서도 관료들은 정치적 이유로 물러나지 않는다.

사실 그 레이스를 시작한 이가 노무현 대통령이다. 당시 대선 캠프에서 어느 날 갑자기 7퍼센트 성장을 들고 나왔다. 여성의 경제 활동을 늘리면 가능하다는 주장이었지만, 단기간에는 불가능한 일이었다. 그 후 대선 국면에서 경제성장률을 높게 제시하는 경쟁이 벌어졌다. 지금까지 우리나라에서 경제성장률을 높이는 가장

큰 요인은 수출이고, 그다음이 건설 경기이다. 지금 수출이 마이너스 성장을 기록하는 상태에서 남은 것은 이제 건설 경기밖에 없다.

정권마다 경제성장률을 높게 제시하며 목을 매는데 이것은 구시대의 잔재이다. 우리가 그렇게 못사는 게 아닌데 사실 그럴 필요가 없다. 1인당 국민소득이 1만 달러를 넘어선 시점이 1994~1995년 문민정부 때였다. 2015년 기준 2만 7000달러를 넘어섰으니 적어도 물질적으로는 1인당 국민소득이 세 배 가까이 늘어난 것이다. 그럼, 행복도 세 배 늘어났을까? 지금의 청년들에게 미래에 대한 희망이나 전망에 대해 물어보면 1994년 당시의 청년들과는 비교도 안 되게 절망적인 대답이 나온다. 금수저, 흙수저 운운하는 수저 논쟁, '헬 조선' 얘기가 그냥 나오는 게 아니다. 1994년만 해도 1인당 국민소득이 1만 달러에 불과했지만, 국민의식 조사를 해보면 자기는 앞으로 잘살게 되리라는 믿음이 어른과 아이 모두에게 퍼져 있었다. 다시 말해 사회 이동성에 대한 믿음이 아직 건재했다.

본인 세대에 비해 다음 세대인 자식 세대의 사회경제적 지위가 높아질 가능성이 얼마나 되는가라는 질문에, 1994년에는 5퍼센트만 '낮다'라고 부정적인 대답을 했다. 95퍼센트는 자기보다 자식이 나아질 것이라고 믿었다. 그런데 2013년 조사에서는 44퍼센트가 부정적인 대답을 했다. 보통 자기 아이들에 대해서는 환상이 갖기 마련이라 자기보다 나아지리라고 생각하는 사람이 많은데, 이를 뒤집는 결과가 나왔다. 실제로 우리나라는 상향 이동에 대한 가능성이 현저하게 낮아졌다.

지금 우리나라가 1인당 평균 2만 8000달러씩 벌고 있다면 4인 가족이면 1년에 1억 2000만 원을 번다는 계산이 나오는데 말도 안 되는 수치이다. 1인당 국민소득이 가계의 가처분소득은 아니다. 여기에는 기업소득도 포함되어 있으므로 실제로 가계가 쓸 수 있는 돈을 말하지 않는다. 기업소득을 뺀 통계로 1인당 가계총처분가능소득PGDI이라는 지표가 있다. 기업이 번 돈을 뺀 실제 가계소득을 국민 수로 나눈 수치이니까 가계의 구매력을 나타내는 지표라고 할 수 있다. 2015년 기준 1인당 PGDI가 1757만 원이었으니까 4인 가족이면 7000만 원가량 된다. 이것은 평균값이고, 이제 납세한 사람들 사이에서 중위소득을 계산하면 1600만 원가량 된다. 여기에 소득세를 내지 않은 사람들, 즉 알바를 하면서 생계를 유지하는 경우까지 통계에 넣으면 1000만 원대밖에 되지 않는다. 우리나라는 지금 불평등이 심각한 지경에 이르렀다.

1970년대에서 1990년대 중반까지 우리나라는 7~8퍼센트 경제 성장을 유지하는, 세계에서 보기 드문 고도성장 국가였다. 그런데 2015년 경제성장률은 2.6퍼센트를 기록했고, 2016년에도 2퍼센트대를 벗어나기 어려울 전망이다. 그 와중에 소득 불평등은 세계에서 가장 빠른 속도로 늘어나고 있다. 예전에 고도성장을 했다면 지금은 '고도불평등'을 겪고 있는 셈이다. 불평등이 심해지면 심해질수록 사회 이동성이 떨어지게 된다. 아예 출발선이 다른 상황에서는 그럴 수밖에 없게 된다. 내가 학교를 다닐 때만 해도 100미터 달리기를 해도 부잣집 애나 보통 애나 같은 지점에서 출발했다. 지금은 절대적인 가난은 많이 없어졌지만, 상대적인 격차는 빠른 속도로 벌어지고 있다.

민생 문제도 상대적 격차가 벌어질수록 심각해진다. 나는 지식인이 중위소득보다 많이 받으면 안 된다고 생각한다. 지식인이 중위소득보다 조금 덜 받고 그 대신 사회적 평판에 만족하며 살아야 하는데, 지금 우리나라 지식인은 대체로 소득 순위 상위 10퍼센트 안에 들어간다. 교수와 기자, 방송 프로듀서, 전문직 종사자 등인 이들이 여론을 주도한다. 특히 베이비붐 세대의 지식인이라면 상위 10퍼센트에 다 들어간 상태이다. 베이비붐 세대 때는 대학 진학률이 30퍼센트밖에 되지 않았으므로 그 세대의 지식인은 거의 다 10퍼센트에 들어갔다고 봐야 한다. 그러면서 자신들이 중산층이라고 생각한다. 그러다 보니 신문 기사를 써도 가난한 사람들에 대한 기사는 쓰지 않게 되고, 드라마를 만들어도 사회 하층의 삶은 거의 그리지 않는다. 요새 드라마를 보면 주인공이 가난한 집 출신 이라도 꼭 계층 상승에 성공해 부잣집 집안과 맺어지지 않던가. 드라마마다 훌륭한 성품이나 능력의 소유자로 설정해 어떻게든 상류층으로 올라가는 그림을 그려놓으니까 보는 이들의 눈높이가 올라갈 수밖에 없다. 생활수준에 대한 타인의 기대감을 의식하면 사는 일이 더욱 힘들어진다.

이 격차를 줄이지 않으면 민생 문제를 해결할 방법이 별로 없다. 격차가 가장 크게 벌어진 곳이 청년들의 일자리이다. 요새는 학생들의 70~80퍼센트가 대학에 간다. 그런데 다들 안정적인 고임금 직종을 선호한다. 교과서에 나오는 말 중 가장 큰 거짓말이 직업에 귀천이 없다는 말일 것이다. 그 말을 들으면 대부분 헛웃음을 친다. 전문직이나 대기업 사원, 공무원 등을 합하면 전체 일자리 중 15퍼센트가 되지 않는데 70~80퍼센트의 학생들 모두 어떻게 그 안에 들어가겠는가. 그럼, 매년 55~65퍼센트 학생들이 탈락한다는 말이 된다.

1980년대 말만 해도 중소기업 노동자의 연봉이 대기업 노동자 연봉의 70~80퍼센트는 되었다. 그러니까 현대자동차에 다니던 40대 노동자가 그만두면 바로 하청 기업으로 옮겨가 기존에 받던 임금의 70~80퍼센트를 받았다. 또 중소기업에 가면 목소리를 높일 수 있으니까 큰 차이를 느끼지 못했다. 그런데 지금은 50퍼센트

나는 지식인이 중위소득보다 많이 받으면
안 된다고 생각한다. 지식인이 중위소득보다
조금 덜 받고 그 대신 사회적 평판에 만족하며
살아야 하는데, 지금 우리나라 지식인은 대체로
소득 순위 상위 10퍼센트 안에 들어간다.

가 되지 않는다. 그래서 다들 처음부터 대기업 정규직으로 들어가야 한다고 말한다. 대기업에 입사하려다 실패하면 부모한테 미안해서라도 중소기업에 들어가는데 얼마 안 가 실업자가 된다. 그러고 나면 아예 논다. 비경제활동인구였다가 다시 중소기업에 취직했다가, 또다시 실업자로 전락하는 사이클을 뱅뱅 돌게 된다. 결국 빈곤의 늪에 빠지게 되는 코스가 뻔하니까 처음부터 대기업 입사에 목을 매는 것이다. 부모도 그렇게 이야기한다, 첫 직장이 중요하다고.

지금 청년 실업이 늘어나고, 청년에게 일자리가 없다는 말은 그런 뜻이다. 중소기업의 생산성을 올리는 것도 중요하고, 대기업과 중소기업 간의 임금 격차를 줄이는 일이 시급하다.

사실 대기업 입장에서는 하청 단가를 후려치는 것만으로도 충분히 돈을 벌 수 있다. 이를테면 1만 원짜리 부품을 생산하는 한 중소기업이 생산성을 향상시켜 9000원으로 생산비를 낮추면 1000원의 이익이 생긴다. 그런데 대기업은 중소기업, 하청의 기술을 모두 파악할 뿐 아니라 공장 운영 전반을 속속들이 꿰고 있다. 그 변화를 알아채 하청 단가를 9000원으로 내려버리면 생산성의 향상분이 그대로 대기업으로 이전되고 만다. 정부가 중소기업에 보조금을 지원하더라도 그렇게 계속 대기업의 하청 단가 후려치기가 계속되는 한 보조금은 사실 대기업으로 넘어가는 결과가 된다. 중소기업 금융 보조금의 3분의 2 정도가 대기업으로 넘어간다는 통계도 나와 있다.

재벌, 경제민주화를 안 해도 스스로 망할 것 같다

중소상공인들도 협업을 통해 경쟁력을 높여나가야 하겠지만, 대기업이 빠른 속도로 전통시장이나 골목 상권 등 유통 분야에 진출해서 지역 상권을 무너뜨리고 있다. 대형마트에 대한 규제의 일환으로 영업시간 제한과 의무 휴업을 규정하고 있지만, 대기업은 규제 때문에 투자할 기회를 잃게 된다며 반발하고 있다.

재벌들을 위해서도 지금의 유통 분야 진출을 막아야 한다. 창업주가 2세에게 기업을 물려줄 당시 주로 진출한 분야가 보험회사 같은 금융이었다. 그렇게 기술혁신이 필요하지는 않지만 모험이 수반되는 업종을 만들어 젊은 후계자에게 경영을 맡겼다. 그런 식으로 수익을 올리는 모습을 보여줌으로써 후계자가 경영 능력이 있음을 증명하려고 했다. 2세가 3세에게 상속할 때는 후계자에게 소프트웨어, IT 분야에 뛰어들게 했다. 그런데 모기업이 시스템을 통해 왕창 일거리를 몰아주었는데도 성공한 경우가 드물었다. 그 뒤 경영 능력을 증명하지 못한 후계자들이 진출한 쪽이 유통 분야이다. 백화점이나 빵집, 호텔 등에 뛰어들었다.

슘페터가 말한 '창조적 파괴creative destruction'는 그런 것이 아니다. 기술혁신을 통해 낡은 것을 파괴하고 새로운 것을 창조해 기업 발전의 원동력으로 삼는 일을 말한다. 그러니까 대기업들이 경쟁하면서 기술혁신을 일으켜 사회 전체에 이로움을 주는 것인데 지금의 백화점, 빵집 진출은 그것과 관련이 없다. 한때 재벌들이 그런 역할을 하기는 했다. 전기전자나 자동차, 철강 분야에서 실제로 기술력을 발전시켰다. 그런데 지금은 독점력을 이용해서 땅 짚고 헤엄치기가 가능한 업종에 뛰어들고 있다. 2015년 내내 면세점을 둘러싸고 대기업 간의 경쟁이 치열하게 벌어졌다. 면세점 사업이 우리나라 전체 생산력 발전과 무슨 관련이 있는가. 이런 식으로 글로벌 경쟁력은 외면한 채 돈 되는 사업에만 투자하다가는 재벌의 생산성과 기술력이 점점 떨어지게 된다.

지난 2015년 12월, 재벌 개혁에 앞장선 김기원 교수의 1주기 추도식 자리에서 김상조 교수와 만나서 그런 얘기를 했다. "우리는 할 일이 별로 없을 것 같다. 재벌, 이거, 경제민주화를 안 해도 스스로 망할 것 같다." 재벌이 저렇게 나가다 보면 스스로 망하게 된다. 그래서 대기업의 유통 시장 진출을 규제하는 것은 물론 자영업자와 중소 상인들을 보호하는 측면도 있지만 사실 재벌들을 위한 일이기도 하다. 그것을 하지 못하게 해야 자기들이 살아남기 위해 기술혁신에 투자할 것 아닌가.

중국의 경제성장률이 떨어지면서 어려움을 겪는 곳은 다 재벌의 기업들이다. 철강 분야의 수출 증가율이 마이너스 40퍼센트, 석유화학도 마이너스 30퍼센트, 자동차와 전기전자까지도 마이너스로 들어서는 상황이다. 그럴수록 기술을 더욱 발전시켜서 줄어드는 수요 속에서도 자기 판매량을 늘려야 한다. 그런데 재벌은 이제 위험 부담이 있는 일은 하지 않으려 한다. 오히려 공장 가동률을 줄이고 그 대신 손쉽게 돈을 확보할 수 있는 금융이나 유통 쪽으로 가고 있다. 이제 그들이 원하는 것은 서비스산업에 대한 규제 완화이다. 재벌들이 지금 돈을 왕창 벌 수 있는 분야가 네트워크 산업이다.

재벌이 아니면 인수하지 못하는 분야, 그동안 정부가 맡아온 분야. 철도, 전기, 수도, 가스, 우편 등이 네트워크 산업이다. 정부는 이를 민영화 쪽으로 끌고 가려 한다. 지금 박근혜 대통령이 계속 국회를 압박하는 것이 한편에서는 '노동 개혁'을 통한 일반 해고의 자유화, 구조조정이고, 다른 한편으로는 서비스산업에 대한 규제 완화이다. 그리고 규제 완화를 통해 공공서비스를 민영화하겠다는 계획을 추진한다. 그것이 재벌을 잠시 살릴지는 몰라도 그들을 망하게 하는 지름길이 될 수 있다. 재벌로 하여금 기술혁신을 더 이상 추구하지 않아도 된다고 생각하게 만든다.

박근혜 정부는 중산층의 주거 불안을 해소한다며 '뉴 스테이'라는 이름의 기업형 임대주택을 선보였는데 결국 이 또한 가진 자들을 위한 정책이다. 서민 가계는 더 이상 집을 살 여력이 없으니 이제 돈 많은 이들이 집을 여러 채 사서 임대하라는 것이다. 세제 감면 등을 통해 5퍼센트의 수익률을 보장하겠다고 했다. 규제 완화에서 더 나아가 수익성까지 보장하겠다는 이야기이다. 이렇게 부자들의 자산 소득을 올리는 정책 일변도로 나아가면서 가구 간의 소득, 자산 격차가 점점 더 심해진다. 박근혜 정부가 국회를 압박하면서까지 밀어붙이는 법들이 통과되면 중장기적으로 우리 경제는 돌이킬 수 없는 지경에 이를 것이다.

그런데 경제정책 전문가들이라면 그렇게 정부가 기업과 부자만을 위하고 서민을 외면하는 정책을 펴다가는 사회가 망한다는 것을 알 텐데 왜 멈추지 않는가.

잘 모르는 것 같다.(웃음) 경제학자들이 경제를 의외로 잘 모른다. 경제학자들의 머릿속에 있는 경제는 수학 체계이다. 삶의 자리가 아니다.

과거 정부 관료들도 이렇게 가면 다 망하게 된다는 것을 알고 오랫동안 여러 정권을 지나오면서 그 위험성을 충분히 예상하고 시행하지 않았을 것이다. 그런데 지금 어쩌다가 친기업 정책이 온 사회를 뒤덮게 되었을까. 30, 40년 고위직에 머무는 이들이 그것을 모르지 않았을 텐데.

대통령이 성장률에 집착하고 있다. 내가 보기에 지금은 청와대에 경제보좌관이 없는 것이나 마찬가지이다. 대체로 재벌들이 원하는 걸 들어주는 게 대통령의 할 일이라고 생각하는 모양이다. 또 미국에서 경제학을 공부하고 돌아온 분들의 사고방식도 문제이다. 미국처럼 되는 것이 선진국이 되는 길이라고 생각한다. 놀랍게도 미국에서 부동산 거품이 일고 서브프라임 모기지 사태가 터지기 직전까지 일급 경제학자들이나 연방준비제도이사회는 '거품'은 없다고 공언했다. 거품이라는 것은 정의 내릴 수 없다는 말을 반복하며 시장에서 알아서 하는 것이고 그것이 균형 상태라고 주장했다.

믿어지지 않겠지만, 경제학자들은 대부분 장님이라고 보면 된다. 그들은 진한 색안경을 쓰고 세상을 바라보는데 다른 사람의 눈에도 세상이 그렇게 보일 것이라고 믿는다.

우리나라의 경제 전문가들은 시장만능주의에 경도되었다는 생각이 든다. 180만 명에 이르는 서민들이 은행에 갈 수 없어 고리 사채 시장을 이용하고 있다. 참여연대가 폭리를 제한하는 이자제한법 입법을 추진할 때 반대하는 경제학자들의 논리가 그랬다. 가격 통제는 전시에나 하는 것이라고 했다. 땅값은 시가를 반영하되 건축비는 적정 이윤만 보장하는 선에서 분양가 상한제를 도입하자고 했을 때도 그들은 전시도 아닌데 무슨 가격 통제를 하느냐며 반대했다. 전월세 상한제의 경우도 마찬가지였다.

미국처럼 시장 원리를 중요시하는 나라에서도 경제적 약자를 보호하는 기제들이 작동하고 있다. 각 주나 지방자치단체는 자기들 나름대로 규범적 제도를 운영한다. 경제학자들은 시장만능주의라는 이념만을 고집하면서 현실 상황을 간과하는 것 같다.

경제학자들의 그런 모습은 이념이라기보다 신앙이라 불러야 한다. 경제학 교과서의 수식이나 그래프를 보면 제도가 없을수록 경제가 잘 움직일 것 같은 환상에 빠지게 된다. 제도라는 것이 오히려 시장의 작동을 가로막는다는 가르침을 따르는 경제학자에게 가격 통제를 주장하는 정책은 혐오스러울 것이다. 가격을 통제하면 공급이 줄어들고 경기가 나빠진다는 것이 경제학 교과서의 가르침이다. 특히 지난 30년 동안 시장은 완벽하다는 생각이 경제학계 전반에서 가장 중요한 교리처럼 여겨졌다. 경제학 원론에는 '시장 실패론'이라는 챕터가 있는데 내가 공부할 때는 100페이지 가까이 되었다. 그런데 지금은 20페이지 정도로 양이 줄었다. 경제학 원론 자체가 시장의 실패는 없다는 생각을 반영해 다시 쓰이고 있는 것이다.

전시 때는 완전고용이고 성장률도 상당히 높다. 그럼, 모든 경제정책이 그것을 따라가면 될 테면 왜 그렇게 하지 않을까. 사람이 죽는 전쟁이기 때문이다. 세계 경제에서 성장률이 거의 기적적인 수치를 기록하던 때가 1945~1975년의 30년이다. 그 시기는 독일에서 일어난 라인강의 기적, 프랑스에서 말하는 '영광의 30년 Les Trente Glorieuses'에 해당한다. 전후 자본주의의 황금기였다. 그것이 가능했던 이유는 전쟁 때의 규제가 그대로 잔존했기 때문이다. 소득세의 최고 세율이 80퍼센트가 넘었고, 규제에 모든 경제주체가 익숙해져 있었다. 국가의 개입이 크면서 많은 기관이 국유화되었고, 제조업 부문의 생산성 향상에 주력했다. 다들 규제는 당연한 것이라고 생각했다.

1973년 1차 오일 쇼크가 일어나며 쇠퇴기로 접어들면서 규제는 점점 완화되었고 현재의 상황에 이르렀다. 사람의 목숨이나 천연자원이 걸려 있는 부문은 규제하지 않으면 안 된다. 그때의 규제는 당연한 것이다. 규제가 잘 작동해야, 공정한 규제가 작동해야 시장은 돌아가게 되어 있다. 아무런 규제가 없는 곳에서 시장이 더 잘 작동하리라고 생각하는 것은 대단한 오해이다. 규제의 진공상태에서 시장이 돌아갈 리가 없다. 우리 주위에서 규제가 없기 때문에 사람들의 삶이 불행해지는 경우를 얼마든지 찾아볼 수 있다.

지난 30년간 경제학계에서 교리처럼 굳어진 또 하나의 생각이 정부의 역할을 금융이 대신할 수 있다는 믿음이다. 가난한 사람들에게 복지를 제공할 책임은 국가에게 있는데 그 복지를 어떻게 금융이 담당할 수 있겠는가. 미국의 서브프라임 모기지가 그런 것이었다. 국가가 서민들에게 공공 임대주택을 공급하기는커녕 이 금융 기법을 잘 이용하면 가난한 사람들도 빚내서 집을 살 수 있다고 믿게 만들었다. 그리고 위험을 분산시키기 위해 다시 팔면 된다고 설명했는데 그게 파생 상품이다. 금융에 대한 믿음, 금융이 정부의 역할을 대신할 수 있다는 믿음이 현재의 경제 위기를 초래했다.

사실 제2금융권의 고금리를 제한하면 서민들의 빚이 줄어들 것이다. 그런데 오히려 그것이 대출 기관 축소로 이어져 가난한 사람들이 돈 빌릴 곳이 없어진다는 것이 경제학자들의 논리이다. 복지는 정부의 보조금 지원이나 일자리 정책을 통해 시행할 것이 아니라 금융으로 해결해야 한다는 발상이 그것이다.

정부는 전월세난이 심각해진 와중에 전월세 가격을 안정시키기 위한 어떤 규제나 제도를 도입하기보다는 전월세 대출을 쉽게 해주는 금융정책으로 해결하려 한다. 자꾸 이렇게 대출 정책으로 부실을 덮으려 하다 보니 갈수록 상황이 악화된다. 임대인의 입장에서는 어차피 대출이 쉬워졌으니 전셋값을 올려도 된다는 신호로 받아들인다.

치솟는 전셋값이 정말 근심거리인데 어느 정도 예측되는 것이기도 하다. 언제나 집값이 정체되면 그다음에 전셋값이 올라가게 되어 있다. 집주인의 수입은 집값이 오르는 데서 생기는 수입과 임대료를 굴려서 나오는 소득으로 구성된다. 집값이 올라가는 동안에는 그 이익이 훨씬 크므로 집주인은 전월세 가격에 별로 신경 쓰지 않는다. 그러다가 집값이 오르지 않고 정체되거나 떨어지면 그다음에는 전월세 가격을 올려 보충하려고 한다. 빚내서 집을 산 사람의 경우 집값이 떨어지면 담보 가치도 줄기 때문에 원리금을 빨리 갚아야 한다.

그런데 정부에서는 전셋값 폭등을 규제할 정책보다는 집을 사라고 부추기는 데 열을 올리고 있다. 사람들은 전셋값 2억을 올려주느니 차라리 집을 사고 말지, 이렇게 생각할 수밖에 없다. 거기에다 금융 규제가 풀리면서 대출이 쉬워지고, 청년들에게는 약간의 혜택을 준다고 하니 이게 마지막 기회이다, 하고 덜컥 계약하고 만다. 이것이 지금의 가계 부채의 원인이다.

다시 한 번 강조하지만, 정부가 해야 할 역할을 금융이 대신하지 못한다. 2008년 글로벌 금융 위기나 유럽의 재정 위기도 그걸 보여준다. 2015년 7월 그리스의 국가 부도도 정부가 세금을 늘리지 않은 상태에서 지출을 늘리기 위해 외국에서 돈을 빌려온 데서 출발한다. 거기에다가 국제 신용평가 회사들이 의도적으로 신용 등급을 계속 낮추는 탓에 디폴트 상태에 이르렀다. 정부가 세금으로 해야 할 일을 금융이 해결한다는 것은 불가능하다.

앞서 말한 대로 시민단체가 중소상공인들의 현실을 호소하며 권리를 보호할 규제 제도를 만들자고 주장하면, 정부는 어려운 중소 상공인을 돕는 금융 지원 정책을 준비하고, 중소기업이 빚을 쉽게 낼 수 있는 정책들을 추진한다. 주로 빚을 쉽게 얻을 수 있도록 지원하는 정책으로 해결하려 한다. 그러다 보니 빚은 빚대로 늘어나고 근본적인 생활고는 해결되지 않는다.

정부의 금융 지원 정책은 이자 차액 지원이다. 은행의 대출 이자가 10퍼센트이면 8퍼센트로 중소기업에게 빌려주게 하고, 2퍼센트는 정부가 보조금으로 지원하는 식이다. 문제는 그렇게 해서 해결되지 않는다. 중소기업이나 자영업자들은 답을 알고 있다. 대기업이 하청 단가를 후려치지 못하도록 제도를 마련하면 중소기업이 알아서 큰다. 하청 단가가 보전된 만큼 이익이 늘어나면 노동자의 임금도 올려주고, 기술혁신에도 쓸 수 있다. 지금처럼 단가 후려치기를 내버려두면 생산성을 발전시킬 여력도, 인센티브도 없어진다. 생산성을 끌어올려봤자 그 이익을 대기업에 뺏길 것이 뻔한 세상이다.

중소기업에게 생산성을 올리게 하면서 그 생산성 향상의 과실을 대기업이 뺏어가지 못하게 규제하는 것이 중소기업의 운영난

을 해결할 길이다. 경제학에서 도덕을 빼버린 것이 가장 치명적인 한계이다. 경제학은 윤리학과 결합되어야 한다. 윤리학을 빼버린 순간 경제학이 망가졌다. 그다음에는 인간이 해서는 안 될 일을 당연한 것처럼, 오히려 그게 합리적인 행위인 것처럼 하게 되었다. 정말 살기 힘든 세상이 되었다.

불공정 관계를 해결하는 길은 중소상공인들이 단결해 단체나 조직을 만드는 데서 출발한다. 그리고 단체교섭이나 상생 협약을 통해 대기업과 공존할 시스템을 만들 수 있는가에 달려 있다. 입법 운동을 하는 과정에서 보면, 자영업자나 중소상공인들의 단체 행동은 공정거래법 제19조가 규정하는 부당공동행위(담합)에 걸린다. 법적으로 형사처벌의 대상이 될 뿐만 아니라 공정거래위원회도 대기업들과의 상생에 어긋난다며 곱지 않은 시선으로 본다.

경제학은 노동조합을 조합원의 이익을 우선함으로써 사회의 다른 구성원들의 비용을 올리는 독점의 형태로 파악한다. 개별 노동자가 회사와 직접 협상하는 대신 노동조합이 독점적 협상권을 가지니까 경쟁을 저해한다고 한다. 임금 협상에서 시장 원리가 작동하지 않게 된다는 것이다. 실제로 미국에서는 1920년대까지 노동조합 활동이 독점금지법에 걸렸다. 그 후 대공황을 거치면서 노동조합이 오히려 생산성에 도움이 된다는 인식이 퍼지면서 합법화되었다. 루스벨트는 국가가 기업을 통제하고 노동자들의 권리를 보장한다는 내용의 와그너법을 만들었다.

지금 중소기업이 단체협상을 하면 그것도 독점이라고 보고 공정거래에 어긋난다고 한다. 말도 안 되는 얘기이다. 힘의 균형이 어느 정도 이루어진 다음에 공정한 계약이 가능하고 약탈을 막을 수 있다. 그런데 경제학에는 그런 개념이 없다. 자유로운 계약에 의한 관계인 이상 힘이 어느 쪽이 우세해지든 간에 시장에 맡겨놓아야 한다는 것이다. 하지만 그렇게 되면 중소기업의 생산성이 떨어지고 결국 완성품의 질도 떨어지게 된다. 지금 재벌들은 부품 같은 중간재는 중국에서 사오면 된다고 생각한다. 하청 업체가 다 망하면 중국에서 사오면 된다는 식으로 버티는데, 그렇게 되는 순간 완성 업체도 중국에 먹히게 된다. 부품을 다 생산할 수 있는데 무엇하러 중국이 스스로 완성 업체가 되는 길을 마다하겠는가.

그런 것까지 고려하면 분명히 중소기업에게 단체협상 자격이 주어질 때 대기업도 유리해진다. 그런 의미에서 정부나 경제학자, 대기업 모두 근시안적이다. 그렇게 하면 곧 망할 것처럼 생각을 하는데 전혀 그렇지 않다.

독일이나 일본의 경우처럼 중소기업을 키워서 중소기업 강국이 되는 길도 생각해볼 만하다. 그런 나라들에서는 80퍼센트가 넘는 중소기업들이 협동조합으로 단결해 집단적으로 납품하면서 대기업과 협약을 맺고 있다. 우리나라에서도 중소상공인들이 단결하는 시스템을 용인하는 문화가 필요하다.

우리나라 중소기업들로서는 아직 그런 경험이 없고, 잘못하다가 피해를 볼까 봐 단체 행동을 할 엄두를 내지 못한다. '갑'의 불공정 처분을 신고했다가 하청이 끊어지면 엎친 데 덮친 격이 된다. 우리나라처럼 아직 중소기업의 조직화가 미비한 경우 네트워크에 지원하는 산업 정책이 도움이 될 것 같다. 개별 기업에 보조금을 주거나 기술 지원을 하는 것이 아니라 네트워크별로 지원하는 방식이다.

가령 현대자동차에 납품하는 하청 업체들 사이에 엔진이나 부품별로 네트워크를 형성할 수 있다. 보조금을 지원받은 네트워크 중에 기술혁신까지 이뤄내고 생산성을 향상시킨 네트워크가 나오면 동시에 그 네트워크가 하청 단가를 교섭하는 창구 단위가 되게 하는 것이다. 그렇게 되면 자연스럽게 네트워크 조직을 통해 하청 단가를 교섭하는 단체가 형성될 것이다. 그러니까 기술적인 측면까지 고려해 네트워크를 만듦으로써 한편으로는 생산성을 향상시키고 다른 한편으로는 집단적인 힘을 발휘할 수 있게 해야 한다.

이명박 정부 때 경제민주화에 대한 요구가 많다 보니까 동반성장위원회를 만들어 협상을 유도했다. 실제로는 정부의 압력을 받은 한두 대기업이 흉내만 내는 데에 그쳤다. 대기업과 중소기업이 협약을 맺고, 초과 이익을 얻게 되면 나눠 갖는 상생 시스템을 확립해나가지 못했다.

재벌이 '갑'인 이상 힘으로는 이길 수 없다. 동반성장위원회에서 안을 다 만들어놓았는데 시행이 되지 않는 것은 이쪽이 힘이 경제학에서 도덕을 빼버린 것이 가장 치명적인 한계이다. 경제학은 윤리학과 결합되어야 한다. 윤리학을 빼버린 순간 경제학이 망가졌다. 그다음에는 인간이 해서는 안 될 일을 당연한 것처럼, 오히려 그게 합리적인 행위인 것처럼 하게 되었다.

약하기 때문이다. 노동조합도 없는 중소기업이라 송두리째 뺏어먹을 수 있는데 무슨 이유로 수익을 나누려 하겠는가. 예전에는 경제 테두리 안에서의 독점이 문제가 되었지만 지금은 정치, 더 나아가 사법부까지 재벌의 힘이 뻗쳐 있다. 약한 쪽이 단결해 힘을 키워낸 다음에야 대등한 계약이나 타협이 가능하다.

사실 규제가 없으면 시장이 돌아가지 않는다. 경제학자들이 세상에서 가장 완벽한 시장이라고 하는 곳이 자본시장이다. 그런데 주식시장을 보더라도 그 안에 얼마나 제도가 많은가. 심지어 당일 5퍼센트 이상 가격이 등락하면 서킷브레이커를 발동해 아예 시장을 닫아버린다. 그러니까 안전장치가 없이 움직이는 시장은 없다. 그게 기본이다. 시장도 제도이므로 사회의 다른 제도와의 균형 속에서만 작동이 가능하다. 그것이 폴라니의 기본적 사상이다. 시장 원리로 사회 전체를 조직하려 들면 사회가 찢어진다고 했다.

경제학자들의 머릿속에는 규제를 풀면 동등한 여러 집단이나 개인이 경쟁을 한다는 생각뿐이지만, 현실은 규제를 풀게 되면 빈부 격차나 불평등이 심해지면서 대기업도 망하게 되어 있다. 극단적으로 모든 공장을 한 집안이 소유하게 된다고 가정해보자. 나머지 사람들은 소비 능력이 바닥에 이를 텐데 그렇게 되면 생산 물품을 팔 곳이 없어진다. 수출의 길이 막힌 상황이라면 내수에 기댈수밖에 없을 테고, 결국 빚을 내주어 소비를 시키는 쪽으로 갈 것이다. 그러나 그것도 가계 부채가 한계에 도달하면 불가능해진다.

이제 좀 더 평등한 사회를 지향해야 한다. 상대가 살아야 자기도 산다. 지금 경제학자나 대기업은 그런 거시적인 생각을 하지 못하고 있다. 이기적인 인간 또는 이기적 행동이 합리적이라고 생각하는 세상이다. 지금 같은 때는 과도기적으로 강력한 법이 필요하다.

사람을 소모하는 방식을 고집하는 한

경제학에 상생이라는 용어가 있는가.

그 대신 경쟁이라는 말이 있다. 시장에서 경쟁을 통해 가격이 오르락내리락하면서 모든 갈등이 조정된다는 것이 기본적 사고이다. 그래서 경제학자들은 문제가 생기면 시장이 잘 작동하지 않거나 시장이 없기 때문이라고 분석한다. 그리고 시장이 잘 작동하지 않는 것은 제도 때문이라고 말한다. 이를테면 물이 잘 흐르지 못하는 것은 제도라는 암초가 물길을 막고 있기 때문이니 그것을 치워버리면 시장이 잘 작동하리라고 믿는 식이다. 그런 발상은 뿌리가 깊고 전 방위적이다.

예를 들어 전 세계에 걸쳐 이슈가 되는 기후 온난화를 해결할 방법을 생각해본다고 하자. 경제학자들은 무엇보다 우선 기후 온난화에 대한 시장이 없는 데서 찾을 것이다. 기후 온난화를 발생시키는 주범이 이산화탄소이니 그럼, 이산화탄소 시장을 만들어놓으면 된다고 생각한다. 그것이 현실로 나타난 것이 이산화탄소 배출권 거래 시장이다. 경제학자들의 기본적 사고는 그렇게 작동한다. 부부 싸움이 자주 일어나는 이유도 부부 사이에 시장이 없다는 데서 찾는다. 그렇게 해서 부부 사이에 형성된 시장이 결혼을 중매하는 회사, 즉 메이팅 시장이다.

경쟁도 공정한 경쟁이라면 좋다고 생각한다. 하청 업체의 기술이 아무리 좋아도 대기업이 납품과 해외 판매를 조건으로 공동 사업을 하다가 몇 년 후에 기술을 뺏어가는 사례가 허다하다. 청년들이 창업을 해 자체적으로 기술을 개발해도 대기업의 견제를 받으면 성장하기 어렵다. 경쟁이 경제학자의 일관된 입장이라면 공정한 경쟁을 유도하기 위한 규제가 선행되어야 하지 않을까.

대기업의 독점이나 기술 탈취가 오래가면 중소기업이나 하청 업체로서는 기술을 개발할 유인이 사라진다. 실리콘밸리를 열린 네트워크라고 하고 재벌을 닫힌 네트워크라고 말하는 이유를 알아야 한다. 재벌과 하청 업체의 관계를 닫힌 관계라고 하는 것은 일방적인 이익이 관철되기 때문이다. 실리콘밸리의 탄생과 성장에 휴렛팩커드HP는 핵심적 역할을 한다. 원래 실리콘밸리에는 조그만 기업들만 있었지 휴렛팩커드처럼 큰 기업은 거의 없었다. 휴렛팩커드는 자기들이 쓰던 고가의 운영 장비들을 벤처 기업들이 함께 쓰도록 허용했다. 주말처럼 바쁘지 않은 시간대에 장비를 쓸 수 있게 했다. 이러한 경영 방침 때문에 휴렛팩커드 주위에 기술혁신을 주도하는 벤처 기업들이 모여들게 되었다.

지금 우리 사회는 재벌이 중소기업을 다 잡아먹도록 내버려두고 있다. 기업 자체를 흡수하거나 기술을 뺏는 방식으로. 그러니까 공정한 경쟁을 위해서라도 정부가 개입을 하는 것이 맞다. 사실 규범이 그 역할을 하는 것이 낫기는 하다. 딱딱한 제도에 기대지 않고 기업 스스로 금도를 지키면 훨씬 바람직할 것이다. 그런데 한국 사회는 탈취와 약탈이 당연한 듯이 받아들여지고 있다. 규범이 잘 지켜지는 곳이라면 법적 강제는 좀 약해도 된다. 스웨덴이나 독일 같은 곳은 노동조합의 힘이 강하기 때문에 노동 관련 규제가 그리 강하지 않다. 그들 나라에서는 최저임금 제도가 생긴 지도 얼마 되지 않는다. 협상을 통해 훨씬 많은 임금을 따낼 수 있는데 최저임금 규정이 있으면 오히려 가이드라인으로 작용하게 되기 때문이다.

쌍방의 힘이 대등한 상태라면 법적 강제보다 규범에 따라 규제를 하는 것이 옳지만, 현재와 같이 지독한 불평등 사회에서는 강한 법이 필요하다. 약한 쪽이 공정하다고 느낄 때까지 강한 규제가 필요하다. 사람은 공정하다고 느끼지 않으면 절대로 협동하지도, 남을 돕지도 않는다. 복지도 마찬가지이다. 국가의 강한 규제로 공정하다고 느낄 때 비로소 국민들은 세금을 낼 마음이 생긴다.

지금 한국 사회에서 자기가 내는 세금이 공정하다고 생각하는 이가 몇이나 될까? 실제로 장관 후보의 인사청문회를 보면 탈세와 소득 허위 신고는 기본이다. 가진 자들이 더 가지려 든다라는 말이 절로 나온다. 그걸 보면 세금 내는 일이 억울하고 불공정하다고 느꺼진다.

그렇다고 사람들이 사회적 약자의 복지 수혜까지 불공정하다고 느끼지는 않는다. 경제학자들은 무임승차 때문에, 자기가 낸 돈으로 놀고먹는 사람들이 존재하기 때문에 다들 복지를 싫어할 것이라고 하지만 현실에서는 의외로 그렇지 않다. 경제 효율성이 떨어지므로 복지를 확대하면 안 된다는 논리는 일반 사람들의 생각이 아니다. 경제학자들의 생각일 뿐이다. 자기가 낸 돈이 가난한 자나 병든 사람들의 치료에 쓰이는 것을 불공정하다고 여기는 사람은 많지 않다.

그러나 자기보다 돈을 많이 벌면서도 세금은 적게 내는 사람에 대해서는 화를 낼 것이다. 또 자기가 낸 세금이 4대강 개발에 쓰인다고 하면 앞으로 세금 내기 싫어진다. 그런 측면에서 먼저 세입과 지출의 공정성을 확보해야 한다.

예컨대 100만 건의 금융 거래 중 1만 건에서 폭리 행위가 일어났고 그로 인해 피해를 받는 경제적 약자가 생기면, 우리로서는 자연히 피해자를 보호하는 입법이나 제도 규범이 필요하다고 생각한다. 그런데 경제학자들과 이야기를 해보면 그 1만 건의 폭리 피해 때문에 규제를 만드는 것을 이해하지 못한다. 세상을 바라보는 관점이 크게 차이가 난다.

사회에는 여러 가치가 존재하잖은가. 진선미나 공정성, 정의 등 가치가 여럿인데 경제학자에게 존재하는 가치는 하나밖에 없다.

효율성. 그리고 효율성은 시장 원리에서 나온다는 일종의 신앙을 가지고 있다. 경제는 그렇다 쳐도 경제에 적용되던 원리가 사회의 다른 영역에까지 침투하는 것이 더 큰 문제이다. 사회학이나 행정학에서 일찍부터 경제학적 방법론을 쓰고 있고, 법학에서도 법을 경제학적 방법론을 통해 설명하려는 리처드 포스너의 법경제학이 위력을 떨치고 있다. 그렇게 되면 시장 원리나 경쟁 원리가 마치 인간의 근본 본성에 부합하는 것처럼 이해된다. 경쟁 원리가 사회를 효율적으로 만들어서 결국 모든 구성원들에게 혜택이 돌아간다는 생각이 사회 전반에 만연한다. 이러한 상황에서 효율성에 어긋나는 것은 다 틀린 것이라고 생각하게 된다.

요즘엔 경제민주화와 경제활성화가 대립되는 형국이 되었다. 한편에서 경제민주화를 위한 규제 유지를 이야기하면, 반대편에서는 경제 효율성을 떨어뜨리는 각종 규제를 없앰으로써 대기업이 적극 투자에 나서게 해 경제를 활성화해야 한다는 식으로 맞선다. 중소기업이나 중소상인들의 생활이 안정되어야 내수 경제도 활성화될 텐데 대립적 이해에 사로잡혀 꼼짝하지 않는다. 경제민주화가 곧 경제활성화 아닌가.

경제민주화 없이 시장이 돌아갈 수 있을까? 사회적으로 합의된 일정한 제도하에서만 시장이 돌아갈 수 있다. 법 제도가 사회 전반을 지탱하고 있을 때 시장에서 상대방을 믿을 수 있다. 물론 아무리 세세한 법이라도 모든 것을 규율할 수 없으니 그 공백을 메우는 규범이 있어야 한다. 그러니까 인간이라면 어떤 행위를 해서는 안 된다는 기준이 세워져야 타인의 행동 범위를 예측할 수 있다. 그런데 법 제도가 미비하고 규범이 무너지면서 서로서로 믿지 못하게 되면 시장도 멈추고 만다.

사람이라는 것은 그렇게 이기적이지도 않고 그렇게 단단하지도 않은 존재이다. 다시 말하지만 제도를 없애면 시장이 잘 돌아가리라는 생각은 지독한 오해이다. 지금 우리 사회에 남아 있는 대부분의 제도는 사실 공공성을 지탱하는 최소한의 것이다. 그런 규제를 푼다는 것은 곧 재앙을 의미한다. 경제적 효율성을 빌미로 모든 것이 완전히 파괴되는 세상이 된다. 역사를 보면 바로 알 수 있다. 세계가 효율성을 이유로 규제 완화에 몰두한 지난 30년 동안 사람들이 행복해졌을까? 성장률은 반으로 떨어졌고, 불평등은 심해졌다. 경제의 효율성마저 떨어지는 것이다.

재벌의 투자를 통해 한 사회의 경제를 바꿔나가는 방식에는 상당히 파괴적인 측면이 있다. 재벌이 본격적으로 유통 산업에 대규모로 투자하면서 산업 규모가 급속히 재편되는 과정을 보더라도 그렇다. 주변의 중소 상인들이 초토화되는 피해를 수반했다. 함부로 규제를 완화했을 경우에 불러올 부작용이나 피해에 대해 좀 더 상세한 분석이 필요하다.

글로벌 경쟁이 심화되면 사회 내부에서 구조조정이 불가피할 때가 온다. 그럴 때도 구조조정을 하는 방식에 유념해야 한다. 문을 닫는 이나 해고된 자들에게 다른 일자리를 제공하거나 일터를 옮겨주는 사회 안전망을 구축하면서 진행해야 구조조정이 원활해진다. 스웨덴에서 노동조합과 사민당이 연합해 펼친 적극적 노동 시장 정책이 그랬다. 스웨덴도 우리나라처럼 조선과 철강, 자동차 분야 수출 기업에 크게 의존하는 산업 구조였다. 수출 대기업의 노동자들은 임금이 높고, 내수 중소기업의 노동자들은 그보다 낮았다. 그러다가 단체교섭을 통해 중소기업 노동자들의 임금을 올려주는 대신 수출 대기업 노동자들의 임금은 깎는 사회적 대타협을 진행했다.

이를 연대임금 제도라고 한다. 그 후 수출 경쟁력이 높아지면서 대기업은 이윤이 늘어났고, 중소기업 노동자들의 임금도 올라갔다. 올라가는 임금을 견디다 못해 몇몇 중소기업이 파산하자 이번에는 직장을 잃은 노동자들을 재교육시켜 유망한 산업으로 옮겨주는 식으로 적극 대처했다. 무엇보다 노동자들의 살 길을 함께 도모한다는 의미에서 이를 노동자 주도의 구조조정이라고 이름 붙일 수 있다.

스페인의 협동조합 복합체 몬드라곤이나 이탈리아 북부의 에밀리아로마냐에서도 비슷한 일이 일어났다. 망한 기업의 노동자들은 협동조합 내부의 다른 곳으로 옮겨 일하게 된다. 그러다 보니 그 지역의 실업률은 굉장히 낮다. 그런데 우리나라의 구조조정은 어떠한가. 무엇보다 노동자들을 겁먹게 만든다. 아무런 사회적 대책이 없는 상태에서 막무가내로 길거리로 내쫓다 보니 비용도 많이

들고 모두 고통스러워한다. 우리나라에서도 대기업이 위기에 빠진 사업장의 노동자들을 다른 계열사로 옮길 수 있다. 생산성이 더 높은 쪽으로, 더 나은 직장으로 가게 되는데 아무도 반대하지 않을 것이다. 이와 달리 정부는 아무런 사회적 대책을 마련하지 않고 기업도 책임감을 느끼지 않은 상태에서 구조조정을 실시하면 사회는 심각한 혼란에 빠질 수밖에 없다.

외국 자동차 회사들은 구조조정 대상이 되는 노동자들에게 직업훈련을 시키고, 다른 회사에 일자리가 있으면 취업을 알선하는 등 다양한 경로로 사회 안전망을 확보하려고 노력한다. 또 회사가 그런 해고 회피 노력을 하지 않으면 정리해고 자체가 법적으로 인정되지 않도록 되어 있다. 우리나라는 해고자 본인이 열심히 돌아다니면서 구직 활동을 해야 하는데, 그게 너무 힘들어서 대부분 포기하고 주저앉게 된다. 기업이 구조조정이 끝난 뒤 다시 인원을 채용해야 할 때가 되어도 해고자들의 취업 경로를 파악하지 못한 터라 다시 데려오지 못한다.

회사가 망하더라도 노동자는 다른 곳에서 일자리를 얻어 생활 안정을 찾을 수 있어야 일터에서 일할 맛이 난다. 노동자의 생존을 위협하고 일방적으로 희생을 강요하는 방식으로는 땜질 처방밖에 되지 않는다. 사람을 소모하는 방식을 고집하는 한 기업의 지속적인 성장은 불가능하다.

나는 한국 재벌 중 몇 곳은 망하리라고 본다. 핀란드의 경우 노

사람이라는 것은 그렇게 이기적이지도 않고 그렇게 단단하지도 않은 존재이다. 다시 말하지만 제도를 없애면 시장이 잘 돌아가리라는 생각은 지독한 오해이다. 지금 우리 사회에 남아 있는 대부분의 제도는 사실 공공성을 지탱하는 최소한의 것이다. 그런 규제를 푼다는 것은 곧 재앙을 의미한다.

키아가 망했다. 핀란드는 작은 나라이기에 노키아가 핀란드에서 차지하는 비중은 우리나라에서 삼성이 차지하는 비중보다 더 컸다. 다들 노키아가 망하면 핀란드도 망할 것이라고 전망했다. 그런데 실제로 무슨 일이 벌어졌는가. 노키아는 망해가는 와중에도 보유한 수많은 기술을 중소기업에게 이전했고, 이로써 수많은 중소기업들이 성장할 발판이 마련되었다. 지금은 노키아가 있는 핀란드보다 노키아 없는 핀란드가 더 낫다라고 얘기할 정도가 되었다. 물론 2016년 현재 종이 산업의 침체, 러시아 경제의 위기 때문에 핀란드의 경제가 어려운 것은 사실이다.

우리나라라면 어떠했을까. 망해가는 한국의 대기업이라면 큰돈을 부르는 외국 기업에 기술을 팔아먹으려 안달이었을 것이다. 이렇게 대기업에게 기대하는 역할이 있다. 대기업의 장점은 역시 혁신을 하는 것이다. 돌파적인 혁신을 하고 그 기술에서 파생된 것을 중소기업과 나눠야 자기들도 살 수 있다. 그런데 지금 한국의 대기업은 기술혁신은 하지 않고 중소기업의 생산성 향상에 기대어 남의 기술을 뺏어먹는 형국이다. 불어난 몸뚱이는 점점 느려지고 있다. 기존의 조직망을 활용해 손쉽게 수익을 올릴 수 있는 금융이나 유통, 관광 산업 쪽이나 기웃거린다. 지금 우리나라 경제는 대단히 위험하다.

박근혜 정부도 재벌들의 민원에 너무 매달린다. 2013년 8월 청와대에서 재벌 총수들과 회담하기 전까지는 그 나름대로 경제민주화 공약을 일부 유지했다. 그 자리에서 총수들이 구체적인 법안을 언급하며 폐기해달라고 공식적으로 요구하기도 했다. 회담 이후 국정 기조가 갑자기 규제 완화를 통한 경제 활성화로 바뀌었다. 이제 재벌들이 민원을 제기하면 정부가 즉각 그것을 국정 과제에 반영해 추진하는 시대가 되었다.

국정 기조가 바뀌는 것은 재벌의 로비에 영향을 받기도 하지만 대개의 경우 고위 경제 관료들이 그렇게 믿기 때문이기도 하다. 또 자기들이 그만두고 재벌 기업으로 갈 수도 있다. 한미 FTA를 추진하던 김현종은 삼성으로 갔다. 김앤장이나 삼성에 들어갔다가 다시 화려하게 차관이나 장관으로 복귀하는 회전문 인사가 출세 코스가 되었다. 그러다 보니 재벌의 이익을 우선 반영한다.

그리고 참여정부의 청와대에서 내가 직접 관찰한 바에 따르면 대통령이 확실한 민생 철학을 갖고 있다고 해도 그것을 뒷받침하는 참모진의 수가 절대적으로 부족하다. 당장 성장률이 떨어지면 대통령은 초조할 수밖에 없다. GDP를 이루는 구성 요소 중 '투자'가 제일 변동이 심한데, 재벌들이 일시적으로 설비 투자를 하지 않을 수 있다. 실제로 그렇게 태업을 하기도 한다. 그러면 청와대가 바로 몸을 수그리게 된다. 설비 투자를 늘려달라고 대통령이 재벌 총수들과 회동을 하고 나면 뭔가 정책 기조가 바뀐다. 지금처럼 정책 기조가 바뀌는 일이 수시로 벌어진다.

내가 대통령직 인수위원회에 있을 때 한 재정경제부 국장이 찾아왔다. 자기가 성장률을 올리고 고용을 늘리는 방법을 안다는 것이었다. 답이 뭐냐고 물었더니, 규제 완화라고 했다. 즉 경제 관료들은 2002년에도 규제 완화를 만병통치약으로 여겼던 것이다. 규제 완화만 하면 기업들이 전부 투자를 할 것이라는 말이었다. 재벌의 소원은 수도권 규제 완화이다. 그린벨트나 공장총량제 같은 규제로 수도권 개발이 묶여 있다. 국토의 균형 발전을 위해 자본의 과도한 집중을 피하고 수도권의 과밀화도 막기 위한 법이고 규제인데 그것을 풀어달라는 말이었다.

우리나라에서 공장이 제일 많은 곳이 경기도와 충청남도의 경계선이다. 수도권 규제에 경기도가 포함되니까 경기도 바로 바깥에 다들 공장을 세우는 것이다. 공장의 수익성에 때문에 더 이상 멀리 가지 않는다. 노무현 대통령이 무리해서 행정수도를 끌고 지방으로 내려가려 한 것도 그런 이유에서이다. 어쨌든 대통령이 그런 규제를 없애면 투자가 늘어나고, 이로 인해 성장률이 높아지고, 자신도 대통령으로서 가시적인 성과를 낼 것이라고 생각하는 데서 많은 문제가 비롯한다.

재벌이 사회의 공적 영역, 즉 입법과 사법, 행정을 장악한 상황에서 재벌이 곧 돈이 아닐까. 사람들은 재벌이라고 하면 그냥 돈이라고 생각하는 듯하다.

나는 재벌을 단순히 돈이라고 생각하지 않는다. 김용철 변호사가 폭로한 삼성 X파일을 보면 검사들에게 준 돈이 기껏해야 200만 원 정도였다. 설마 대한민국 검사가 돈 200만 원 받고 삼성 편을 드는 것은 아닐 것이다. 그것은 돈 액수의 문제라기보다 삼성의 네트워크 안에 들어가느냐 마느냐의 차원이다. 네트워크 안에 들어가면 인사에서 불이익을 당하지 않을 것이라고 생각한다. 적어도 그 안에 들어가면 훨씬 편안한 삶이 보장되는 것이다.

사회를 움직이는 네트워크 안에 들어가느냐의 문제라는 말이다.

재벌로서도 현재의 집중된 경제력을 유지하기 위해 상당히 힘을 쓰고 있다. 대형 로펌에 입법 로비팀을 만들게 해서 국회의 입법 과정에 관여하고 있다. 대형마트 규제를 위한 의무 휴업제나 심야 영업 규제를 막기 위해 반대쪽 국회의원을 찾아다니면서 적극적으로 논리를 제공한다. 법조계도 움직이고, 연구 용역을 매개로 삼아 학계까지 동원한다. 자신들의 경제력을 약화시킬 수 있는 제도를 막기 위해 최대한 막강한 인사를 포섭하는 것이다.

피케티는 《21세기 자본》에서 불평등이 심화되면 여러 폐해가 생기는데 그중 가장 큰 문제는 민주주의를 질식시키는 것이라고 갈파했다. 미국이 민주주의 국가인 것 같지만 불평등이 심해지면서 사사건건 정치적 대립이 일어난다. 그런데 공화와 민주 양당이 실제 합의하는 내용을 보면 부자들의 이익을 침해하는 법은 통과시키지 않는다. 양쪽 모두 정치자금의 대부분이 부자들의 호주머니에서 나오기 때문이다. 그렇게 경제권력이 정치까지 장악하게 되면 금권정치plutocracy가 판을 치게 된다는 것이 피케티의 한탄이다. 우리나라는 재벌이라는 특수한 형태의 경제력 집중이 사회 전체를 실질적으로 장악했고 이에 따라 사회의 활력이 현저히 떨어지고 있다.

어떻게 하다가 '헬 조선'이 되었나

일단 가장 추상적인 질문에서 시작해보자. 지금 우리나라의 1인당 국민소득은 2만 8000달러 정도 된다. 1년에 한 사람당 3000만 원가량의 소득을 올린다는 얘기이다. 아마 대부분의 독자들은 고개를 갸우뚱할 것이다. 가령 식구가 네 명인 집이라면 1년에 평균 1억 2000만 원을 벌어들인다는 얘기이니까. 독자 중에 이 정도의 소득을 올리는 집은 10퍼센트(1퍼센트?)도 되지 않을 것이다.

이 수수께끼는 우선 1인당 국민소득에 가계소득뿐 아니라 기업소득도 합쳐져 있기 때문에 생긴 것이다. 그렇다면 기업소득을 떼어내고 가계소득만 계산하면 얼마가 될까? 이를 1인당 가계총처분가능소득이라고 부르는데, 2015년 기준으로 1인당 PGDI는 1757만 원 정도 되었다. 특히 우리나라는 기업소득의 증가율은 높은 데 비해 가계소득은 제자리걸음을 걷고 있어서 1인당 국민소득과 PGDI의 격차가 점점 벌어지고 있다. 대기업은 남아도는 현금을 쓸 데가 없고, 일반인들은 쓸 돈이 없는 상황이다.

두 번째 실마리는 이 수치가 평균값이라는 데서 찾을 수 있다. 극단적인 예를 들어 우리 국민 모두의 소득이 0이고 한 사람이 모든 소득을 다 차지한다고 해도 평균값은 2만 8000달러가 나온다. 그렇다면 우리나라 사람들을 소득순으로 죽 세웠을 때 맨 가운데 있는 사람의 소득, 즉 중위값은 얼마나 될까? 김상조 교수가 국세청의 통합 소득 자료를 이용해 계산한 값은 2012년 기준으로 1660만 원가량 되었다. 김낙년 교수가 국세통계 연보를 기초로 해 일시적 취업자까지 포함해서(3122만 명) 계산한 값은 1074만 원(2010년)에 불과했다(김상조 교수 쪽의 값이 큰 이유는 소득세를 내지 않는 가난한 사람들은 제외했기 때문이다).

우리나라 전 국민의 소득이 똑같은 경우(완전 평등)와 한 사람이 모든 부를 가진 경우(완전 불평등)를 비교해보면 전자의 경우 중위값은 평균값과 같지만, 후자의 경우엔 0이 된다. 즉 평균값과 중위값의 차이가 크면 클수록 불평등이 심하다고 할 수 있다. 여러분은 이 소득분포에서 어디쯤 있는가?

민생이란 무엇인가? 학문적 용어는 아닌데, 중산층이라고 하면 중위소득의 50~150퍼센트 범위에 있는 가구를 뜻하니까 중산층 이하의 삶을 민생이라고 불러야 하지 않을까. 그런데 이 정의는 소득분포가 어떤 모양인가에 따라 뜻이 달라진다. 만일 정규 분포라면 중산층은 중산층이라는 말이 주는 어감과 비슷할 테지만, 현재처럼 불평등이 심해 중산층에 해당하는 사람의 수가 많다면 중산층은 사실상 (적어도 상대적) 빈곤층일 것이다.

1994년(《응답하라 1988》의 주인공들이 취직을 한 해) 우리나라의 1인당 국민소득은 1만 달러를 넘어섰다. 지금으로부터 22년 전 문민정부 때의 일이니 지금의 40, 50대가 청춘이었을 때이다. 1인당 국민소득에서 보면 지금이 그때보다 물질적으로 세 배쯤 풍요로워졌다. 그런데 왜 지금 20, 30대는 훨씬 더 미래를 절망적으로 바라보는 걸까?

우리가 앞으로 함께 풀어야 할 문제가 바로 이것이다. 내가 잠정적으로 가지고 있는 답은 이렇다. 첫째, 행복은 물질로만 이루어지는 것이 아니다(이른바 '행복 경제학'이 다루는 내용이다). 둘째, 평균으로 세 배일 뿐이다. 게다가 불평등이 심해져서 보통 사람의 삶은 그렇게 나아지지 않았고, 상대적으로는 오히려 더 나빠졌다('불평등의 경제학'). 그리고 마지막으로, 앞으로 나아질 전망이 별로 보이지 않는다는 것이다. 다시 말해 '상향 이동성'이 낮아졌다.

실제로 1960년대 초 우리나라는 대단히 평등한 나라였다. 식민지를 겪은 나라 중 토지가 가장 평등하게 분배되고, 중위소득도 가장 높은 나라였다(소득도 평등했다는 얘기이다). 선진국을 포함해 보더라도 가장 평등한 나라 중 하나였을 것이다.

1970년대에 불평등이 심해졌지만, 1980년대 중반부터 1990년대 초반까지는 소득이 오히려 평등해지기도 했다. 1987년 노동자 대투쟁 이후 노동조합이 속속 결성되면서 임금이 빠른 속도로 올라갔기 때문이다. 더구나 당시는 '3저 호황'(저유가, 저금리, 낮은 원화 가치) 덕에 수출도 꾸준히 늘어났다. 수출과 내수가 동시에 증가하던 시기였다. 나이 지긋한 분들은 옛날 생각을 한번 해보기 바란다. 언제 살림살이가 가장 나아졌고 미래에 대한 전망도 가장 좋았는지. 이 시기가 아닐까?

그러나 1997년 외환 위기를 기점으로 모든 것이 변한다. 앞으로 통계로 확인되겠지만 그 후 성장률은 떨어지고 불평등은 깊어지고 있다. 한국은 그동안 고도성장으로 유명했지만 이제는 가장 급속히 불평등해지는 나라가 되었다. 그뿐만 아니라 사회 이동성도 세계에서 가장 낮은 나라 중 하나가 되었다.

지금 사회의 불평등한 상황은 비유하자면, 100미터 달리기를 하는데 잘사는 아이들은 출발선보다 50미터 앞에서 출발하는 것과 같다. 더구나 자전거 같은 도구까지 사용하면 경쟁이 되지 않는다. 사람들이 대학 입시 성공의 세 가지 조건이라고 꼽던 '할아버지의 재산, 엄마의 정보력, 아빠의 무관심'은 이제 결코 헛말이 아니다.

한때 재산과 소득이 평등한 상태에서는 교육은 사회 이동의 통로 역할을 했다. 일부 부자들이 가정교사를 두기는 했지만 그래도 노력만 하면 원하는 대학에 갈 수 있었다. 개천에서 용이 나오던 시대였다. 하지만 지금처럼 격차의 골이 깊을 때에는 자신만의 노력으로 치열한 경쟁에서 승리하기는 정말 어렵다. 개천에서 용은 커녕 이무기도 나오기 힘들게 되었다. 더구나 〈응답하라 1988〉에서 볼 수 있는 마을 공동체는 해체되었고 그 자리에는 개인 간의 치열한 경쟁만 남았다. 그 어디에도 위로를 받을 곳은 없다.

점잖게 '아프니까 청춘'이라며 먼저 '노오력' 하라고 말하는 것은 실은 현재의 불평등을 받아들이고 체념하라는 이야기나 마찬가지이다. 나이 지긋한 분들께 다시 한 번 묻는다. 학생 시절 당신들은 얼마나 공부(노오력)했는가? 내가 강연 때마다 하는 질문이지만, 지금 학생들이 하는 공부 양의 50퍼센트라도 했다고 손드는 이는 한 명도 없었다.

지금 우리의 현실은 피케티가 '세습 자본주의patrimonial capitalism'라고 부른 바로 그것이다. 양반, 상놈, 노비로 신분이 나뉘어 있어서 그 벽을 넘을 수 없었던 조선시대와 별로 다를 바 없다. 청년들이 절망하는 이유가 여기에 있지 않을까? 앞으로 이러한 주장들을 좀 더 자세히 살펴보고 그 답을 같이 찾으려고 한다. 여러분의 의견이 절실하다. 그러지 않으면 영영 답을 찾지 못할지도 모른다. 희망의 경제학을 찾기 위한 질문이 절망의 경제학으로 끝나서는 안 된다.

불평등의 원인이 '노오력'의 부족?

사실 주류 경제학은 분배 문제를 거의 다루지 않는다. 일정한 조건(완전경쟁 시장과 1차동차생산함수)이 만족된다면 각 생산요소에 돌아가는 분배 몫은 한계생산성에 의해 결정된다. 보울리는 실제로 이 분배 몫이 일정하다고 주장했고(보울리의 법칙), 쿠즈네츠는 한 걸음 더 나아가 자본주의 발전 초기에는 분배가 악화되지만 일정 단계가 지나면 개선될 것이라고 예언했다(역U 자 가설). 이에 따라 성장에만 신경 쓰면 그만이고 섣불리 분배 문제를 건드렸다가는 상황만 악화시킬 것이라는 주장은 지금도 주류 경제학의 신조에 속한다.

그런데 프랑스 출신인 마흔다섯 살의 경제학자가 《21세기 자본》에서 이 모든 주장을 단숨에 엎어버렸다. 피케티의 무기는 어느 누구도 쉽사리 부정할 수 없는, 300년에 이르는 장기 통계, 즉 역사적 사실이다. 그가 초점을 맞춘 수치는 '어떤 시점의 한 나라의 순자산을 그해의 국민소득으로 나눈 값'이다.(β=W/Y, W는 민간 순자산, Y는 국민소득) β에 수익률r을 곱하면 그해 자산 소유자들이 가져간 몫이 된다.(α=rβ) 그는 이 회계적 항등식에 '자본주의 제1근본법칙'이라는 어마어마한 이름을 붙였다.

다음 단계는 도마·새뮤얼슨·솔로(신고전 경제학파)의 '장기 균형성장 조건'(β=s/g, s는 저축률, g는 경제성장률)과 현실의 수치를 비교하는 일이다. 피케티는 이 방정식에 다소 구질구질한 설명을 덧붙이며(5장) '자본주의 제2근본법칙'이라고 불렀다.

영국이나 프랑스에서 β는 19세기 말에 6~7배로 정점을 찍은 뒤 1910~1950년 동안 2~3배로 급전직하했다. 두 번의 세계전쟁과 대공황을 겪으면서 이후 재분배 정책이 시행되었기 때문이다. 이 수치는 1980년대부터 서서히 상승해서 현재는 4~6배까지 치솟았다. 또한 피케티는 자산의 수익률은 역사 전 기간에 걸쳐 4~5퍼센트로 일정하게 유지되었다고 계산했다. 그렇다면 자산 소유자가 차지하는 몫도 β와 같은 궤적을 그릴 것이다.

그렇다면 21세기에는 어떻게 될까? 만일 경제성장률이 자본의 수익률보다 적다면 자산가들은 점점 더 많은 부를 축적하게 될 것이다. 이제 누가 잘사느냐 못사느냐는 재능이나 노력이 아니라 전적으로 상속에 의존하게 된다. 발자크의 《고리오 영감》에 나오는 가난한 젊은 귀족은 공부를 열심히 해서 검사가 될지, 돈 많은 미망인을 유혹할지를 놓고 고민한다(라스티냐크의 딜레마). 21세기는 다시 그런 세습 자본주의 사회가 될 것이라는 얘기이다.

그런 세상을 원하지 않는다면 '글로벌 자본세global capital tax'와 최고 세율 80퍼센트에 이르는 누진 소득세를 전 세계가 동시에 부과해야 한다. 앞으로의 논쟁은 자본 수익률이 과연 일정한지 그리고 정책 대안은 무엇인지를 둘러싸고 벌어질 것이다. 물론 피케티를 두고 '마르크스주의자' '빨갱이'라고 낙인을 찍는 일이 이미 시작되었다. 그런 사람들에게 '21세기 자본'은 유령인 것이다. 참고로 한국의 2012년 β는 5.6, r는 7.1, g는 3.8이다. 이 수치는 한국이 세계에서 가장 빠른 속도로 분배가 악화되고 있음을 보여준다. 한국은 고도성장을 했지만, 1990년대 중반 이후 '고도불평등'을 겪고 있다.

불평등의 구조화와 확대재생산

금수저, 흙수저 논쟁은 피케티가 말한 세습 자본주의를 정확하게 표현하고 있다. 각각의 사회 계층은 출발선이 다르고, 이를 역전시킬 가능성은('개천에서 용 난다') 별로 없다는 것이다. 문제는 이러한 불평등이 구조화되고 확대 재생산된다는 데에 있다.

그런 의미에서 한국에서는 재벌의 존재가 중요하다. 재벌의 경우 2세 세습 시기에는 금융에 진출했고, 3세 세습 시기인 지금은 동네 상권에 진입해 유통을 잠식하고 있다. 슘페터가 예찬한 대기업의 '창조적 파괴'는 안중에 없고 독점력을 활용한 '땅 짚고 헤엄치기'에 몰두하고 있는 실정이다.

그러다 보니 대기업과 중소기업 및 자영업, 정규직과 비정규직, 노동자와 실업자 간의 임금 격차는 점점 커진다. 청년의 70~80퍼센트가 대학을 졸업하는데, 대기업 사원, 공무원, 전문직을 모두 합쳐도 15퍼센트가 채 되지 않는다. 매년 55~65퍼센트의 청년들이 '루저'가 될 수밖에 없는 구조라는 말이다. 이러한 일이 10년 동

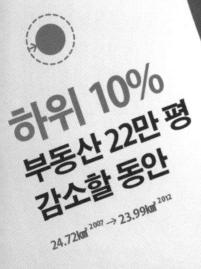

상위 1%
서울시 면적의
5배 늘어

2658.97㎢ 2007 → 5724.84㎢ 2012

하위 10%
부동산 22만 평
감소할 동안

24.72㎢ 2007 → 23.99㎢ 2012

국세청, 국정감사 제출 자료(2014),
참여연대 조세재정개혁센터의 '대한민국 1% 보고서'

안 누적되면 550~650퍼센트의 청년들이 루저가 되지 않겠는가.

또 불로소득이 근로소득을 압도하는 지경에 이르렀다. 100억 원을 가진 자산가가 집을 10채를 매입해 세를 줘서 각각 100만 원씩 월세를 받는다고 해보자. 월급 200만 원을 받는 세입자의 입장에서는 100만 원을 월세로 내면 제대로 소비를 할 수가 없다. 반면 자산가는 월세 수입 1000만 원을 한 달에 모두 소비하지 못한다. 현재의 총수요가 부족해진 것은 이러한 자산 소득의 불평등도 그 원인 중 하나이다.

편의점이 운영되는 모습도 이와 다르지 않다. 본사로서는 유통망이나 포스 시스템 등 초기 비용을 지원한 대가로 이후 편의점에서 생기는 이윤의 30퍼센트를 그냥 챙겨간다. 만일 편의점 점주들이 돈을 모으거나 은행에서 대출받아 스스로 시스템을 구축하고 협동조합 방식으로 운영한다면 현재와 같은 착취는 사라질 것이다.

불평등을 어떻게 시정할 것인가

'헬 조선'이 된 한국 사회를 투표로 바꾸려면 적어도 세 단계를 거쳐야 한다. 현실 파악, 인식 및 태도의 변화, 그리고 정책 및 정치의 단계이다.

첫 번째 단계는 객관적 현실을 파악하는 일이다. 두 번째는 대중이 이러한 현실을 어떻게 인식하는지 살펴보는 것이다. 그리고

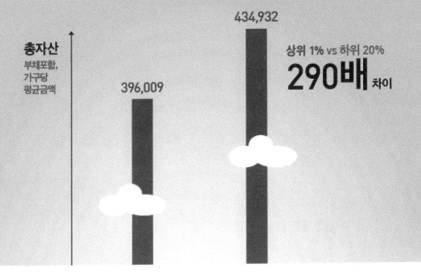

총자산
부채포함,
가구당
평균금액

396,009

434,932

상위 1% vs 하위 20%
290배 차이

대한민국 1%에 대한 작은 보고서
하위 20% 자산이 5만원 늘 동안
상위 1% 3억8923만원 증가

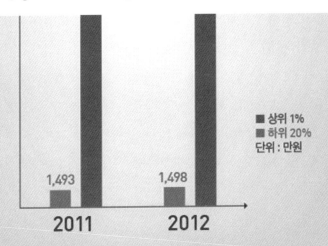

■ 상위 1%
■ 하위 20%
단위 : 만원

1,493

1,498

2011

2012

통계청 '가계금융 복지조사' 2011, 2012

복지·재분배에 대한 태도는 어떻게 변화할지 따져봐야 한다.(평등의 정치경제학은 시장의 기본 구조부터 문제 삼으므로 복지·재분배 사안은 건너뛴다.) 여기서는 사회통계와 여론조사의 추이가 중요하다. 마지막 단계는 인식과 태도의 변화가 정당에 대한 투표로 이어지는 차원이다. 이 단계에서는 두말할 것 없이 정당과 정치의 역할이 중요하다.

1단계: 불평등한 현실, '알려지고 있다'

내가 소득분포나 재산 분포에 대해 본격적인 관심을 가지게 된 계기는 피케티와의 만남, 더 정확히는 세월호 참사의 발생이었다(세월호 참사를 본 뒤라 피케티를 순식간에 읽을 수 있었다). 제한된 자료로 β값을 계산해보니 한국은 대단히 높은 불평등의 가능성(자산이 평등하게 분배되어 있지 않은 한)을 가진 나라였다. 세계는 2008년 세계 금융 위기 이후, 한국은 2010년 무상급식 논쟁 이후 불평등한 현실에 대한 실증적 연구가 나오기 시작했다. 한국에서는 김낙년 교수와 한국노동연구원이 이 분야에서 지대한 공헌을 했다.

결론을 말하자면, 한국은 압축 성장을 한 만큼이나 '압축 불평등'을 겪고 있다. 모든 지표가 1995~1996년경을 기점으로 뚜렷한 분기를 보였다. 사회는 그때부터 본격적으로 저성장과 불평등 국면으로 접어들었다. (민주 정부 10년은 위기를 '극복'했지만, 저성장과 불평등을 시정하지 못하고 오히려 강화했다.) 한국은 1960년대까지 대단히(세계에서 가장) 평등한 나라 중 하나였다. 자산과 소득 양쪽

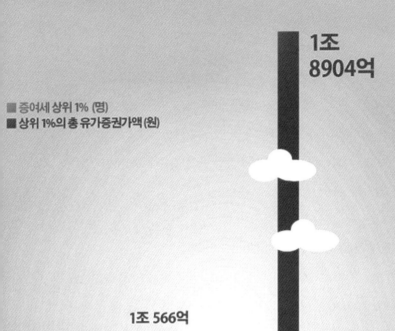

1조
8904억

■ 증여세 상위 1% (명)
■ 상위 1%의 총 유가증권가액 (원)

1조 566억

크고 빨라진 상위 1%의 대물림
주식 등을 통한 부의 대물림 3년만에 78.9% 증가

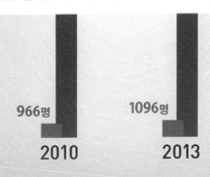

966명   1096명

2010   **2013**

국세청, 국정감사 제출 자료

모두에서 그랬다. 출발선이 같았고 특유의 교육열과 장시간 노동으로 고도성장을 달성했다.

하지만 1996년 이후 불과 20년 만에 세계에서 가장 불평등한 나라가 되어버렸다. 불행히도 인구 고령화, 세계적 장기 침체, 재벌 체제, 미디어의 편향성, 개인주의의 범람 때문에 평등으로 가는 길은 대단히 험난할 것으로 보인다.

2단계: 대중의 인식과 태도, '변하고 있다'

(시장) 분배에 관한 사람들의 관심은 오히려 1970년대에 높았다.(저임금-장시간 노동) 그러다가 수출과 내수가 동시에 늘어난 1980년대 후반부터 1990년대 초반 동안 오히려 그에 대한 관심은 줄어들었다. 1980년대 후반의 외채 망국론이 현실에 의해 기각되면서 수출-성장 우선론을 대중뿐 아니라 지식인들도 받아들였다.

수출과 내수가 동시에 증가한 고성장 시기에는 낙수 효과가 작동했다. 1980년대 후반부터 1990년대 초기 동안에는 지니계수(소득분포의 불평등도를 측정하기 위한 계수)가 낮아지기도 했다. 그때는 잔여적 복지 혹은 선택적 복지가 타당한 선택으로 보였다.

불평등한 현실에 대한 인식과 태도는 2000년대 초부터 변화의 조짐을 보이다가 2008년 세계 경제 위기와 2010년 무상급식 논쟁을 계기로 획기적으로 변했다. 사회 이동성에 대한 인식도 현실을 반영하기 시작했다. 1990년대 중반 자식이 자기보다 못하거나 비슷할 것이라는 대답은 5퍼센트에 불과했지만, 현재는 거의 절반에 이른다. 사람들이 사회 이동성에 대한 환상을 가지게 된 것은 고도 성장을 겪은 결과로 볼 수 있고(집단 체험), 이 때문에 불평등을 시정해야 한다는 주장에 반대할 수 있었다.

이러한 인식의 변화는 불과 15년 만에 극적으로 이뤄지고 있다. '헬 조선'과 수저론은 이제 사회 이동이 불가능할 것이라는 인식의 단적인 표현이다. 2000년대 중반 중간 계층(또는 지식층)의 인식 변화는 2010년경부터 하층의 인식·태도의 변화로 이어졌다. 다만 연령과 남북 관계의 존재 때문에 노령 저소득층의 인식은 여전하다. 한편 고소득층의 인식은 뚜렷하게 계급성을 드러내고 있고, 특히 50대 중후반의 변화가 눈에 띈다. 이제 1987년의 세대 경험을 계급적 이익이 압도하고 있다. 정치인들의 인식과 태도도 이들과 마찬가지인 것으로 보인다.

3단계: 투표 행태, '정당과 정치는 무력하다, 아니 역행적이다'

복지국가의 발전을 설명하는 데 큰 흐름을 차지하는 것이 '권력 자원power resource' 이론이다(에스핑-안데르센, 코르피). 노동조합이 노동계급을 얼마나 조직하고, 노동계급 정당이 그들을 얼마나 동원할 수 있는지가 복지에 대한 태도와 정책의 실현을 결정한다는 내용이다. 한국의 기업별 노동조합 체제 그리고 좌파 정당의 지리멸렬함은 이러한 주장의 실현에 대단히 불리한 요인으로 작용한다.

'자본주의 다양성론varieties of capitalism'(신제도주의. 소스키스, 아이버슨)의 정당 시스템과 선거제도에 대한 분석에 따르면, 포스트포

드주의로 이행되면서 노동자는 '내부자 대 외부자'로 분화되고 기본적으로 노동조합은 내부자(정규직 조합원)의 정치를 추구하게 되었다. 이러한 상황에서 비례대표제가 아닌 다수대표제는 더욱더 복지 정치를 어렵게 만든다. 또 강한 우파 정당이 존재하는 상황에서는 중도 좌파 연합이 이루어질 때 평등의 정치가 가능하다고 한다.

이러한 조건도 한국은 대단히 불리하다. 기업별 노동조합 체제와 상위 조합(민주노총이나 한국노총)의 무력함으로 인해 기업은 기업 복지로 문제를 해결하려 하고, 소선거구제의 단순 다수대표제 하에서는 좌파 정당이 존립하기 어렵기 때문이다. 또 강한 우파 정당의 존재는 오히려 중도 정당을 우파로 견인하는 힘으로 작용한다(이른바 '중도'로 가야 한다는 주장). 국회의원 선거에서는 젊은 세대와 중산층을 끌어들이려는 복지 경쟁이 이뤄질 뿐이다. 무상보육과 무상급식, 산후조리원, 청년 정책 등이 그것이다.

그리고 한국의 재벌 체제는 (서구의 이론으로는 상상하기 어려울 정도로) 제도 면에서 평등의 정치에 불리하게 작용한다. 재벌 체제는 외부인을 배제하는 정치를 양산할 뿐 아니라 수탈의 대상인 중소기업, 자영업자한테도 복지 비용을 부담하게 될 것을 두려워하게 만든다. 특히 재벌계 금융기관들의 사적 보험은 사회보험과 곧바로 상충하게 되고, 이들의 로비로 인해 공공성의 확대는 벽에 부딪힌다. 더 나아가 재벌이 미디어와 정치, 사법부까지 장악하는 순간 가장 큰 걸림돌이 될 것이다.

무엇을 할 것인가

노년의 저소득층을 제외하고는 대부분 국민들이 불평등한 현실과 자신의 처지를 냉철하게 인식하기 시작했다. 이럴 때일수록 정확한 소득 및 재산 분포를 제시함으로써 자신들의 객관적 위치를 확인할 수 있게 해야 한다. 사회 이동성에 대해서도 좀 더 현실적인 인식이 필요하다. 그러므로 사람들에게 구체적인 통계와 연구 결과를 제시해야 한다.

문제는 제1야당이나 진보 정당에 대한 믿음이 존재하지 않는다는 것이다. 정치에 대한 냉소주의는 외부자와 젊은 층의 투표율을 떨어뜨린다. 더불어민주당이 명확하게 '민주 정부 10년'의 한계를 인정하고 평등의 정치를 표방하지 않는 한, 그리고 정치 지도자가 이에 대한 믿을 만한 청사진을 제시하지 못하는 한 인식과 태도가 변화한다 해도 투표로 이어지지 않을 것이다.

민주노총은 내부자의 정치(흔히 국회 로비로 나타난다)를 버리고 '내수 확대형 사회적 대타협'으로 나아가야 한다. 현재와 같은 정책 기조가 계속되면 재벌 체제 자체가 붕괴할 수 있다. 이대로 가면 중소기업, 비정규직 수탈에 기초한 기업 복지가 불가능해지는 것은 물론, 노동조합의 존립 자체도 어려워질 거라는 생각을 해야 한다. 어쩌면 마지막 기회일지 모른다.

정치권은 시장 분배의 정치경제학(소득 주도 성장), 재분배의 정치경제학(복지) 그리고 경제민주화의 정치경제학(특히 내·외부자의 차별 시정, 주로 경제의 규칙에 관한 경제학)을 통합해 체계적인 정책을 제시해야 한다. 다시 말해 중소기업과 자영업자, 비정규직 노동자 등이 결합해 광범위한 '평등 연합'을 이뤄내야 한다. 이때 정치의 역할이 무엇보다도 중요하다. 물론 사회적 경제는 매우 유력한 우리의 진지가 될 수 있다.

조 국

**입에 풀칠도 못하게 하는
이들에게 고함**

아마 그는 최우선 순위로 섭외되었을 것이다. 많은 이들이 그의 속 깊은 이야기를 듣고 싶어 한다. 인터뷰를 마친 지금도 갈증이 남아 있다. 조금 더 많은 시간 이야기하고 싶었지만 그는 늘 시간이 부족했다. 평일은 시간이 나지 않았고, 토요일 점심 직후에 만났다. 그날 우리 중 두 사람은 막 엠티에서 돌아온 길이었다. 물론 평일에 학교 연구실로 찾아가 진행 상황을 논의하고 왔었다.

2015년 5월 말부터 9월까지 100일가량 더불어민주당의 혁신위원으로 활동했기에 그를 만나 한 정당의 민주주의를 위한 설계도를 들어볼 좋은 기회였다. 하지만 이야기는 오히려 그동안 계파 싸움이나 정치 개혁 때문에 뒤로 밀린 민생 개혁에 집중되었다. 그는 '두 개의 전선'이라는 말로 오늘 한국 사회의 개혁 진영에서 벌어지는 이 이분법적 대립을 명확히 드러냈다. 지난 민주 정부에서의 공과를 다룰 때도 민생 개혁에 대한 태도가 어떠했는지의 관점에서 다시 조명했다. 그는 한국 사회에서 벌어지는 과잉 정치주의의 폐단을 누구보다 절감하고 있었다. '저파' '저클릭'이라는 말로 자신의 소신을 표현한 것도 그만큼 절실하기 때문이다.

'정명'이라는 말이 이야기의 초입에 나왔다. 이름을 고쳐 부르고, 바로잡는 일이 지배 권력의 프레임에 맞서는 훌륭한 무기라는 뜻이었다. 수구 세력이나 진보 진영이나 다같이 '민생'을 구호처럼 외치는 지금 '민생'이라는 말부터가 저들에게 선점된 것이었다. 다른 이름이 필요했고, 다른 '민생'이 필요했다. 그는 과연 한국 사회에 대한 전체적인 조망을 가졌는지 궁금했다. 그의 굵은 톤의 목소리는 어느 한 곳에서도 머뭇거리지 않았다. 달변이었고 말끝은 시원시원했다. 인터뷰가 끝나는 대로 다음 약속을 위해 부리나케 일어서는 그를 배웅하기 위해 우리도 함께 자리를 떴다.

민생 문제가 정치권 내부에서 가장 시급한 현안이 되지 못하는 이유는 무엇일까.

한국 정치에서 수구 기득권 세력은 민생과 정치의 관계를 항상 대립적인 모습으로 파악했다. 정치라는 것은 민생과는 아무런 관련이 없고, 심지어 민생에 해가 되는 것이라고 보았다. 프레임이다. 그들은 민생과 정치는 무관하다는 프레임을 계속 유포해왔다. 중요한 사안을 놓고 여야 간에 그리고 정치권과 시민사회 간에 격돌이 발생하면, 수구·보수 세력과 언론은 '왜 정쟁을 일삼느냐, 그만 정쟁을 중지하고 민생에 집중하라'는 식의 주장을 편다.

종합부동산세와 법인세 인상, 최저임금 인상, 골목 상권 보호 등 격돌을 일으킨 사안의 원인을 따지고 들어가면 민생과 직결된 경우가 많은데 이미 민생과 관련 없는 이야기로 치부된다. 어느 정당이 진정 민생의 편에 서는지 철저히 따져져야 함에도 불구하고 정쟁이라는 이름으로 이 절차는 생략된다. 어느새 진보·개혁 세력과 시민사회단체는 정쟁을 일삼는 세력으로 매도되어 있다. 민생을 신경 쓰는 쪽이 누구인지의 문제는 결코 논의되지 않는다. 다만 환상이 재생산될 뿐이다.

그리고 시민사회단체가 민생 사안을 정면으로 제기하면서 정치 쟁점화하려고 하면, 정치권은 '왜 남의 일에 나서서 관여하느냐'라는 식으로 대응한다. 법과 제도를 만드는 것은 자신들의 고유 권한인데 감 놔라, 배 놔라 하지 말라는 것이다. 시민들은 가만히 앉아 떨어지는 떡고물이나 얻어먹으면 되는 존재이다. 틀 자체를 바꾸려고 나서는 것 자체가 주제 넘는 일이다. 시민사회단체는 정치에 개입하지 말고 '순결함' '순수함'을 유지해야 한다는 훈계도 이어진다. 정치는 정치인이 전담해야지, 세상 물정 모르는 초짜가 왈가왈부할 문제가 아니라고 한다. 그리하여 정치는 수구 기득권 세력 그들만의 공깃돌 놀이로 설정된다. 강력한 정치적 프레임이다.

일반 시민들에게 정치는 '3D' 업종의 하나로 인식되어온 것도 이상과 같은 프레임의 영향권 안에서 벌어진 일이다. 정치는 위험하고, 어렵고, 지저분한 일이니 멀리해야 한다. 우리는 이미 이러한 관념에 물들어 있다. '까마귀 노는 곳에 백로야, 가지 마라'라는 시조 구절은 정치를 가까이하지 말라는 메시지로 사용된다. 정치에 개입하거나 참여하다가는 호되게 당하거나, 패가망신하거나 심지어는 감옥에 가게 된다는 경고가 잇따른다. 그리하여 시민들이 정치 참여를 경원시하게 되면 수구 기득권 세력이 정치 영역을 독점하게 된다. 정치 영역에서의 기득권을 유지하려는 정치권의 책략 또는 프레임이 승리를 거두는 순간이다.

민생과 정치를 분리하는 이 프레임은 권위주의 체제가 종료한 후에도 변함이 없다. 그런데 이러한 문제점은 정치적 민주화를 이끌어냈던 진보 운동권에게도 있었다. 1980년대를 돌이켜보면 진보 운동권은 '민족 해방'이냐 '민중 민주'냐 하는 논쟁에 몰두해 있었다. 이 논쟁은 분단 체제와 폭압적 권위주의 정권을 극복하려는 고민의 산물이었다. 그러나 이 논쟁은 최상위 차원의 이데올로기 논쟁으로, 그 속에서 민생 해결은 중심적 과제로 자리 잡지 못했다.

게다가 '주체사상파'의 이론과 실천은 북한 조선노동당의 관점에서 남한의 민생 해결을 바라보았다. 정파를 막론하고 운동권 사람들의 머릿속에서 민생을 해결하는 구체적이고 종합적인 대안은 없었다. 이러한 문제점은 '1987년 헌법 체제'가 자리 잡은 뒤에도 유지되었다. 이후 국제적으로 소련을 중심으로 한 국가사회주의 체제가 붕괴하고, 국내적으로는 1997년 외환 위기가 발발하는 사건이 잇따르면서, 진보 운동권의 기본 노선은 요동쳤다. 주체사상파가 반공주의자로 변신하는 일도 발생했다.

김대중, 노무현 정부가 들어서자 정치에서 민생 문제의 비중이 높아졌다. 그렇다고 민생이 정치의 중심이 된 것은 아니었다. 진정 진보를 추구하는 사람이라면 민족 해방, 민중 민주, 이러한 구호 수준의 이데올로기에 포박되어서는 안 된다. 이제 '민생 민주'로 가야 한다. '민주'라는 말은 대한민국이라는 정치 공동체의 주인이 누구인지를 말한다. 민주공화국에서 아무도 '민주'를 부정할 수 없다. 그러면 현 시기 나라의 주인이 무엇을 가장 바라는지, 무엇 때문에 가장 고통받는지를 생각해야 한다. 그것은 바로 '민생'이다. 진보를 추구하는 사람이라면 그 어떤 것보다도 민생에 방점을 찍고 사고하고 행동해야 한다.

현재 야당의 경우 노선과 관련해 '좌클릭'인가 '우클릭'인가 하는 논쟁이 종종 일어난다. 이 논쟁은 당권의 향방과 관련이 있다. 그런데 이런 논쟁이 무슨 의미가 있을까. 국민의 지지를 얻으려면 '민생 민주'의 지향을 분명히 하는 길밖에 없다. 좌클릭도 우클릭도 아닌 '저低클릭'을 해야 한다. 제대로 된 정치를 하려면 아래로, 낮은 곳으로 내려가라는 말이다. 저클릭을 해야 비로소 민생이 보인다.

정명正名

정치적 프레임을 바로잡는 일이 급선무라는 말로 들린다. 그 일은 어떻게 가능한가.

프레임을 바로잡는 일은 '정명正名', 즉 이름을 바로잡는 일이다. 많은 경우 사고가 행동을 규정하지 않던가. 어떤 사고, 철학, 프레임을 바로잡으면 그에 따라 사람이 바뀌고 정치가 바뀐다. '바른

이름'에 합의하게 되면 세상이 바뀐다. 이제 모든 정치 세력은 '민생'을 중심으로 사고하고 행동해야 한다. 소속 정당의 틀을 넘어 '민생'을 중심으로 연대하고 싸워야 한다.

예컨대 더민주와 정의당 사이에 정치 노선과 강령은 분명 차이가 있다. 그런데 비정규직, 청년 실업, 주택·상가 임대차 등의 민생 문제를 놓고 보면, 두 정당의 차이는 숫자의 차이일 수 있다. 언제 얼마만큼의 예산을 할당해야 하는가의 문제 말이다. 편 가르기가 아니라 공통분모를 찾아서 실천하는 일에 집중해야 한다. 선거를 앞두고는 후보 간 경쟁이 치열해지므로 연대가 쉽지 않다. 그러나 선거가 종료한 이후에는 공약 실천을 위해 연대해야 한다. 이는 야당 내부는 물론, 여야 사이에서도 이루어져야 한다. 정치라는 '큰 이름'을 민생이라는 '작은 이름'으로 쪼개어 들여다볼 필요가 있다. 아래로, 낮은 곳으로 내려가 생각하고 행동하려는 사람들이 많아지면 변화가 시작된다.

돌이켜보면 참여정부 시절부터 민생 문제를 제대로 챙기지 못했다는 의구심이 든다. 경제구조 개혁을 소홀히 하면서 '4대 개혁 입법'에 지나치게 몰입했다는 평가도 있다.

우리 사회는 1987년 6월 항쟁 이후 정치 민주화라는 과제는 상당 수준 성취했다. 물론 국가보안법의 존재, 언론의 자유의 후퇴 등 문제가 남아 있지만 큰 틀에서 정치 민주화는 뿌리를 내렸다. 현재는 경제민주화가 시대정신이다. 식자층에서는 이전부터 경제민주화라는 말을 써왔지만, 이것이 대중적으로 공유된 것은 2012년 대선 시기였다. 그전까지는 시민들에게는 민주화라고 하면 정치 민주화를 뜻했다. 1970, 1980년대의 폭압적 독재 정권을 겪는 동안 시민들에게 민주화는 자신의 손으로 대표자를 뽑는 대의제 민주주의, 국가에 의해 사상의 자유와 신체의 자유를 침탈당하지 않는 것으로 이해되었다. 인권론의 개념을 쓰자면 '자유권' 쟁취가 민주화의 요체였다.

6월 항쟁을 통해 정치 민주화가 제도적으로 자리를 잡는 순간 경제민주화라는 새로운 과제가 우리에게 도래했다. 민주화 운동 세력은 이 새로운 과제 실현을 위해 대전환을 했어야 했다. 물론 김대중 정부는 1997년 외환 위기의 뒤처리를 감당해야 했기에 경황이 없었을 것이다. '생산적 복지' 정책을 도입하면서 중요한 전환을 이루었지만, 경제민주화는 손도 대지 못했다. 노무현 정부도 '참여 복지' 정책을 펴고 예산을 대폭 확대하는 정책을 폈지만, 과감하게 경제민주화로 나아가지는 못했다.

한번 지난날을 돌이켜보자. 노무현 정부 시절 여당인 열린우리당은 2004년 4월 탄핵 역풍에 힘입어 원내 다수당이 되면서 입법부까지 장악했다. 마음만 먹으면 어떤 법안이라도 밀어붙일 수 있는 상황이 만들어졌다. 그런데 그때 정부와 여당이 최우선 과제로 내세운 것이 '4대 개혁 입법'이었다. 국가보안법, 사립학교 관계법, 과거사진상규명법, 언론개혁법 등. 이 과제는 중요했다. 그런데

4대 입법은 모두 정치 민주화와 관련된 입법이었다.

나는 당시 '4대 개혁 입법'보다 먼저 또는 동시에 '4대 경제민주화 또는 민생 강화 입법'을 세게 밀어붙였어야 했다고 생각한다. 후자가 없는 전자는 정치 과잉의 논쟁으로 빠지기 쉽기 때문이다. 탄핵 국면에서 시민들이 노무현 대통령을 살려주려고 수많은 '탄돌이' '탄순이'를 국회에 넣어줌으로써 원내 다수당을 만들어주었는데, 막상 그들은 시민들의 마음을 오독했다.

국가보안법 등 4대 입법을 우선 처리하는 것이 당시 노무현 탄핵을 막아낸 시민들의 바람이었을까? 아직 정치 민주화의 과제가 남아 있었지만, 제대로 시작도 하지 못한 경제민주화의 과제를 본격적으로 수행하라는 것이 당시의 민의 아니었을까? 당시 열린우리당과 민주노동당이 힘을 합쳐 경제민주화 또는 민생 강화 핵심 입법을 통과시켰더라면 이후 2012년 대선의 결과는 달라졌을지도 모른다.

과거를 제대로 점검해야 현재를 바로 보고 미래를 전망할 수 있는 법이다. 1997년 외환 위기 이후 가파르게 퍼져나간 시장만능주의 속에서 양극화는 심화되었고, 민초들의 삶은 무너지고 있었다. 당시 시민들의 마음은 이런 것이었다.

'박정희, 전두환 정권 시절에 비해 입이 많이 자유로워졌다. 선거도 제대로 이루어지고, 야당이나 언론이 상존한다. 그러나 먹고사는 일의 어려움이 너무 커졌다. 일자리, 내 집 마련, 결혼 준비,

정치라는 '큰 이름'을 민생이라는 '작은
이름'으로 쪼개어 들여다볼 필요가 있다. 아래로,
낮은 곳으로 내려가 생각하고 행동하려는
사람들이 많아지면 변화가 시작된다.

노후 대책 등 모두 걱정이다. 그런데 진보파라는 집권당은 이 문제에 대한 해결책은 보여주지 않고, 왜 국가보안법 등만 잡고 있는 거지?'

국가보안법 개폐 문제를 보자. 당시 여야는 국가보안법 중 찬양·고무죄와 불고지죄 조항을 폐지하는 데는 합의를 보았다. 그런데 열린우리당과 시민사회단체의 상당수가 국가보안법 전면 폐지가 아니면 받을 수 없다는 입장을 취했다. 당시 법무부장관이던 천정배 의원도 그런 입장이었던 것으로 기억한다. 그 결과 여야 합의는 휴지 조각이 되었다. 물론 나는 국가보안법 폐지론자이다. 그러나 정치적 차원에서는 그 시점에서, 그 정도 합의하는 선에서 마무리를 지었어야 했다.

국가보안법으로 기소된 사건 중 찬양·고무죄와 불고지죄 위반이 90퍼센트 이상이다. 이 합의가 성사되었으면 국가보안법은 사실상 폐지되는 것이었다. 국가보안법 문제는 그 정도 선에서 마무리하고 경제민주화 또는 민생 강화 입법으로 넘어갔어야 했다. 물론 당시 진보 진영을 끌고 나갔던 지도자들이 민생 문제를 언급하지 않은 것은 아니다. 하지만 민생이 최상위 슬로건으로 자리 잡지 못했고, 집중적이고 조직적으로 추진되지도 못했다. 노무현 정부 임기 첫 해에는 이라크 파병 결정으로 범진보 진영이 분열되었고, 이후에는 4대 개혁 입법에 몰두하며 민심까지 잃게 되었다.

'두 개의 전선'이 필요했다. 미완의 과제인 정치 민주화를 위한 전선을 유지하면서도, 경제민주화를 위한 새로운 전선을 강하게 펼

쳤어야 했다. 그리고 중심은 후자에 있어야 했다. 하지만 참여정부 내내 경제민주화 전선은 보조적·부차적 전선에 불과했다. 그 결과 열린우리당은 정권 재창출에 실패했다. 경제민주화와 복지국가라는 민생 중심 화두가 전면적으로 등장한 것은 2012년 대선이 되어서였다.

참여정부의 경제정책을 보면 그전의 성장 전략에서 유턴을 한 지점도 있다. 2000년 이후 지속된 카드 및 부동산 대란 국면에서 거시 건전성을 강조하며 거품을 가라앉혔다. 이후 보수 정권이 당장 성과를 내는 건설 경기 부양이나 부동산 투기에 의지하는 정책을 편 것과는 달리, 참여정부는 종합부동산세를 시행하고 공공 임대주택을 늘리는 대책을 마련하기도 했다. 경제 파탄이라는 말을 들으면서도 경제성장률은 5~6퍼센트를 유지했다.

맞는 말이다. 추가하자면, 노무현 정부 기간 동안 최저임금 상승률은 연평균 10.6퍼센트였지만, 이명박 정부 기간 동안에는 그 절반에 그쳤다. 그러나 이명박 정부에 비해 나았다는 것만으로는 안 된다. 더 잘할 수 있었다. 두 가지 예만 들어보자.

2004년 민간 아파트의 분양 원가 공개를 두고 정부와 집권 여당 사이에 논쟁이 생겼다. 당시 고 김근태 의원이 열린우리당 원내 대표를 맡으면서 분양 원가 공개를 추진했는데, 정부는 이와 번번이 각을 세우며 반대했다. 노무현 대통령이 '장사의 원리에 맞지 않는다'며 공개적으로 반대 입장을 공표했고, 이에 김근태 의원은 '계급장을 떼고 논쟁하자'며 맞섰다. 이 논쟁은 공개 불가로 마무리되었는데, 민생을 보살펴주기를 바라는 시민들에게 결정적 실망감을 안겼다. 분양 원가 공개 방안이 철회되면서 민심 이반이 가속화되었다. 당시 건설업자들은 정치자금이 나오는 대표적 돈줄이었다.

그리고 비정규직 문제가 있다. 노대통령이 돌아가신 후 유고집을 보았다. 집권 당시 자신의 결정에 대해 솔직한 평가를 하고 있었다. 집권 기간 중 실수한 것, 특히 비정규직 문제와 관련해 경제민주화에 소홀했음을 인정하고 있었다. 문재인 의원도 영화 〈카트〉 시사회장에서 2006년에 통과된 '비정규직법은 참여정부의 상처'라고 회고했다(기간제법과 파견법).

참여정부의 공은 공대로, 과는 과대로 밝혀야 한다. 앞서 말했듯이 '두 개의 전선'이 상존해야 한다. 그때나 지금이나 정치적 민주주의와 자유권 문제를 다루는 정치 전선은 필요하지만, 여기에 경제민주화와 민생·복지를 위한 또 하나의 전선이 동반되어야 한다. 그런데 현재 사회경제적 개혁을 위한 담론을 끈질기게 확산시키면서 정치적 쟁점으로 끌어올리는 정치인은 많지 않은 것 같다. 정치적 이슈가 터지면, 다른 이슈가 다 묻히는 경향이 있다. 원래 정치적 이슈는 화염성이 있기에 다른 이슈를 태워버리곤 한다. 그렇지만 경제민주화 전선을 놓쳐서는 안 된다.

정치권에서 민생이라는 말이 쓰이는 것을 보면 혼란스럽다. 수구·보수 세력이 범진보 진영보다 그 말을 훨씬 더 자주 쓴다. 그쪽 원내대표나 최고위원

들의 발언을 들어보면 민생이라는 말을 아예 입에 달고 다닌다. 얼핏 보면 그들이 앞장서 시민들의 민생을 더 챙기는 것처럼 보이기까지 한다. 시민운동 차원에서 민생이라는 것은 서민과 중산층들이 겪는 고통을 살펴 해결책을 찾으려는 일종의 모색인데, 그들이 쓰는 민생이라는 말은 기업의 편의를 우선하기 위해 고안한 말처럼 들린다.

민생이라는 단어를 그쪽에 빼앗긴 것이다. 그런 의미에서 다시 한 번 '정명', 즉 이름을 바로잡는 일이 필요하다. 진짜 민생을 챙기는 쪽이 누구인지 대중에게 입증해야 한다. 민생이라고 하면 우리는 일하는 사람들이 정당한 노동의 대가를 받는 것, 서민과 중산층이 '을'로서 겪는 고통을 해결하는 것, 임차인들이 부당한 계약에 내쫓기지 않도록 주거 문제를 해결하는 것, 대기업의 '갑질'과 불공정 거래에 맞서 싸우는 하도급 업체와 대리점, 가맹점을 지원하는 일을 떠올린다.

반면 수구·보수 세력은 민생을 다르게 이해한다. 이를테면 재벌이 골목 상권에 진출하도록 해 대형 복합 쇼핑몰을 세우는 것, '노동 개혁'을 통해 쉬운 해고를 가능하게 하는 것, 비정규직 규제를 풀어 비정규직을 늘리는 것 등을 민생 살리기라고 한다. 이 경우 질은 낮지만 여하튼 일자리가 생기고, 그러면 민생이 나아진다는 주장이다. 그러나 여기서 골목 상권의 소상인들이 망하게 되는 결과는 묻힌다. 이러한 정책으로 만들어지는 일자리는 쉽게 잘릴 수 있는 '나쁜 일자리'라는 사실도 묻힌다. '일반 해고'를 도입해 해고가 쉬워지면 그 자리를 채우는 이들은 단기 계약직이다. 전 국민이 단기 계약직이 된다는 것은 민생이 항상적 불안 상태에 있게 된다는 것을 의미한다.

그리고 수구·보수 세력은 재벌의 편의를 우선시하는 것이 민생을 위하는 길이라고 주장한다. 이는 세계적 차원에서 이미 실패가 드러난 신자유주의에 토대를 두고 있다. 재벌을 위해 규제를 풀어주고 감세를 해주는 정책이 왜 민생을 위하는 길인지 그들은 이렇게 설명한다. "가진 자에게 세금을 깎아주면 그 돈을 쓴다. 그러면 돈이 돌아서 경제가 살아난다. 재벌에 대한 규제를 풀어주면 그들이 투자를 한다. 그러면 서민들에게 고용의 기회가 온다." 이른바 '낙수 효과trickle-down effect'이다.

부자에게 혜택을 주면 떡고물이 아래로 떨어져서 빈자들이 잘 살게 된다는 논리이다. 그들은 우리에게 따져 묻는다. 재벌에게 그들 마음대로 투자를 하게 해줘야 하지 않겠느냐고. 규제 때문에 투자를 안 하고, 그들이 투자를 안 하니까 일자리가 안 생기고, 일자리가 없으니까 민생이 안 풀리는 것이 아니냐고. 그럴싸한 논리이다. 재벌이 아닌 보통 사람들도 이 논리에 넘어간다. '그렇지, 재벌이 투자를 해야 내가 출근할 일터가 생기지.' 또 하나의 강력한 프레임이다.

그러나 낙수 효과는 없었음이 확인되었다. 아래의 풍자만화는 낙수 효과의 결과를 간단명료하게 보여준다. 2015년 IMF는 다음 같은 내용으로 요약되는 공식 권고를 한다. '소득 상위 계층 20퍼센

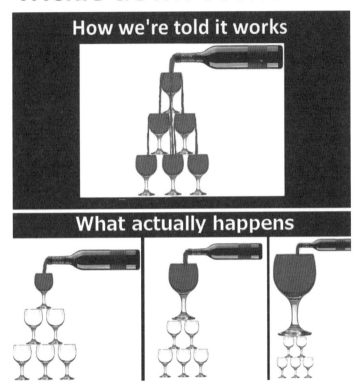

트보다 하위 계층 20퍼센트의 부가 증가하는 것이 경제성장에 미치는 효과가 훨씬 크다. 가난한 사람들에 대한 소득 배분을 늘리고, 중산층의 공동화로부터 확실히 벗어나야 성장에 유리하다.' IMF가 어떤 조직인가. 국제적 차원의 자본주의 수호 조직이 아닌가. 그러니 한국의 정치, 경제계에서 이 권고를 실천하기를 바란다.

이명박, 박근혜 정권 동안 법인세 감면 등 큰 혜택을 재벌에게 주었으나 투자는 늘지 않았고 고용도 늘지 않았다. 수구·보수 세력은 민생이라는 이름 아래 재벌의 민원 들어주기를 실천했을 뿐이다. 그들이 말하는 민생은 국민들에게 '입에 풀칠은 하게 해주겠다'는 정도의 의미에 불과하다. 노동의 정당한 대가를 받는 것, 특권 없는 상태에서 공정하게 경쟁하는 것은 기대하지 말라는 것이다.

개혁을 표방하는 정치인들도 민생 사안에 적극적으로 나서지 않는 모습이다. 민생 개혁 문제에 열심히 앞장서면 정치적으로 유리하지 않다고 생각하는 것 같다.

무릇 정당은 자신들을 지지하는 계급·계층 집단의 눈치를 보게 마련이다. 더민주는 전통적인 지지층 외에 중간층을 잡는 데 신경을 써야 한다고 생각하다 보니 그러는 것 같다. 민생·복지 정책을 너무 세게 추진하다 보면 '과격' '급진'으로 평가될지 모른다고 두려워하는 것이다.

그런데 한국 사회의 중산층은 신자유주의 이후 끊임없이 몰락하고 있다. 2010년 무상급식 논쟁에서 확인되었듯이 중산층은 '급진적'으로 보이는 정책을 지지했다. 당시 한 중산층 가정주부가 인터뷰를 했는데, 보편적 복지냐 선택적 복지냐의 문제를 떠나 아이들의 급식비가 큰 부담이 된다고 토로했다. 하위 계층이 줄어 중산층으로 늘어나는 구조하에서는 중산층을 배려하는 정책이 필요할 것이다. 그런데 한국의 중산층은 계속 하향 분해되고 있다. 이러한 상황에서는 정치적으로 더 많은 지지자를 포섭하기 위해서라도

수구·보수 세력은 민생이라는 이름 아래 재벌의
민원 들어주기를 실천했을 뿐이다. 그들이
말하는 민생은 국민들에게 '입에 풀칠은 하게
해주겠다'는 정도의 의미에 불과하다. 노동의
정당한 대가를 받는 것, 특권 없는 상태에서
공정하게 경쟁하는 것은 기대하지 말라는 것이다.

확고한 경제민주화 정책을 실시하는 것이 맞다.

정책을 입안하는 과정에서 중산층의 기반을 위태롭게 하지 않을지, 그들에게 과격하게 비치지 않을지 두려워하는 마음은 하등 근거가 없는 허상이다. 예컨대 아파트 분양 원가를 공개하는 것이 중산층의 삶의 기반을 흔들어놓는 일이었을까. 지금 아파트 분양 원가를 공개하고 아파트 가격을 낮춘다면, 건설업자는 모두 반대하더라도 중산층은 지지할 것이라고 본다. 재벌 통제 정책 역시 마찬가지이다. 재벌의 문어발 확장으로 중소기업, 중소상인들이 망하는 상황에서 재벌 통제 정책을 펼치는 것이 중산층의 마음을 잡는 길이다. '반값 등록금' 역시 그러하다. 대부분의 중산층은 자녀의 등록금으로 허덕거리고 있다.

사실 '갑질'이라는 말은 학자들이 만든 것이 아니다. 경제민주화라는 말이 나오기 전부터 대중들 사이에서 쓰던 말이다. 사업상 계약을 한 번이라도 해본 사람이라면 갑질이 무엇을 의미하는지 금방 알게 된다. 부품을 생산해 대기업에 납품을 하는 중소기업 업계 전반에 걸쳐 오래전부터 쓰던 말이다. 사람들은 본능적으로 경제민주화의 필요성을 느끼고 있었던 것이다. 정치인들이 대중의 꽁무니를 쫓아다녀서는 안 된다. 대중의 분노를 직시하고 상황 변화를 선도해야 한다.

전장戰場이 된 법

지금 우리나라 법 속에 민생에 대한 배려 같은 것이 설계되어 있는가. 서민의 입장에서는 아무래도 법은 지배층의 통치 수단에 가깝지 경제적 약자를 보호하는 방패는 아니라고 여긴다. 상가 임차인이나 대리점·가맹점 점주들이 보기에 법이라고 하면 무서워 함부로 말하면 안 되는 것이지, 자신들을 보호하고 생존에 도움을 주는 것이라고는 생각하지 않는다.

한 사회 안에서 법에 대해 가지는 생각은 다양할 수밖에 없다. 시민사회 진영에서는 오랫동안 법이란 가진 자들을 위한 도구, 지배계급의 통치 수단이라는 생각이 지배적이었다. 사실 권위주의 체제하에서 법은 그런 모습 자체였다. 헌법이나 몇몇 법률에 사회경제적 약자를 보호하는 조항이 있었지만, 그것은 장식물에 불과했다. 당시 진보 운동이 법에 대한 기대를 가지지 않는 것은 자연스러웠다. 집시법 폐지, 언론기본법 폐지, 국가보안법 폐지처럼 악법 철폐 투쟁에 방점이 찍혀 있었다. 그리하여 당시 야당이나 시민사회단체에게 국민의 일상적 삶에서 고통을 줄이고 꿈은 살리는 법은 어떠해야 하는가, 그것을 어떻게 만들어야 하는가 등에 대한 고민은 본격화될 수 없었다.

1987년 헌법 체제가 만들어지면서 상황이 변하기 시작했다. 정치 민주화가 자리를 잡아나가면서 법의 내용을 채우려는 싸움이 전개되었다. 누구를 위한 법이어야 하는가, 민생을 위해서는 어떤 내용의 법이 필요한가 등에 대한 고민이 깊어졌다. 법은 지배계급의 도구이므로 깨뜨려야 한다는 테제는 이제 부분적 의미만 갖게 되었다. 그러면서 법은 일종의 '전장戰場, arena'이 되었다. 각 계급·계층 집단이 서로 차지하려 다투는 땅이 된 것이다. 그 싸움터에서 이긴 세력이 법의 내용을 채우게 된다.

경제적 약자를 위해 상가임대차보호법, 유통산업발전법, 대·중소기업 상생협력 촉진에 관한 법률(상생법), 이자제한법 등이 만들어진 것, 사회적 약자를 위해 장애인차별금지법이 만들어진 것은 이러한 맥락에서 이해할 수 있다. 물론 이 법률들에도 일정한 한계가 있다. 그렇지만 출발점으로서의 의미는 크다. 앞으로 범진보 진영은 사회경제적 약자를 지키는 '방패' 역할을 할 법을 더 많이 만들기 위해 노력해야 한다.

이래저래 재벌이나 대기업에게 편익을 제공하는 대형 로펌이 있고, 국회에서 입법 논의를 할 때도 가진 자들의 이익을 대변하는 법률가와 법학자들을 많이 보게 된다. 법을 전공하는 이로서 한국의 법조 상황도 함께 말해달라.

사실 그런 현상은 새로운 것이 아니다. 권위주의 체제하에서 독재를 옹호하고 정당화하던 법률가와 법학자들이 있었다. 한홍구 교수는 일제 치하 만주국의 민중들이 쓰던 용어를 빌려 이들을 '법비法匪'라고 규정한 바 있다. 물론 권위주의 체제에 맞서 인권을 옹호하던 법률가와 법학자들도 있었다.

현재 재벌 등 사회경제적 강자는 최고의 법률적 지원을 받고 있다. 대형 로펌은 민형사 소송에서 이들을 변호할 뿐만 아니라 이들의 편에 서서 각종 네트워크를 통해 입법부와 행정부에 로비를 전개한다. 사실 이러한 대형 로펌 소속 변호사들은 이미 '사회 귀족'의 일원이 되었다. 그리하여 자연스럽게 사회 귀족 중 최상위에 있는 재벌을 옹위하게 된다. 정반대로 사회경제적 약자를 보호하고 민생 민주를 실현하기 위해 분투하는 변호사들도 많다. 그들의 노력 덕분에 기득권 보호 쪽으로 기울어진 법과 제도에 변화가 생기고 있다. 앞으로도 양측의 대결이 계속될 것이다.

경제민주화와 민생 복지가 시대정신이 된 지금 법률가와 법학자들의 역할이 더욱 중요해졌다. 이 같은 시대정신에 부응하는 법률을 만들어야 한다. 이에 배치되는 법률은 개폐해야 한다. 그리고 존재하는 법률의 해석과 집행도 시대정신에 따라 해야 한다. 영화〈곡성〉의 대사를 빌려 말하자면, '뭣이 중헌디?'라는 질문을 스스로에게 던져야 한다.

그런데 많은 법률가들이 그렇게 하지 않는다. 예컨대 노동문제를 민법의 시각에서만 바라보는 잘못을 범한다. 법대를 다닐 때는 노동법이 선택 과목이라 배운 적 없고, 사법연수원에 들어가서도 노동법을 선택하는 경우는 적다. 그러다 보니 다수의 법률가는 노동문제를 단지 회사와 노동자 개인 사이의 일대일 계약관계의 문제로 파악한다. 파업을 진행한 노동자들에게 회사에 손해를 입힌 것을 따져 거액을 배상하라고 판결하는 것은 이러한 시각에서 비롯했다.

원래 파업은 헌법이 보장한 권리로, 이는 사회경제적 약자인 노동자에게 회사와의 근로계약을 깨뜨릴 수 있는 권리를 부여한 것이다. 그러나 현실에서는 헌법적 권리를 행사하기란 참으로 힘들다. '집단 이기주의' '빨갱이' 등의 비난이 따르기 십상이다. 그리고 손해배상이 뒤따른다. 헌법을 공부할 때 대한민국은 '사회적 법치국가'라고 배웠고, 경제적으로 '수정자본주의'라고 배웠지만, 현실에서 노동삼권은 위험한 것으로 치부된다. 이러한 사고에서 벗어나야 한다.

법률가들이 민생의 현실에 대해 실감이 없는 경우도 많다. 대형마트의 의무 휴업일을 규정한 유통산업발전법의 예를 보자. 나중에 기각되기는 했지만 이에 대해 위헌 시비를 제기한 사람도 법률가였다. 이 법률의 적용 범위와 강도를 약화하려는 시도 역시 법률가에 의해 이루어졌다. 법을 전공한 이들마저 '사회적 법치국가'의 의미를 제대로 파악하지 못하고 '시장 강자'의 논리를 반복한 것이다.

민생 개혁 입법을 할 때 가장 어려운 점이 규제에 대한 사회적 합의인 것 같다. 규제에는 양 측면이 있다. 투자를 하고 사업을 해야 하는 기업의 입장에서는 걸림돌이 될 수도 있고, 또 경제적 약자의 입장에서는 법적 보호를 받기 위해 필요한 규범일 수 있다. 그런데 현 정부에서는 양 측면이 논의되는 게 아니라 규제는 암 덩어리라는 식으로 매도되고 있다.

경제민주화를 도외시하는 사회는 이를테면 사자와 소를 한 울타리에 넣어두고 사이좋게 경쟁하며 살라고 말하는 사회와 같다. 국가의 역할은 필요한 곳에 울타리를 치고, 또 필요에 따라 울타리를 허무는 것이다. 사자가 소를 잡아먹지 못하도록 울타리를 쳐주는 게 국가와 법의 존재 이유이다. 초식동물과 육식동물의 생태계를 구분하고 서로 다른 두 세계가 공존하도록 일정한 규칙을 정해야 한다. 민생 입법은 이러한 울타리 중의 하나이다. 이 울타리를 풀면 제일 좋아하는 쪽이 육식동물일 것이다. 재벌과 중소상인이 어떻게 한 운동장에서 공정하게 경쟁할 수 있는가. 일찍이 영국 시인 윌리엄 블레이크는 '사자와 소를 위한 하나의 법은 억압이다 One law for the lion and ox is oppression'라고 갈파했다.

그런데 한국 사회는 이상하게도 초식동물이 육식동물의 먹을거리를 걱정해주는 상황이 벌어지고 있다. 한 울타리 안에서 육식동물이 초식동물을 더 잡아먹도록 보장해주어야 초식동물도 살 수 있다는 해괴한 논리가 주장된다. 유통산업발전법, 대·중소기업 상생협력 촉진에 관한 법률 등을 둘러싼 논쟁에서 재벌을 옹호하는 논리가 바로 그런 것이다. 이러한 논리에 빠지면 경제민주화와 민생 복지를 위해 법과 제도를 만들어야 한다는 생각이 자리 잡을 곳이 없다.

규제에는 나쁜 규제도 있고 좋은 규제도 있다. 이를 분명히 선을 그어 선포해야 하는데, 박근혜 정부는 다른 국가들에서는 이미 실패한 것으로 판명된 신자유주의 경제정책을 밀고 나가면서 일

한국 사회는 이상하게도 초식동물이 육식동물의
먹을거리를 걱정해주는 상황이 벌어지고 있다.
한 울타리 안에서 육식동물이 초식동물을
더 잡아먹도록 보장해주어야 초식동물도
살 수 있다는 해괴한 논리가 주장된다.

체의 규제를 철폐하자고 나서고 있다. 일상 업무 중에 공무원한테 시달려본 경험이 한 번이라도 있는 국민이라면 이 프레임은 쉽게 작용한다. 사업할 때 수많은 신고를 거쳐 허가를 받아야 했던 경험, 집을 개보수 한번 하려 해도 여러 차례 관공서를 드나들어야 했던 경험을 떠올리며 수긍한다. '맞아. 규제는 나쁜 것이고, 공무원은 모두 갑질 하는 사람들이야' 하고 고개를 끄덕이게 된다.

하지만 상당수의 규제는 꼭 필요한 규제이며 더 강화되어야 할 규제이다. '시장 강자'에 대한 규제가 대표적인 예이다. OECD 국가들의 예를 한번 보자. 프랑스는 1995년 라파랭법*을 제정해 대형 유통 업체가 연면적 300제곱미터 이상의 매장을 내려면 중소상인 대표가 참여하는 시 지역위원회의 승인을 받도록 했다. 그 결과 파리에는 기업형 슈퍼마켓이 한 곳도 없다. 독일은 '10퍼센트 가이드라인'이라는 제도를 통해 기업형 슈퍼마켓이 들어서서 기존 소형 상점의 매출이 10퍼센트 이상 감소할 것이라는 분석이 나오면 입점을 허가하지 않는다. 이제 범진보 진영과 시민사회단체는 좋은 규제란 무엇인지 당당하게 밝혀야 한다. 그리고 민생을 위해 어떤 규제가 필요하고 또 엄수되어야 하는지 밝혀야 한다. 이렇게 해야 공익 입법 운동이 시민들의 공감을 얻을 것이다.

---

* 법률 제안자인 전 총리 장-피에르 라파랭의 이름을 딴 것이다.

자신의 부모 세대보다 못사는 세대

안타깝지만 우리 사회가 진짜 정치의 힘을 빌려 사회 개혁을 이룰 수 있는가에 대해 많은 이들이 회의를 가지고 있다. 청년들 사이에선 정치적 냉소주의에 빠져 있는 모습도 간혹 보인다.

'먹고사니즘'이라는 말을 들어봤을 것이다. 청년들이 쓰는 조어인데, 먹고사는 데 바빠 정치 등 다른 일에 신경 쓰지 않는다는 뜻이다. 이와 함께 쓰는 '귀차니즘'이라는 말도 있다. 세상 모든 일이 귀찮고 세상일에 관여하기 싫다는 뜻으로, 정치적 냉소주의의 다른 표현이다. 이는 사회가 조금 나아진다고 해도 그 변화는 오래가지 못하고, 정치권력을 가진 자는 그놈이 그놈이기에 자기 것부터 챙기는 것이 최고라는 생각을 포함한다. 앞서 지적한 정치와 민생을 분리하려는 수구·보수 진영의 프레임이 수용되어 내면화된 것이다. 이런 까닭에 나는 그 말을 들으면 한편으로 안타깝고 슬픈 마음이 든다.

'먹고살기 바쁜데 무슨…' 하는 사고를 가지는 순간 세상은 변하지 않는다. 먹고사니즘이나 냉소주의에 빠지면 세상일에 무관심하게 된다. 그렇게 되면 시민을 먹고사는 데 급급하게 만드는 바로 그 구조는 유지되고 강화된다. 그리고 시민은 더욱 먹고사는 데 바빠진다. 이러한 악순환을 깨뜨려야 한다. 이를 이루려면 법과 제도가 바뀌어야 한다. 그리고 법과 제도는 정치가 바꾼다.

그런데 '먹사니스트' 청년들을 도덕적으로 비난해서는 안 된다.

오히려 이들의 절망을 공감하는 데서 출발해야 한다. 먹고사니즘으로 당장의 벌이가 좋아질 수는 있어도, 이는 오래가지 못함을 밝혀야 한다. 세상에 무관심하며 열심히 알바해서 돈을 벌더라도 몇 년 갈 수 없음을 밝혀야 한다. 더 나아가 먹사니스트 청년들이 실업이나 단기 계약직을 벗어날 수 있는 청사진을 제시해야 한다. 이럴 때만 청년들은 정치로 다가온다.

청년들의 실정을 보면 꿈을 가지는 것은 둘째 치고 취업조차 어려운 시기를 겪고 있다. 또 빈곤층이나 저소득층으로 분류되지 않아 주거 정책의 지원 대상도 되지 못한다. 여러모로 복지 정책의 사각지대에 놓여 있다.

가구 단위로 보면 청년 실업은 부모와 조부모의 노후 대책에까지 영향을 미친다. 부모 세대로서는 청년이 자립할 수 있을 때까지 소득과 재산을 써야 하니 그러하다. 청년 실업은 단지 한 집단의 문제가 아니라 국민 전체의 문제가 된 것이다. 과거와 달리 지금 청년들의 부모는 자식을 언제까지 지원해야 할지 모르게 되었다. 현재로선 한국의 시장 상황이 급격히 좋아지는 것은 기대하기 어렵다. 박근혜 대통령의 희망과 달리 청년들의 해외 취업은 쉽지 않다. '고용 없는 성장'에서 '고용 있는 성장'으로 대전환이 이루어져야 한다. 그런 흐름 속에서 청년고용법의 청년 고용 의무 할당량을 높이거나 청년 창업의 활성화를 위해 재벌의 확장을 제어하는 식의 법적 규제도 이루어져야 한다.

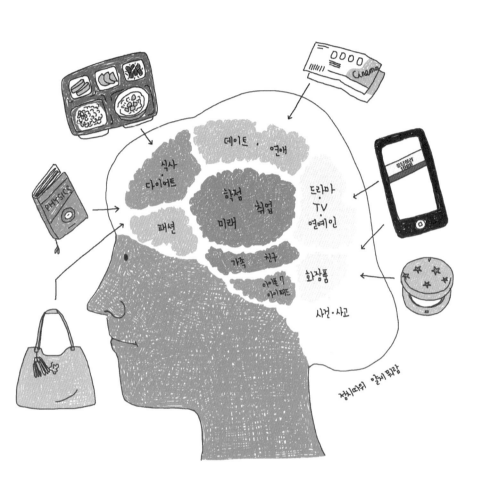

나이 든 분들 중에는 서울시와 성남시가 시행하려는 청년활동 수당이나 청년배당 같은 청년 복지에 불만을 가진 이들이 많다. 청년이라면 마땅히 고생해야지 왜 국가가 지원을 해주냐며 거부감을 갖는 것이다. 자신들의 고생 경험으로부터 자유롭지 못한 노년층일수록 더욱 그러하다. 그들은 현재 한국 청년들의 상태가 어떠한지 잘 모르고 있다. 청년들이 생존을 위해 얼마나 열심히 살고 있는지 알지 못한다. 장하성 교수는 현재의 청년 세대는 대한민국이 세워진 이래 처음으로 자신들의 부모 세대보다 못사는 세대가 될 것이라고 진단했다. 건국 이래 모든 세대는 부모 세대보다 모든 면에서 소득이 올라갔는데, 지금 세대만 이전 세대보다 소득이 떨어지고 있다.

지금 청년들은 기성세대가 했던 만큼의 고생을 이미 하고 있다. 그럼에도 처지가 나아지지 않는다. 눈을 낮출 만큼 낮추어도 일자리가 없다. 기성세대는 고생을 했지만 그 결과 처지가 나아졌다. 청년들은 대한민국 역사상 이전 세대들이 경험하지 못한 시기를 통과하고 있다. 자신의 힘으로 노력해서 일자리를 얻고 그다음에 한 단계 계층 상승할 수 있는 기반이 무너진 상태이다. 어떤 의미에서는 기성세대가 한 것보다 더 큰 고생을 하고 있는지도 모른다. 이러한 사정을 다 무시한 채 젊은이들이 노력을 하지 않는다고 훈계하는 것은 사실관계부터 틀린 것이다.

이렇게 청년들의 처지가 잘못 알려진 것은 그들의 목소리가 국가와 사회의 의사 결정 구조에 반영되지 않고 있기 때문이다. 자신의 고통을 기성세대에게 제대로 전달하기 힘들고, 그 고통을 줄이기 위해 법과 제도를 만들 힘도 미약하다. 그런 차원에서 정부와 정당, 시민사회단체가 청년들에게 적절한 제안을 하고 손을 내밀어야 한다. 청년들과의 소통이 모든 것의 출발점이 될 것이다.

혁명가 체 게바라는 다음과 같이 말했다. "무릇 모든 아버지들은 장차 자식이 더 나은 세상에서 살 수 있도록 만들고픈 의지를 지녀야 한다." 대한민국의 모든 부모가 되새길 말이다. 그리고 이것의 실천은 단지 자기 자식만 잘살게 하려는 방식이 아니라, 세상을 제도적으로 개혁하고 현실화하려는 방향으로 이루어져야 한다.

청년 문제에 관해선 종합 대책을 위한 사회적 대타협 기구가 필요해 보인다. 중앙정부와 지방자치단체, 시민사회 등이 모여 문제를 같이 해결하기 위한 논의, 행정 통합 체계 말이다. 그런데 청년 문제마저도 정치적 쟁점이 되면서 민생의 내용을 보지 않은 채 자신들의 정치적 이해에 따라 해석하는 대상이 되어버린 듯하다.

민주공화국의 '공화'는 '공화주의'를 요청한다. 반대 정파가 제기하는 사안은 무조건 반대하고 보는 태도, 정파 간 싸움에서 승리하면 무엇이든지 제멋대로 하겠다는 정치로는 공화주의 실현이 불가능하다. 청년 문제뿐만 아니라 서민과 중산층의 민생 복지 문제도 여러 정치 세력이 협력하고 합의해나갈 때만 해결이 가능해진다. 하지만 우리 정치권은 사회적 난제를 계기로 타협하고 공동 실천한 경험이 부족하다.

특히 수구·보수 세력이 청년 문제를 호도하는 것은 청년과 소통하지 않으면서 자신들의 눈으로만 사안을 보기 때문이다. 한 시대의 정치인 또는 정당의 역할은 무엇보다 우선 그 사회를 살아가는 국민들의 꿈과 욕망, 고통을 포착하고, 그것을 자기 것처럼 여기는 것이 아닐까. 공감 능력이 탁월한 정치인은 민중의 마음속으로 들어가 그들의 고통을 자신의 것으로 삼는다. 무엇 때문에 그들이 즐거워하고 웃는지 이해할 줄 안다. 민중을 대신해 꿈을 키우고 고통을 줄이려고 앞장서 싸우는 것이다. 지금 민중의 언어를 쓰며 감성을 읽어내고, 국민의 감정 메커니즘을 이해하려는 정치인이 절실하다.

그렇게 하지 않으면 국민의 대표자가 될 자격이 없다. 대통령 역시 대표자이다. 대통령도 국회의원의 경우와 마찬가지로 직접선거를 통해 국민으로부터 표를 받는 이상 공약이라는 약속을 내걸고 표를 구하고 선택을 받는다. 그렇다면 국민들의 감성이나 마음과 소통하는 일을 제일의 과제로 걸고 출발해야 한다. 하지만 국민의 선택을 정치 전략에서 접근하는 정치인은 선택을 받고 나서는 어떠한 소통 시도도 보이지 않는다. 소통하고 공감하는 정치인이 많아질수록 민생 문제 역시 법과 제도를 통해 해결될 가능성이 높아진다.

이성의 전파자만이 아니라
감성의 공유자로 움직여야 한다

지금 현직 검사장이 뇌물 수수로 구속되고 전관예우가 끊이지 않는 등 검찰 권력이 부당하게 행사되는 것을 지켜보는 국민들의 마음은 참담하다. 형법을 가르치는 법학 교수로서 현재 분출하는 검찰 개혁 논의를 어떻게 보는가. 요즘 온라인상에는 2003년 노무현 대통령이 열었던 '평검사와의 대화'가 다시 회자되고 있다. 검찰은 민주화 이후 한 번도 개혁된 적이 없다. 그렇다면 지난 정권은 왜 검찰 개혁에 실패했는가. 그리고 최근 정치권은 공수처(고위공직자비리수사처)를 신설함으로써 검찰의 기소 독점을 깨뜨리자는 합의를 했다.

한국 검찰은 OECD 국가들의 검찰 중 가장 광대하고 강력한 권한을 갖고 있다. 독자적 수사권이 있음은 물론 경찰 수사에 대한 지휘권을 갖는다. 또 기소권을 독점하면서 수사 후 기소 여부를 독자적으로 결정한다. 그런데 이러한 한국 검찰은 '준정당'처럼 작동한다. 보수적 국가관, 사회관을 지닌 엘리트들이 강력한 위계질서에 따라 움직이는 것이다. 자신들의 권력을 제한하려 하는 정치권력과는 싸우고, 유리할 것 같으면 적극 협조하고 있다.

과거 노무현 정부 시절 검찰은 검찰 개혁을 추진하던 정부와 계속 대립했고, 평검사들마저 대통령과 '맞짱'을 뜨려는 모습을 보였다. 그런 검찰에게 노무현 대통령은 자율권을 부여했다. 검찰이 정권 유지의 도구가 되어서는 안 된다는 소신을 실천한 것이다. 그러다가 이명박 정부가 출범하자 검찰은 집권 세력과 호흡을 맞추기 위해 표적, 하명 수사를 전개하고 무리한 기소를 일삼았다. 자신들에게 자율권을 부여한 전직 대통령을 타깃 삼아 조리돌림식 수사를 진행했고, 조직 내 '빨대'를 통해 피의 사실을 유포해 결국 그로 하여금 극단의 선택을 하도록 몰아갔다.

공수처는 노무현 정부 시절 추진되었으나, 실패했다. 최초의 법률가 출신 대통령으로 사법 개혁을 추진한 노대통령의 회고는 절절하다.

정치적 독립과 정치적 중립은 다른 문제였다. 검찰 자체가 정치적으로 편향되어 있으면 정치적 독립을 보장해주어도 정치적 중립을 지키지 않는다. 정권이 바뀌자 검찰은 정치적 중립은 물론이요 정치적 독립마저 스스로 팽개쳐버렸다. 검경 수사권 조정과 공수처 설치를 밀어붙이지 못한 것이 정말 후회스러웠다. 이러한 제도를 개혁하지 않고 검찰의 정치적 중립을 보장하려 한 것은 미련한 짓이었다. 퇴임한 후 나와 동지들이 검찰에 당한 모욕과 박해는 그런 미련한 짓을 한 대가라고 생각한다.'

나는 2000~2005년 참여연대 사법감시센터의 부소장 및 소장으로 일하면서 공수처 설치를 주장했고, 2004~2005년에는 '대검찰청·경찰청 수사권조정 자문위원회' 위원으로 일하면서 검경 수

---

* 노무현, 《운명이다: 노무현 자서전》(돌베개, 2010) 275쪽

사권 조정을 위해 노력한 경험이 있다. 그런 뒤에 노대통령의 이러한 후회를 접하니 만감이 교차한다.

이제 검찰 개혁의 시동을 다시 걸어야 한다. 첫 번째 과제는 공수처 설치이다. 권력형 범죄·비리 사건 또는 공직자윤리법 제3조 1항에 규정된 사람의 범죄·비리 사건의 경우에는 검찰의 수사를 거치지 않고 애초부터 이 새로운 수사·공소 기관이 사건을 맡도록 하는 것이다. 이는 검찰에 의한 기소 독점을 깨뜨리고 국회에 의해 통제받는 새로운 검찰을 만드는 것이다. 공수처장의 임기를 법으로 보장하고 국회에서 여야 합의로 임명한다면, 권력형 범죄·비리 수사를 둘러싼 정치적 중립성 공방과 국민적 의혹이 발생하는 것을 구조적으로 봉쇄할 수 있을 것이다.

다음으로 검찰의 수사권을 분산해야 한다. 비교법적으로 한국 검찰만큼 막강한 권한을 가진 검찰은 없다. 검찰은 경찰 수사 인력의 3분의 1에 달하는 자체 수사 인력을 가지면서 동시에 경찰 수사에 대한 지휘권과 독점적 공소권을 가지고 있다. 이렇게 검사 지배의 수사 구조가 만들어진 것은 해방 직후 친일 조선인 경찰 위주로 경찰 인력을 구성해야 했던 시대적 상황과 관련이 있다. 물론 지금도 경찰은 여러 문제를 안고 있지만, 경찰의 수준은 해방 직후와는 비교할 수 없을 정도로 향상되었다. 반면 검찰이 수사에 직접 나서는 경향이 강해지면서 '검찰의 경찰화' 현상이 심해지고, 경찰 수사에 대한 사법적 통제라는 검사 본연의 역할은 주변화 또는 부실화되었다.

이제 검찰의 수사권 독점은 끝나야 한다. 그래서 수사에서 검찰과 경찰 간에 경쟁과 상호 견제 체제를 만들어야 하고, 검찰은 경찰수사에 대한 사법적 통제자로서의 역할에 충실하도록 해야 한다.

형법의 개입 문제이다. 2015년 초 박영선 의원이 재벌의 불법 이익 환수를 골자로 한 '이학수특별법'을 발의했을 때 선생이 트위터에 찬동하는 글을 올린 것을 보았다. 기업 범죄 등 사회적 유해성이 명백할 때는 형법이 개입해야 한다는 입장이다. 그 후 이것은 경제학자들 사이에서 배임·횡령을 통한 재벌의 부당 이익에 대해서는 민사적으로 몰수하자는 의견과 형사적으로 몰수하자는 의견으로 갈리면서 논쟁이 벌어졌다. 한편 선생은 공직선거법상 허위사실 공표죄와 사실 적시 명예훼손죄 등에는 형법의 개입을 막아야 한다는 입장이라고 알고 있다. 지금 준비 중이거나 출간한 책의 제목으로 말하면 '개입의 형법학'과 '절제의 형법학'이 짝을 이룬다.

형법은 다른 어떤 법보다 강력한 수단을 갖고 있다. 형법이 작동한다는 것은 경찰과 검찰이 움직인다는 것이고, 시민의 생명·자유·신체·재산 등이 제약되고 박탈될 수 있음을 의미한다. 따라서 형법은 개입할 곳에만 개입하고 그렇지 않은 곳에는 개입을 자제해야 한다. 그런데 우리 사회의 형벌권은 거꾸로 작동하고 있다. 절제해야 할 곳에 개입하고, 개입해야 할 곳에서 절제하고 있다.
　나는 형법을 통해 특정 도덕이나 사상을 강요하거나 표현의 자유를 비롯한 헌법적 기본권을 제약·억압하는 것에 반대한다. 예컨대 군인 간에 합의한 동성애를 형사 처벌하는 것처럼 시민의 도덕 문제에 개입해서는 안 된다. 많은 논란이 있었지만 간통죄, 혼인빙자간음죄 등이 위헌 결정이 난 것은 당연하고 바람직한 일이다. 교사의 정당 가입, 노동자의 집단적 노무 제공 거부 행위를 형사 처벌하는 것은 헌법이 보장하는 정치적 자유를 억압하는 것에 다름 아니다. 정봉주 전 의원이 이명박 후보의 BBK 연루 의혹을 제기했다고 감옥에 간 것처럼, 공직선거법상 허위사실 공표죄는 공직 후보에 대한 검증을 억압한다. 사실 적시 명예훼손죄 역시 각종 표현의 자유를 억압하기에 개정되어야 한다.

반면 사회적 해악이 매우 높은 기업 범죄는 엄벌해야 한다. 재벌이라는 혈연적 대기업 집단에서 일인 중심의 의사 결정과 전제적 경영 구조가 유지되고 있음은 물론, 불법적 경영권 승계, 세금 포탈 등 각종 범죄가 범해지고 있다. OECD 국가들과 비교하면 우리나라는 기업 범죄에 대해 너무도 관대하다. 한국 재벌은 천민 자본주의를 실천하면서 특권과 반칙을 일삼고 있다. 그러나 이에 대한 통제와 처벌은 미미하다. 재벌이 가장 반시장적인 경제주체로 시장 질서를 어지럽히는데도, 기업 범죄를 처벌해야 한다는 주장이 나오면 그것이 반기업 논리라는 흑색선전이 수시로 유포된다. '재벌=시장'이라는 완전 잘못된 등식이 여전히 힘을 갖고 있다.

2010년 6월 지방선거에서 나온 무상급식 이슈는 지금 보면 그 의미나 중요성이 달라 보인다. 여러 중요한 국면마다 수구·보수 진영은 유력한 프레임

과 복지 정책을 선점하면서 승리로 이끌었다. 어떻게 보면 무상급식 이슈는 순간순간의 국면에서 대응하는 일의 소중함을 말해준다. 마땅한 경제모델이나 경제정책에 대한 합의가 없는 상태에서 진보 진영은 큰 그림을 그리는 데 시간을 보낼 것이 아니라 그렇게 '작고 구체적인' 민생 사안을 발굴해야 하지 않을까. 한국 사회는 소선거구제의 승자 독식 구조에서 대표되지 못하는 대중들이 어떤 이슈와 인물을 만나면서 잠재된 폭발력이 터져 나올 때가 있다.

동의한다. 당시 김상곤 경기도교육감이 제기한 무상급식 이슈는 선거판을 뒤흔들었지 않았나. 이 공약은 2002년 대선 당시 노무현 후보의 공약에 들어 있다가 노무현 정부 시기에는 유보되었던 것이다. 무상급식 이슈는 진보·개혁 진영에게 '신자유주의 반대', '경제민주화', '보편적 복지' 등의 구호가 어떻게 구체화되어야 하는지를 알려주었다. 사실 무상급식은 복지의 최우선 과제는 아니다. 그렇지만 이는 우리 사회에 어떠한 복지가 필요한가에 대한 발상 전환을 가능하게 한 중요한 계기였다.

무상급식 정책은 단지 아이들에게 공짜 밥을 주자는 것이 아니다. 사회적으로는 중산층과 빈곤층의 경제적·시간적 부담을 줄이자는 것, 눈칫밥을 먹는 저소득층 학생에게 찍히는 낙인을 제거하고 어린 시절부터 사회 통합을 강화하자는 것이다. 경제적으로는 일하는 사람이 노동력을 팔아 고용주로부터 받는 '시장 임금' 외에 국가가 제도적으로 지원하는 '사회 임금'을 늘리자는 것이다. 이제 '반값 등록금', '청년수당', '부자증세+서민감세' 등이 뒤따라야 한다.

그리고 사회 양극화와 중산층의 붕괴가 더욱 가속화되는 현재 상황에서 중산층과 빈곤층의 불안을 해결해주는 것은 우클릭이 아니라 좌클릭의 정책이다. 조지 레이코프는 진보파가 빠지기 쉬운 '열두 가지 덫'을 지적하며 다음과 같이 충고한 바 있다.

일반적으로 잘못된 이념 때문에 많은 진보주의자들은 더 많은 표를 얻기 위해 '오른쪽으로 이동해야' 한다고 믿었다. 사실 이것은 역효과를 낸다. 오른쪽으로 이동함으로써 진보주의자들은 실제로 우파의 가치를 활성화하고 자신들 고유의 가치를 포기하고 만다. 또한 이과정에서 그들은 자신의 정치적 지지자들을 소외시킨다.[*]

진보의 금기나 타성이라는 것이 있다. 특히 사회복지 분야에서 국가에 대한 이중적인 태도가 그렇다. 경제권력을 규제하고 재벌 개혁을 이끌려면 국가의 역할이 강조될 수밖에 없는데, 다른 한편으로 국가권력이 행사되는 것에 대해 불신을 갖고 있다. 다시 말해 국가권력의 합리적인 행사 방식에 대해서는 논의하지 않는다. 증세와 관련해서도, 부자 감세를 철회하고 법인세를 인상하라는 요구만 하지 선거에서 부담이 된다는 이유로 독일식의 중복지-중부담에 대한 구체적인 비전은 제시하지 않는다.

국가권력은 진보를 억압하는 도구일 수도 있고, 진보를 실현하

---

* 죠지 레이코프, 《프레임 전쟁》(나석주 옮김, 창비, 2006) 24쪽

는 도구일 수도 있다. 앞에서 형법의 개입 문제에서 언급한 것과 같은 맥락에서 국가권력의 역할을 재규정해야 한다. 우리는 지금 박정희식 경제개발 정책으로 '창조 경제'를 실현하겠다는 코미디를 보고 있다. 경제민주화는 물론 경제활성화의 '적'인 재벌을 위해 국가가 규제를 풀어야 경제가 산다는 억지 논리를 듣고 있다. 한편 진보는 보편적 복지라는 지향을 견지하면서도, 단계별로 이를 어떻게 실현시킬 것인가에 대한 구체적 계획을 제시하고 믿음을 얻어야 한다. 다행히도 '저부담-저복지'를 벗어나 '중부담-중복지'로 가자는 비전에 대해 합의가 이루어지는 것 같다. 이제 남은 것은 '중부담-중복지'의 구체적 내용이다.

노무현 대통령의 업적 중 하나로 권위주의 타파, 즉 탈권위주의를 들 수 있다. 보스 문화를 깼고, 권위주의를 깼다. 수직적 체계의 사회에서 나타나는 권위주의는 권력의 체질 그 자체였다. 그 후 사회 곳곳에서 벌어지는 권위주의와의 싸움은 민주화를 생활 속에서 실감하는 순간이었다. 지금 갑을 관계나 감정 노동이 사회적 화제로 급부상한 것은 이 싸움의 연속선상에 있다. 특히 촛불을 이끈 청년들의 성향을 보면 이전 진보·개혁 진영이 보인 운동의 경직성과는 한참 거리가 멀다. 사회의 어느 공간에서나 감성적 소통이 중요해졌다. '연대'라는 말도 이제는 딱딱한 어감이 생겼다.

'노무현'이라는 이름은 그 자체로 권위주의 타파를 상징한다. 시민들이 그에게 열광했던 이유 중 하나도 온몸에 배인 그의 서민성이었다. 대한민국 대통령 중 자신을 시민 중 한 사람으로 생각했던 대통령은 바로 그라고 생각한다. 파스칼은 《팡세》에서 '우리는 이성에 의해서뿐만 아니라 심정에 의해서도 진리를 안다'고 말한 바 있다. 진보·개혁 진영의 사람들은 '이성의 전파자'만이 아니라 '감성의 공유자'로 움직여야 한다. 그리하여 자신이 주장하는 비전과 정책이 그 자체만이 아니라 주장자의 인간적 매력, 진정성과 결합되어 대중에게 전달되고, 느껴지고 마침내 '번져야' 한다.

여러 매체에서 고정 칼럼니스트로 활동했다. 칼럼들을 보면, 편지 형식으로 쓴 글이 제법 있다. 2003년 막 취임한 노무현 대통령 앞으로 편지글을 썼으며, 2007년 '삼성전자 이재용 전무님 귀하'라는 글을, 그해 12월 대선이 끝난 직후에는 '이명박 대통령 당선자님께'라는 글을 썼다. 2014년에는 박근혜 대통령 앞으로 '각하! 두 가지만 하십시오'라는 글과 '김기춘 대통령 비서실장님 귀하'라는 글을 썼다. 정기적이라 할 만하다. 편지글 형식을 빌려 글을 쓰는 이유는 무엇인가. 독자의 감정에 직접 호소하는 글로써 그 형식을 택한 것인가. 할 말은 하면서 살고 싶은 대중의 마음과 목소리를 대변하려는 노력인가.

두 가지 다 이유라 할 수 있다. 나는 딱딱한 개념어를 사용하는 논문도 쓰고 있다. 그러나 신문 칼럼은 그래서는 안 된다. 독자들이 쉽게 읽고, 쉽게 이해하고, 공감할 수 있어야 한다.

기성세대가 된 386 세대를 보면서 이제 '정치 좌파' '생활 우파'가 되어버렸다고 말한 적이 있다. 또 '진보적 상상력을 키우는 것을 자제하면서 스스로 희망의 불씨를 꺼버렸다'고 지적했다. 투사가 관리자 모드로 바뀐 것이다. 그런 의미에서 정치적 신념은 현재적 싸움이 뒷받침되지 않으면 필연적으로 조로하는 것인지도 모른다. 여기에 어떤 생각으로 접근하는가. 한 칼럼에서 '철부지'가 되고 '바보짓'을 하자고 쓴 것을 읽었다.

내가 제일 싫어하는 말 중 하나가 '내가 왕년에…'이다. 우리 모두는 현재를 산다. 과거의 기여는 인정되어야 하지만, 과거에 무엇을 했다는 것이 현재와 미래의 문제를 해결해주지 못한다. 끊임없이 현재의 문제를 직시하며 원인을 탐구하고 대책을 마련하려는 노력을 하지 않으면, 그 어떤 진보 인사도 어느새 보수파가 되고 만다. 스펙으로만 보면, 나는 영남 출신으로 서울대를 졸업하고, 미국 박사학위를 가지고, 학벌의 정점에 있는 서울대의 교수이다. 따라서 나는 더욱 자경 자계해야 한다.

풍경1 / '기업이 노동자를 먹어치우는 나라'가 될 것인가

　권위주의 체제 시절 국가는 '국가가 있어야 국민이 있다'는 이데올로기를 퍼뜨리면서 수시로 국민을 억압했다. 억압의 도구는 법이었다. 법의 이름 아래 국민은 국가의 노예로 전락했다. 영화 〈변호인〉에서 주인공(송강호 분)의 분노에 찬 외침 '국가란 국민이다'를 국민이 깨닫고 행동하면서 변화는 시작되었다. 그리하여 대의제 민주주의가 확립되고 정치적 민주화가 이루어졌다.

　그런데 이러한 긍정적 변화 속에서도 달라지지 않는 것이 있다. '기업이 살아야 노동자가 산다'라는 이데올로기이다. '삼성이 나라를 먹여 살린다'와 같이, 노골적으로 특정 재벌을 우상화하는 이데올로기도 유포된다. 그리하여 국가의 주인이 자신임을 알고 국가에 대한 비판과 통제에 나서는 국민도 기업 앞에서는 위축된다. 정부는 기업 규제는 풀려고 애쓰고, 노동자의 권리는 제약하려고 애쓴다. 이제 대한민국은 '기업하기 좋은 나라'만 외치고 '노동하기 좋은 나라'는 꺼내지도 못하는 나라가 되었다. 영화 〈카트〉와 드라마 〈미생〉에서 주인공들의 삶은 남의 것이 아니다.

해고라는 '사회적 사형선고'를 받은 노동자가 파업을 하면 '노동자 이기주의'라는 정치적·도덕적 비난이 퍼부어진다. 노사 간에 적정한 균형을 잡으려는 노력은 무시되기 일쑤이다. '정리해고 당시 긴박한 경영상 필요가 있었다거나 사측이 해고 회피 노력을 충분히 다했다고 볼 수 없으므로 해고는 무효'라는 고등법원 판결이 2014년 11월 13일 대법원에 의해 파기된 것이 대표적 예이다.

2009년 4월 2646명의 대규모 정리해고에서 촉발되어 항의 파업과 강제 진압, 해고자와 가족 26명의 사망 등으로 이어진 '쌍용차 사태' 앞에서 대법원은 눈 하나 까닥하지 않았다. 대법원 판결은 '기업이 살아야 노동자가 산다'라는 이데올로기를 법률 용어로 풀어 쓴 것에 불과했다. 대법원도 고등법원 판결을 유지한 결과 해고자들이 복직되면 쌍용차가 망할 것이라고 판단하지는 않았을 것이다. 권력이 시장으로 넘어간 현실을 지키기 위해, 어떤 희생에도 '기업이 먼저이다'라는 법리를 고수하려 한 것이다. 이 법리하에서 노동자는 기업의 노예가 되고 만다.

대법원 판결 후 12월 13일부터 이창근, 김정욱 두 사람은 쌍용차 공장 내 70미터 높이의 굴뚝에서 고공 농성을 전개하기 시작했다. 쌍용차는 2015년 1월 6일 법원에 퇴거단행 가처분 신청을 내면서, 이를 위반할 경우 한 사람이 위반 일수 1일당 100만 원을 지급해야 한다고 신청했다. 두 사람에 대해 주거침입 및 업무방해죄

로 형사 고소했음은 물론이다. 고공 농성과 별도로 땅 위에서는
'쌍용차 해고자 복직·정리해고 철폐'를 위한 5박 6일 오체투지 행
진이 진행되었다.

그 소식을 접하면서 대한민국은 문제 해결 능력이 있는 나라인
지 의문이 들지 않을 수 없었다. 정부는 쌍용차를 편드는 데 급급
했다. 대선 전 국정조사를 약속한 여야 정치권은 수수방관했다. 정
리해고가 적법하다는 대법원 판결이 나오니, 정부와 국회는 더욱
쌍용차 사태를 외면했다. 그 상황에서 이창근, 김정욱 두 사람은
'사회적 자구自救 행위'를 할 수밖에 없었다.

노동자를 소모품으로 간주하는 나라, 기업을 노동자 위에 놓고
노동자에게 일방적 희생을 강요하는 나라는 지속 가능한 발전을
이룰 수 없다. 해고를 사실상 무제한 허용하고 해고에 반대하는 파
업을 범죄시하는 '과잉 친기업' 법률과 판례를 그대로 두고 노사
상생과 노사 타협이 가능할 리 없다. '기업이 살아야 노동자가 산
다'라는 논리를 그대로 인정하더라도, 노동자의 희생 덕에 기업이
살아났으면 다음은 노동자를 살려야 할 차례이다.

대법원의 판결에도 불구하고 쌍용차 정리해고 노동자가 복직되
어야 하는 사회적 이유는 여전히 강력하다. 이 과제를 방기한다면
대한민국은 '기업이 노동자를 먹어치우는 나라'가 될 것이다. 그리
고 민주공화국 주권자의 다수를 구성하는 노동자가 기업의 먹이
로 전락한다면, 민주공화국의 토대는 무너질 것이다.

2013년 말 프란치스코 교황은 교황 권고에서 '규제 없는 자본주의는 새로운 독재'라고 질타해 세계적 반향을 일으켰다. 그는 '살인하지 말라'는 십계명이 인간의 생명을 지키기 위한 규제였던 것처럼, 오늘날 사람을 죽이고 있는 배제와 불평등의 경제도 금지되어야 한다고 말했다. '경제적 살인을 하지 말라'가 현대 사회의 새로운 십계명이라는 말씀이다.

경제적 살인을 일삼는 새로운 독재 체제의 정점에는 재벌이 있다. 이들은 최고 최강의 경제 권력자들로 명실상부한 '사회 귀족'이다. 생래적 비교 우위를 가지고 태어난 이들은 경제를 넘어 정치, 사회, 문화 등 모든 영역을 지배하고 있다. 1987년 6월 항쟁으로 군사독재가 무너져 정치권력은 5년마다 바뀌게 되었지만, 경제권력의 새로운 독재는 변함이 없다. 너무 심한 경제 범죄가 들통나 가끔 총수가 감옥에 가는 일이 있지만, 그의 영향력은 수감 전후 큰 차이 없이 견고하게 유지된다. 총수를 수사·기소했던 검사, 판결을 내린 판사가 사건이 종결된 뒤 종종 총수의 변호인으로 변신한다. 최고위 공무원들은 속속 재벌의 임원으로 합류해 대정부 로비에 앞장선다. 정당과 언론, 심지어 학계도 새로운 독재의 눈치를 보기에 급급하거나 영합한다.

경제적 살인의 주된 피해자는 '호모 파베르Homo faber'(노동하는 인간)이다. 수많은 노동자들이 산업재해, 직업병, 자살 등으로 죽고 있다. 2014년 개봉된 영화 〈또 하나의 약속〉은 '경제적 살인범'에 의해 '피살'된 노동자의 이야기를 다룬다. 영화 속 재벌 회사 인사관리팀장은 반도체 공장에서 일하다 20대 초반 백혈병에 걸려 숨진 여성 노동자의 아버지를 비웃으며 이런 말을 내뱉었다.

"정치는 표면이고, 경제가 본질이죠."

1987년 헌법이 보장하는 대의 민주주의의 틀을 빌려 사회 귀족의 과두정이 들어앉고, 시장경제라는 이름을 내걸고 족벌 지배 자본주의가 자리를 잡았다. 독재정권을 무너뜨리고 민주공화국을 세웠던 주권자들은 언제부터인가 이들 사회 귀족을 선망하거나 두려워하는 마음을 가지게 되었다. '일자리를 만들고 국민을 먹여 살리는 게 누군가'라고 말하며 경제적 살인범을 두둔하기도 한다. 이제 경제권력은 새로운 '황금송아지'가 되었다.

한편 비즈니스의 갑을 관계는 주인과 노예의 관계로 변질되었다. '을'로 통칭되는 사람들의 억울함과 고통은 이제 참을 수 있는 한도를 넘어섰다. 남양유업 사건으로 공론화된 비상식적인 갑을 관계 문제는 사회 곳곳에서 볼 수 있다. 편의점, 대리점, 아르바이트, 비정규직, 하청 업체 등에서 확인되는 갑을 관계는 '사회적 노예제도'의 부활이다. 개인의 노력에도 불구하고 계급 이동이 어려워진 사회는 바로 고려시대의 노비 만적이 규탄했던 '왕후장상의 씨'가 대대로 이어지는 사회이다. 일찍이 영국의 법사학자 헨리 메인은 '신분에서 계약으로from status to contract'의 변화가 중세에서 근대로의 변화의 핵심이라고 갈파했다. 그런데 21세기 현대 한국에서 계약의 형식을 빌려 재벌이 정점이 되는 신분제가 되살아나 작동하고 있는 것이다.

이러한 퇴행과 반동은 1997년 IMF 사태 이후 우리가 적자생존, 약육강식, 승자 독식의 원리를 신봉하는 '호모 에코노미쿠스Homo economicus'(경제적 인간)로 전락해버린 탓이다. 〈또 하나의 약속〉의 주인공이 술 마시며 던진 이야기처럼, 우리가 스스로 뇌를 소화시켜버린 멍게 신세가 된 탓이다. 그리하여 우리는 법적 보호를 박탈당한 채 '살殺처분'을 기다리는 '호모 사케르Homo sacer'(벌거벗겨진 생명)가 되고 말았다. 정글에서 약자의 고기를 확보한 소수의 승자는 잠시 승리감에 도취하지만, 이들도 끊임없는 경쟁과 축적의 노예가 되어 내면의 공허감에 시달린다.

2014년 초 프란치스코 교황이 서울대교구 보좌주교로 임명한 유경촌 신부는 "'개인적 불의'를 뛰어넘어 '구조적 불의'의 해소를 통해 '의로운 사회구조' 건설을 실현하는 것이 사회 정의의 내용"이라고 말했다. 경제적 독재와 싸우고 의로운 사회구조를 만들려면 가장 먼저 우리 속에서 타인의 고통과 억압에 공감하며 연대의 손을 내미는 '호모 엠파티쿠스Homo empathicus'(공감하는 인간)을 깨워야 한다. 자기 자신과 타인에게 '안녕들 하십니까?'라고 물어야 한다. 그리고 의로운 사회구조를 추구하며 새로운 독재와 싸우는 '호모 레지스탕스Homo resistance'(저항하는 인간)를 호출해야 한다. 알베르 카뮈는 말했다.

"나는 저항한다, 고로 우리는 존재한다.Je me revolte, donc nous sommes."

프란치스코가 남긴 과제

그는 4박 5일의 방한 일정을 마치고 2014년 8월 18일 출국했다. 가히 '프란치스코 현상'이라 할 만했다. '파파 프란치스코'의 말씀과 행보, 눈빛과 손동작 하나하나가 중요한 메시지를 던졌다. 육화된 신앙의 진면목 앞에 종교를 넘어 거의 모든 시민은 감동을 받았다. '국민소득 3만 달러가 얼마 남지 않았다'는 팡파르가 울려 퍼지고, 엄청난 위세를 뽐내는 건물들이 하늘 높은 줄 모르고 올라가며, 최고급 명품과 명차를 자랑하는 사람들이 활개치고 있지만, 그 뒷면에서는 가난과 불안, 소외, 억압으로 고통받는 많은 사람들이 있다. 이 한국적 현상이자 세계적 현상을 교황은 직설화법으로 비판했다.

교황은 "이 나라의 그리스도인들이 새로운 형태의 가난을 만들어내고 노동자들을 소외시키는 비인간적인 경제모델들을 거부하기를 빈다"고 축원했고, "막대한 부 곁에서 매우 비참한 가난이 소리 없이 자라나고 가난한 사람들의 울부짖음이 좀처럼 주목받지 못하는 사회"를 경고했다. 그리고 낮은 자세로 사회경제적 약자의 말에 귀를 기울이고 그들을 껴안았다. 그는 좌파도 우파도 아닌 '저파低派'였다.

힘과 돈을 가진 자들 중 교황의 이 발언에 마음 불편한 사람들도 많았을 것이다. 속으로 '종교인이 웬 정치 발언이야' '남미 출신이라 해방신학에 물들었구먼'이라며 툴툴거린 사람도 있었을 것이다. 반공 권위주의 체제가 종료한 지 오래지만, 우리 사회에서 교황 정도의 발언을 한 사람은 여전히 '좌경 용공'으로 낙인찍히고 공격받는다. 언제부터인가 민주공화국 대한민국에서 이승만과 박정희 노선 외에는 모두 '종북 좌빨'이 되어버리지 않았던가.

정부와 기업, 언론 등도 모두 교황 방문을 환영했지만, 그의 비전과 제안은 외면했다. 아니, 정반대로 움직였다. 박근혜 대통령은 '규제는 암 덩어리'라고 선언했다. 이후 정부는 경제활성화라는 명분 아래 부동산 및 서비스업 규제 완화, 의료시장 영리화 등을 추진하고 있고, 보수 언론은 이에 동조하고 있다. 그 뒤에서 기업은 미소 짓고 있다. 대선 시기에 써먹은 경제민주화의 깃발은 쓰레기통에 들어간 지 오래되었다. 박대통령은 '율리아나'라는 가톨릭 세례명을 갖고 있지만, 그의 정치적 신념과 행동은 '프란치스코'의 정반대편에 있다.

한편 교황은 '물질주의의 유혹에 맞서 싸우라'고 강론했지만,

우리나라 유력 일간지가 교황 방한을 축하하며 뽑은 기사 제목은 '돈이 도네요… 고마워요, 프란치스코'였다. 또한 교황은 '무한 경쟁 사조에 맞서라'고 강조했지만, 정부와 기업의 최상부는 무한 경쟁을 부추기는 제도와 문화를 찬미하고 있다. 교황은 세월호 유족, 쌍용차 해고 노동자, 제주 강정마을 주민, 용산참사 피해자, 밀양 송전탑 건설 지역 주민 등을 만나 위로했지만, 정부는 줄곧 이들을 배제하거나 억압해왔다.

'파파 프란치스코'는 짧은 시간 내에 민주화와 산업화를 동시에 이루었다고 자랑하는 대한민국의 추한 민낯을 드러냈고, 이윤과 욕망의 노예가 된 우리에게 맹성의 기회를 주었다. 그의 언행은 두고두고 화제가 되며 깊고 넓은 파급력을 가질 것이다. 가톨릭 신자가 아닌 필자도 '프란치스코주의자'는 되고 싶다.

그러나 그가 던진 문제를 해결할 주체는 역시 이 땅에 사는 우리이다. 파파 프란치스코를 찬미한다고 그가 지적한 대한민국의 문제가 사라지지는 않는다. 그가 선택한 '쏘울'을 탄다고 바로 우리의 '영혼'이 정화되지 않는 것처럼. 또한 교황이 지적한 문제는 단지 신심과 기도로만 해결되지 않는다. 세속의 정치, 법, 제도를 바꾸어야 한다. 의식 있는 사람들이 연대해 세상의 모순과 부딪치며 끈질기게 노력할 때 세상은 조금씩 바뀐다.

교황 자신이 '공동선을 위한 정치에 참여하지 않는 자는 이기적'이라며 정치 참여의 중요성을 강조했고, '중립을 지켜야 하니 세월호 리본을 떼는 것이 좋지 않겠느냐'는 질문에 '인간적 고통

앞에서 중립을 지킬 수는 없다'고 답했음을 기억하자.

파파 프란치스코를 칭송하는 것은 쉬운 일이다. 그러나 그의 뜻을 실천하는 것은 어려운 일이다. 이러한 실천이 없으면 '체 게바라'라는 기표가 그랬던 것처럼, '파파 프란치스코'는 혁명성이 사라진 또 하나의 문화 상품으로 전락하고 말 것이다.

손아람

너무 숭고하지 않게,
우리 세대의 정서적 방식으로

오늘 한국의 젊은 작가 중 그만큼 국가와 사회, 개인 간의 불화를 작품 속 깊이 끌어들여 사유하는 작가는 드물다. 문화·예술계의 불공정 관행을 바로잡는 행동과 모임에서 만난 터라 우리는 진작부터 안면이 있었다. 그는 이즈음 한 음악제작사의 작곡가 착취 문제에 대한 공동 대응에 나서면서 창작자의 권리 찾기에 적극 개입하고 있다.

　그에게는 '대충' '적당히'라는 느낌이 없다. 모든 이슈에 대해 자신만의 정리된 생각을 당당히 말한다. 인터뷰에 앞서 서촌 한식집에서 제철 나물과 된장국이 나오는 비빔밥을 먹었다. 그는 목이 훤히 드러난 스웨터에 아무것도 받쳐 입지 않은 간단한 차림이었다. 그 대신 비니로 포인트를 주어 자신이 '패피'임을 보여주는 듯했다.

　이야기는 언더그라운드를 전전하는 젊은 예술가들의 생계 문제에서 출발했다. 몇몇 친구는 여전히 그곳에 남아 있었다. 낮에 드릴로 땅을 뚫는 아르바이트를 하고 돌아오면 그날 밤 건반을 치는 친구의 손은 걷잡을 수 없이 떨린다고 했다. 또 보증금을 구해 살 만한 집으로 이사한 친구는 표정이 달라지고, 말투가 달라지고, 성격이 달라진다고 했다. 자기 세대의 영혼을 말할 때 그의 목소리는 단호했다. 본 것만을 전하는 사람처럼 꾸밈없었다.

　서면 인터뷰를 한 차례 더 진행했다. 대면 인터뷰 때와는 목소리 톤이 약간 달랐다. 문장을 장악하는 힘 때문인지 무슨 말을 하려는지 더 쉽게 전해졌다. 책에 실린 다른 네 명의 인터뷰와 달리 그의 경우에만 답변 부분이 입말과 경어 표현을 유지한 것은 그 때문이다. 행여 말끝에 배인 감정의 직설을 놓칠까 봐 그대로 살렸다.

책 《소수의견》은 아현동의 재개발 현장에서 시작한다.

《소수의견》을 쓸 당시 북아현동 재개발 구역에 살고 있었어요. 용산 재개발 지역에서 그리 멀지 않은 곳입니다. 대규모 주거 지역을 만드는 뉴타운 사업이었는데 가까이에서 상가 임차인들이 싸우는 모습을 지켜보았어요. 사실 나는 그곳에서 장사를 하던 사람이 아니었으니까 상황이 절박하게 다가오지는 않았어요. 그러다가 관리처분 인가가 나기 전에 이사를 가게 되었는데 집주인은 나를 붙잡고 '끝까지 버텨라. 얼마 안 있으면 이사 지원금이 나온다'며 오히려 걱정해주었습니다.(웃음) 동네에서 장사를 하는 분들이 플래카드를 들고 꽹과리 치며 건물주의 집 앞에 찾아가 항의하는 모습은 흔했고요.

《소수의견》은 재개발 사업 문제에서 착안한 작품은 아닙니다.

국가와 국민의 관계를 법을 매개로 풀어보는 이야기를 준비하는 중이었는데, 어느 날 갑자기 용산참사가 일어나면서 자연스레 관심을 갖게 되었죠. 옆 동네의 소식을 지켜보면서 '아, 지금 여기서 출발해야겠다'라는 생각이 들었어요.

이번에 상가임대차보호법이 2001년에 참여연대의 주도하에 입법 청원과 운동을 거쳐 제정되었다는 얘기를 듣고 깜짝 놀랐어요. 만들어진 지 30년 이상은 된 법이라고 생각했거든요. (웃음) 2003년 시행되기 전에는 법 제도의 보호 없이 사람들이 대체 어떻게 장사를 하며 살았을지 상상이 되지 않습니다. 동시에 어떻게 그렇게 오랫동안 법이 개선되지 않을 수 있었을까 하는 의구심도 들고요. 그러니까 법이 개선되는 속도에 비해 자산 소득이 많은 사람들이 상대적으로 부를 약탈하는 속도가 점점 빨라지는 거잖아요. 세상이 개선되고 있다는 것을 체감하기 어렵습니다.

입법 현장에서는 어떻게 이렇게 현실을 바라보는 눈이 서로 다를 수 있을까 할 정도로 이해 당사자들의 주장이 엇갈린다.

정부는 경제활성화를 말하면서 늘 낙수 효과를 앞에 내세우죠. 여기에는 당사자성이 보이지 않습니다. A라는 당사자의 문제를 다루면서 B, C, D에 끼치는 효과를 이야기하고, B로 옮겨 가서는 다시 B를 제외한 C, D에 미치는 효과를 이야기하는 식입니다. 정작 문제를 겪는 당사자성은 사라져버리죠. 지금 당장 피해를 보고 있는 이의 입장에서는 대책이 시급한데, 주무 부처는 경제적으로 파급 효과를 고려해보면 갑자기 바꿀 수 없다는 대답만 내놓습니다. 늘 당사자의 문제는 증발해버리는 듯한 느낌을 받아요.

경제주체의 절박한 현실에 직접 와 닿는 대책이 없어요. 뜬구름 잡듯이 정부가 시장에 개입하면 경제활성화를 해치게 된다는 명분만 되풀이합니다. 대체 누구의 경제를 말하는지 모르겠어요. 더 나아가 세입자나 상가 임차인들이 조금 희생을 보더라도 나라 전체의 경제성장을 위해서는 자꾸 헐고 부수고 개발을 해야 한다는 논리를 내세웁니다. 결국 민생 부분은 희생을 감수할 수밖에 없다는 식이죠. 대를 위해 소를 희생한다고 하는데 대체 그 '대'는 누구인가요?

그러다 보니 법에 대한 신뢰가 자꾸 떨어지고 법이 과연 정의의 편에 서 있는지 의문이 들 때가 많다.

상가 권리금이나 임대차와 관련된 법은 현실이 변하는 속도를 따라가지도, 반영하지도 못하고 있어요. 민생에서는 절박한 사건이 벌어졌는데 여기에 변하지 않은 법이 적용될 때 문제가 됩니다. 그때 법이 집행되는 모습을 보면 무지막지하다고 할까, 법이 마치 종교처럼 작용하는 순간을 목격하게 됩니다. 상가임대차보호법에 상가 권리금에 대한 보호 규정이 없다는 이유만으로 법의 이름을 앞세워 가혹하게 집행하는 모습은 가히 종교적 행위라 할 만해요.

현실이 어떻게 돌아가는지를 전혀 고려하지 않으면서 '이것이 법이다'는 유일한 잣대로 현실을 법의 테두리에 욱여넣는 것은 종교의 논리이죠. 성경에 쓰여 있는 대로 금지와 허용의 율법이 규정되는 것과 하나도 다르지 않습니다.

이 사회가 용산참사를 대하는 태도도 그와 크게 다르지 않습니다. 상가 권리금이라는 사안에 얽힌 현실의 모든 조건들을 빼버린 채 '당신들이 주장하는 것은 법이 보장하고 있지 않다'라는 구실을 들어 '그러니까 당신들은 지금 불법 시위를 하고 있다'로 귀결하는 과정을 밟았습니다. 사태에 폭력성이 어떻게 개입하게 되었는지를 따지기 전에, 내게는 우리 시대의 법이 도그마가 된 징후가 먼저 다가왔습니다. 사실 《소수의견》은 그런 전후의 맥락을 다루고 있죠.

삶의 문제, 민생 자체를 날것으로 대할 때는 시급한 현안으로 명확히 보이는데 여기에 정치색이 입혀지면 이념 대결로 번지다가 결국 희석되고 만다. 우리 사회의 시급한 과제들이 이렇게 정치적 쟁점으로 비화되면 해결점을 찾지 못하는 상황이 벌어진다.

세월호 참사 때도 비슷했던 것 같아요. 죄 없는 아이들이 죽었다는 사실 자체에 대해서는 누구도 이의를 제기하지 않죠. 그러다가 진보 진영 쪽에서 이를 적극적으로 제기하면 바로 일베 같은 친구들이 반응을 합니다. 사안에 정치색이 한번 입혀지는 순간 사람들의 사유는 작동하기를 멈추게 되는 거죠. 그렇게 정치색이 매

상가임대차보호법에 상가 권리금에 대한 보호 규정이 없다는 이유만으로 법의 이름을 앞세워 가혹하게 집행하는 모습은 가히 종교적 행위라 할 만해요. 현실이 어떻게 돌아가는지를 전혀 고려하지 않으면서 '이것이 법이다'는 유일한 잣대로 현실을 법의 테두리에 욱여넣는 것은 종교의 논리이죠.

개된 눈으로 사태를 바라보게 되면 아무래도 인간에 대한 공감보다는 반감을 품게 됩니다. 세상을 바로 보지 못하는 것이죠.

용산참사 때도 그랬다고 봅니다. 처음 그 일이 대중들에게 알려졌을 무렵에는 철거민들이 공권력의 과잉 진압에 숨졌다는 사실에 대해 많이들 공감했어요. 그런데 얼마 안 있어 정치적인 쟁점으로 비화하자 인간성을 거스르는 듯한 반응들이 튀어나왔습니다. 이러한 상황 변화를 어떻게 극복해야 할지 잘 모르겠어요. 나 같은 경우는 작품 속에서 정치적인 언어를 직접 빌리지 않고 세계를 그리려고 노력합니다. 특정한 정치성에 기대지 않는 인물, 정치적 언술을 직설하지 않고 어떤 행동을 통해 자신의 정치적 지향을 드러내는 인물을 그리려 해요.

하청 산업화된 문화 산업

최근 한 음악 기획사와 소송을 하고 있다고 들었다. 문화계 전반에서도 갑을 관계, 이른바 갑질이 만연되어 있어 보인다. 영화 제작자나 드라마 제작자, 그리고 음원 판매자들은 작곡가가 아무리 좋은 작품을 만들었어도 '우리가 그걸 드라마로, 영화로, 음원으로 만들어 팔지 않았으면 당신이 빛을 볼 수 있었겠어' 하는 태도로 저작권을 마음대로 해도 된다고 생각하는 모양이다. 대기업이 '우리가 최종적으로 완제품을 만들어서 파니까 우리 덕분에 너희 하청업체가 부품을 만들어서 먹고살 수 있는 것 아니냐' 하면서 납품 단가를 후려치는 것과 비슷한 구조이다.

문화 산업에서는 갑을 관계가 마치 당연한 것으로 통용되는 분위기입니다. 나도 처음 책을 출간할 때는 출판사가 가져오는 출판 계약서를 군말 없이 받아들여야 할 형편이었습니다. 소설가뿐만 아니라 모든 분야의 문화인, 예술가들이 터무니없는 계약을 어쩔 수 없이 받아들여야 하는 처지에 놓여 있습니다. 생산의 모든 분야를 책임지면서도 여러 조건에서 늘 '을'의 위치에 있어요.

예컨대 보통 계약서에는 계약하는 책의 2차 판권을 출판사가 당연히 가져가는 걸로 정해놓은 경우가 많더라고요. 나는 요즘에는 그런 걸 보면 '나는 2차 판권은 거래하지 않는다'며 빼달라고 하지만, 대부분의 작가들은 그 말을 차마 하지 못할 거예요. 행여 그 때문에 계약 전체가 어그러지지 않을까 걱정이 앞서는 거죠. 그런 조항은 사실 끼워 팔기라 할 수 있습니다.

작곡가들도 당장 음악 시장이나 방송 시장에 진출하는 게 급한 나머지 자신의 저작권을 양도하는 계약서에 서명을 하는 일이 비일비재합니다. 심지어 성명 표시에 관한 권리를 연예기획사에 양도하는 조항이 들어가기도 해요. 문화 예술인들은 태생적으로 개별자로서 일을 하게 되므로 어떠한 단체교섭을 할 여지도 생기지 않습니다. 또 업종별로 모인다고 해도 성향 자체가 굉장히 자유주의적이어서 단합된 행동이 이루어지기 힘들고요.

사회 전반에서 권력이 다단계화 되는 모습을 목격한다. 예컨대 대기업과 1차 하도급 업체의 관계는 그렇게 불공정이 심각하지 않지만, 1차 하도급과

2차 하도급의 관계에 가면 사정이 전혀 달라진다. 2차와 3차 하도급의 관계까지 내려가면 상황은 더욱 심각해진다. 이러한 권력의 다단계 구조에서 맨 밑에 놓인 하층은 그야말로 고통스러운 피해를 입는다. 문제를 해결하려 해도 일부 고리만 끊어서는 큰 의미가 없다. 하도급이 운영되는 와중에 나타나는 불공정 문제는 전체 구조의 차원에서 살펴볼 필요가 있다.

문화 산업 전반이 정말 딱 하청 산업화되어 있습니다. 이제 작품을 만드는 사람보다 일을 주는 사람, 즉 '선택 권력'이 훨씬 더 큰 이득을 보고 있습니다. 방송국이 외부 제작사에 외주를 주면, 외주 제작사는 또 콘텐츠 제작 업체에 일을 맡기고, 그 회사가 이번에는 작곡가나 음악가, 미술가를 고용해 작업을 진행합니다. 하청의 연쇄 과정을 거쳐 작품이 제작되는 겁니다. 그런 다음에는 최상위의 대기업이 배포와 판매 등을 한꺼번에 전담함으로써 막대한 수익을 챙겨가는 식이죠.

또 문화 부문은 속성상 다른 산업 영역과 달리 독점이 유독 심한 곳입니다. 늘 정점에만 대중의 시선이 모이기 때문이죠. 스마트폰을 만드는 제조업 분야는 적어도 네다섯 기업이 어느 정도 대등하게 경쟁할 여건이 마련되어 있잖아요. 그에 비해 문화 분야는 보통 한 사람이 또는 일등이 대부분의 것을 차지하는 상황이 벌어집니다. 좀 더 정확히 말하면, 문화 영역에서 일등은 영원하지 않지만 그 일등을 제작하거나 대리한 회사는 영원히 일등을 할 가능성이 높습니다.

내가 체감하기로는 '권력은 커지는 것이 아니라 점점 가까워지고 있다' 이렇게 표현하고 싶어요. 사실 권력은 갈수록 비대해지는 것이 아니라 오히려 점조직화 되어가고 있습니다. 이를테면 방송 권력이라고 하면 예전에는 방송사 한 곳과 싸우는 문제로 설명되었죠. 그런데 지금은 방송사가 외주화를 통해 거대한 음악 기획사들을 거느리다 보니 권력의 책임이 분산됩니다. 권력에 맞서 싸우는 피해자의 입장에서는 결정적인 타격을 가할 대상 한 곳을 설정하기가 어려워져요. 방송사와 싸워야 할지, 외주 회사들과 싸워야 할지 모릅니다. 분산된, 우리 주위에 가까이 와 있는 권력이 문제가 되면 이런 점이 곤란해집니다.

문제가 발생한 소재지를 1차 책임자로 설정하더라도 나중에는 그들과의 싸움을 통해 아무런 변화도 이끌어낼 수 없다는 것이 명백해지거든요. 외주와 하청이 연속적으로 그물처럼 얽힌 현실에서 책임 주체를 지목하는 일은 정확성이 떨어집니다. 고리 하나를 끊어낸다고 해서 상황이 과연 달라질까요? 이런 식의 점조직화가 가속되면서 이제 권력은 분산되어 우리 지척에 다가와 있습니다.

가장 큰 단위의 권력, 먼 곳의 권력을 찾아가는 일은 환상에서나 가능하죠. 정권 교체만 되면 모든 것이 바뀔 것이라는 환상. 익숙하죠. 상대적으로 점조직화된 주체들이 있고, 그들이 그물망을 이루고 있는데 그중 어느 한 지점을 타격한다고 문제가 해결될 것 같지 않아요. 외주 업체 한 곳이 망한다고 판이 달라질까요? 방송사가 또 다시 하청을 몰아줘서 새로운 권력을 만들 수가 있는데….

그런 일이 반복되다 보면 실제 작업자들도 이러한 권력의 분산화에 포섭되어 타협의 길로 접어드는 경우가 생깁니다. 음악에 국한해 말하자면, 예전에는 외국 곡을 통해 한국에서는 찾아보기 힘든 감성을 발견하고, 독창성을 발휘해 자기 나름대로 실험을 진행하는 아티스트들이 상존했어요. 운도 따랐지만 자신의 잠재성을 폭발시킨 그런 케이스들은 앞으로 점점 더 나오기 어려울 거예요.

지상에서 부익부 빈익빈이 심화되면 잠재성을 실현해야 할 물밑 공간인 언더그라운드도 상업화되고 맙니다. 그들도 자신들의 실험을 전부로 여기는 것이 아니라 그다음 단계로 나아가기 위한 계단으로 여기게 됩니다. 자연히 실험은 그다음 단계를 전제로 한 미끼로 전락합니다.

어쨌든 경제적 약자에게도 자신들의 창조성과 능력을 발휘할 기회가 보장되어야 할 것이다. 바로 기회마저 균등하게 주어지지 않는 불평등이 우리 사회의 큰 문제이다.

문화 산업 쪽이 상대적으로 더 어려운 것은 일단 버티기가 어렵기 때문이에요. 입문자가 생계를 해결할 수준이 되는 데 상당한 시간이 걸리거든요. 처음엔 어떻게든 버텨내려 합니다. 회사에 취업하면 승진 여부와 관계없이 생계를 유지할 돈이 나오는데 여기 문화 산업 쪽은 그것이 안 되거든요. 창작자에게는 10년 정도는 버텨야 생계를 해결할 수 있는, 만개할 시기가 찾아옵니다. 하지만 현실의 착취를 견디지 못하고, 자신의 가능성을 최대치까지 실험해 보지 못한 채 도중에 포기해버리는 친구들이 부지기수예요. 그들 중에 정말 누가 제2의 서태지, 봉준호, 박찬욱이 될지 모르는데 당장 돈이 안 되니까 주저앉고 마는 거죠. 지금도 그런 친구들이 어디에선가 아르바이트를 시작했을 거라고 생각해요. 어떤 기업의 사무직으로 취직해 재능을 썩히고 있을 것이라는 상상을 나는 지금도 많이 합니다.

사회 속에는 문화적 환경 때문에 제한이 있어서 엉뚱한 일을 하고 있는 재능들이 있어요. 물론 나는 재능도 믿지만, 순수하게 내가 재능만으로 여기까지 왔다고 생각하지 않아요. 운이 따랐죠. 당장에 일을 몇 년이라도 쉴 수 있었고, 창작을 하기 위한 돈을 따로 모을 필요가 없었다는 것. 그 점을 부인하기 어려울 겁니다. 부모님 덕분에 최소한의 생계라도 유지할 수 있는 이는 정말 운이 좋은 경우죠.

시간이 지날수록 남아 있는 이들을 보면 물론 재능은 기본적으로 다들 있지만 그래도 집이 어느 정도 사는 사람인 경우가 많아요. 당장 입에 풀칠은 할 수 있게 도와주는 부모를 둔 은수저들이죠. 예술 부문마저도 시간이 지날수록 이러한 경향이 강화되고 있습니다. 그러니까 최소한의 지원, 집에서 보증금이라도 보태줄 수 없다면 당장 주거 문제가 해결이 안 될 테니 일을 해야 되고, 당장 육체노동을 해 돈벌이를 하다 보면 창작과는 조금씩 멀어지는 공통된 경로를 밟게 됩니다. 지금 성공한 예술가 중에 순수하게 자신

무력감

취업

생활비

여유

주택

돈

대출

미래에 대한 불안

독립

경쟁 위주의 사회 분위기

스펙

소득양극화

청년을 위한 정책 부족

공론장의 부재

정치적 소외

사회 안전망의 부재

의 재능만으로 여기까지 왔다고 자신하는 이가 몇이나 될까요.

문화 산업의 대표적인 불공정 행위 중 하나가 계약이다. 예전에는 연예인들이 전속 계약할 때 10년 기한으로 계약하는 경우도 많았다.

나도 힙합 그룹('진실이 말소된 페이지') 활동을 할 때 전속 계약을 했어요. 당시에는 계약 기한이 기본 5년이었는데, 우리는 그래도 언더그라운드에서 조명을 좀 받았기에 여러 음반사랑 조율을 할 수 있었어요. 그렇게 계약을 하면 5년 동안 수입을 포기한 채 거의 몸을 저당 잡힌 상태가 되는 거죠. 그대신 재계약을 할 때, 야구로 치면 FA 신분이 되었을 때 대박 계약을 터뜨려서 돈을 버는 식입니다. 대부분 연예인들이 그렇게 해요. 생각해보니 5년이면 20대를 다 보내고 사실 전성기가 지날 가능성이 훨씬 높은 거예요. 그동안 회사에게 돈만 벌어다 주면서 대개 99퍼센트는 멸종하고 딱 1퍼센트만 버티다 살아남아 재계약을 할 때 돈을 벌게 되죠.

그래서 우리는 계약 기한을 2년으로 걸어놨어요. 대부분의 회사들이 '2년 계약으로 하면 손익분기점도 못 넘겨요' 하면서 안 된다고 했는데, 어쩌다가 한 회사랑 2년 계약을 맺게 되었습니다. 첫 음반을 내는 시점부터 2년간 계약이 존속한다는 내용이었어요. 그런데 회사가 음반을 내주지 않으면서 계속 다른 일만 시켜요. 우리가 계약을 이행하라고 하니까 회사는 어쨌든 첫 음반을 낸 이후부터 2년간으로 계약했으니까 음반을 내기 전까지의 기간은 얼마가 되든 상관없는 것 아니냐는 식으로 주장하는 거예요. 그러면서 당장은 음반을 내줄 생각은 없고, 만약 계약을 해지하고 싶으면 1인당 1000만 원씩을 내라며 상사를 하려고 하더라고요. 계약을 위반하고 다른 음반사로 갈 때에는 위약금을 무는 조항도 있다 보니 완전 묶이게 된 거죠. 결국 소송으로 갔습니다.

우리가 애초에 만들어놓은 데모 음반이 있고, 그것을 바탕으로 스튜디오에서 재녹음한 음반이 있었는데 음반사는 재판부에 계약을 이행하지 못하는 이유를 그렇게 말했어요. 처음에는 데모 음반을 듣고 너무 좋아서 계약을 했는데 스튜디오 재녹음을 해보니까 다른 음악이 되어 있더라. 그래서 음반을 내지 못하는 것이라고 주장을 하더라고요. 근데 우리는 아무리 들어봐도 똑같은 거예요. 말도 안 되는 변명이었어요. 결국 고등법원 합의부가 다 함께 들어보고 판단하기로 했습니다.

그래서 판사실에 가 판사 세 분이 헤드폰을 끼고 힙합 음악을 들었어요.(웃음) 머리 희끗한 판사분들이 데모 음반과 스튜디오 음반을 번갈아 들어보더니… 부장판사가 헤드폰을 딱 내려놓고 '어우, 음악 좋은데' 하더라고요.(웃음) 그리고 소송에서 이겼어요. 계약 해지를 하고 계약을 이행하지 않은 것에 대해 위약금을 인정받는 걸로 결론이 났습니다.

문화 산업 전반의 불공정 시스템이 그 정도인데도 행정기관은 소극적인 행정, 팔짱 끼고 외면하는 행정으로 일관한다. 표준계약서를 만들고 갑을 관

계를 바로잡으려는 노력이 없다면, '갑'은 자기 마음대로 좌지우지할 수 있다고 계속 믿게 된다. 본인은 그렇게 소송까지 하면서 거기서 벗어났는데, 다른 사람들은 어떠한가.

당시 시디 한 장이 1만 원쯤 했는데 작가한테 인세로 20~50원이 돌아가던 때였어요. 근데 그것도 고맙게 생각하는 거죠. 일단 자기 음반을 낸다는 것이 중요하고, 음반을 내고 나면 언젠가 돈을 벌 수 있다는 기대감을 가질 수 있거든요. 사실 지금도 마찬가지예요. 그렇게라도 음악을 계속 방송에 내다 보면 언젠가 기회가 찾아와서 자기 음악을 할 수 있는 지위가 될 것이라는 환상을 가지고 일방적인 희생을 감내하는 식이죠.

물론 음반을 잘 내고 성공한 사람이 소수 있지만, 대부분은 나랑 비슷하게, 회사의 온갖 괄시를 받으면서 음반도 내지 못하다가 세월 다 보내고 나서 그만두죠. 그러니까 소송을 내야겠다는 데까지 상상력이 닿지 않아요. 뭔가 부당하다는 상상력이 떠오르지 않아요. 뭔가 억울하기는 한데, 이것을 인정받고, 뒤집고, 회사한테 정당한 요구를 할 수 있다는 데까지 상상력이 닿지 않는 거예요. 왜냐하면 주변에서 그런 사례를 본 적이 없으니까요. 주변에서 포기하는 모습만 보게 되니까 자신도 그냥 포기하고 업계를 떠나는 거죠. 그동안 당한 모든 불이익을 잊고.

지금 한국 사회는 사회 이동에 대한 믿음, 노력하면 조금 더 나은 지위로

이동할 수 있다는 전망이 보이지 않는 사회가 되었다. 문화 산업에서도 이런 상향 이동이 제한적이다.

앞서 말했듯이 문화 산업 안에서는 모든 시선이 정점에 모입니다. 다른 산업 분야에서도 마찬가지이지만 자수성가형 하나가 모든 걸 설명한단 말이죠. 정말 가난한 시절을 보내고 열심히 노력한 사람 한두 명이 계속 최고의 자리에 오르니까요. 그런데 그 산업을 유지시키는 것은 정점이 아니거든요. 그곳에 끊임없이 불나방처럼 뛰어들어서 노동력만 제공하다가 튕겨져 나가는 중간층의 인생, 각각의 인생에서는 낭비한 시간들이 산업을 유지시키는 동력이거든요. 문화 산업 전반에 걸쳐 이렇게 몸과 시간만 바치고 떨어져 나가는 인생들이 넘쳐납니다. 산업을 포기하고 나간 자리에는 다시 새로운 사람들이 꿈을 안고 들어와 빈자리를 채웁니다. 이렇게 순환하며 재생산하는 노동력들이 산업을 부양하는 셈이죠.

산업 전반에서 사람들을 쓸 때 비정규직 위주로, 일시적으로, 저임금으로 잠깐 쓰고 버리겠다는 심산이 크다. 지금은 중소기업에 취직을 하더라도 나중에는 안정된 중산층으로, 체계적, 단계적으로 이동할 수 있다는 것이 보장되지 않는다. 한번 비정규직의 늪에 빠지면 계속 비정규직으로 살아야 한다. 직종이 창작자이든 자영업자이든 한번 낮은 지위에서 시작하면 그 자리에 계속 머물 수밖에 없다는 것을 다들 알고 있다. 비정규직은 일시적인 것이고, 정규적이 일반적인 것이라는 생각을 더 이상 하지 않는다. 그 때문에 처음부터 안정된 자리가 아니면 취업을 하지 않으려는 경향이 생겨나고, 청년 실업이 구조화된다.

사회 전체가 상향 이동에 대한 보장성이 있다면 비정규직이라도 나쁘지 않을 것이라는 생각이 들어요. 비정규직이라도 일한 대가로 주거와 최소한의 생활이 보장된다면 사회적으로 내몰리지는 않을 거예요. 나는 사실 주거 대책이 가장 시급하다고 생각합니다. 주거 문제가 해결되지 않는 한 청년 실업이 해결되기 어렵다고 생각해요. 일자리 마련에 엄청난 개혁이 이뤄지지 않더라도 주거 부분이 적절히 보완되면 문제가 상당히 완화될 수 있다고 생각해요. 청년 일자리 대책은 주거 문제로 접근하는 게 좀 더 쉬울 것 같다는 생각을 많이 해요. 임대차 관련 입법에서 전월세 상한가나 계약 갱신 청구권을 도입하고, 전세를 월세로 전환하는 부분에 적정한 기준을 마련해 강제성을 두는 정도만 되어도 청년들의 형편이 나아지리라고 봅니다.

주거권에 대한 관심이 남달라 보인다. 이제는 웬만한 금수저 집안에서 태어나지 않는 이상 청년들은 30년간 장기 모기지론에 가입해 원금과 이자를 같이 갚아나가야 집을 장만할 수 있다. 그러려면 한 달에 150~200만 원씩 꼬박 빚 갚으며 살아야 한다.

공간이 인간의 영혼에 미치는 영향은 지대해 보입니다. 나는 그 그 산업을 유지시키는 것은 정점이 아니거든요.
그곳에 끊임없이 불나방처럼 뛰어들어서
노동력만 제공하다가 튕겨져 나가는 중간층의
인생, 각각의 인생에서는 낭비한 시간들이
산업을 유지시키는 동력이거든요.

렇게 믿는 편이에요. 친구들이 어렵게나마 보증금을 만들어 시설이 갖춰진 집으로 이사를 갈 때마다 표정이 달라지고, 성격이 달라지고, 말투가 달라지고, 행동방식이 달라지는 것을 보았습니다. 각각의 개인이 이렇게 달라지면 사회 전체는 얼마나 달라질까 그런 상상을 해보죠. 나만 해도 원룸에 살다가 지금의 방 두 개짜리 집으로 이사 오면서 삶을 바라보는 시각이 달라지는 경험을 했어요. 예전의 원룸은 그냥 잠만 자는 공간이었다면, 지금 사는 집은 의미를 부여할 수 있는 공간이라 할 수 있습니다. 일할 수 있고, 쉴 수 있고, 앞으로의 삶을 계획할 수 있는 공간으로서의 집.

몸만 눕힐 수 있는 공간이 있다고 해서 그냥 삶이 주어지는 게 아니잖아요. 최소한의 낭비와 여유가 가능한 공간을 확보할 때 비로소 삶이 눈앞에서 형성되는 것 같아요. 침대 이외에는 다른 가구를 들일 수 없는 비좁은 곳에 살다가 비로소 책장을 놓고 옷장을 들일 여유 공간이 생기자 뜻밖의 일이 벌어졌습니다. 내 삶의 어떤 움츠린 부분이 꿈틀거리며 활기를 펴는 것이 느껴졌어요. 옷을 보따리나 가방에 두고 꺼내 입으면 매일 똑같은 옷을 입게 되는데, 옷장 문을 열게 되면서부터는 옷을 갈아입을 생각이 들더라고요. 책을 방 한 구석에 쌓아놓다가 책장에 꽂아놓고 보니 그동안 못 보던 책이 눈에 띄기도 하고요. 아주 사소한 것에서부터 공간이 인간의 영혼에 뿌리 깊은 유물론적 토대를 마련하고 있었음을 목격할 수 있었습니다.

주거권은 사실 투표권만큼이나 중요한 기본적 권리입니다. 동시에 가장 치명적인 위기에 처해 있는 것도 이렇게 삶의 기초 형성과 밀접하기 때문이라고 봐요. 요즘엔 자라면서 어린 시절 자기 방을 가져보면서 자란 사람과 부모님의 옆에서 자야 했거나 혹은 형제들과 한방을 써야 했던 사람 사이에는 물적 차이를 떠나 전체적인 기운이 다르다는 것이 감지됩니다. 자기가 전유할 공간, 자유로운 선택과 행동이 가능한 공간을 가져본 이는 그런 경험이 없는 이와는 이후 얼마간 다른 삶을 살게 되지 않을까요. 어떤 의미에서는 주거 경험이야말로 사회 구성원들 사이의 객관적 차이가 아닐까 하는 생각이 듭니다.

지금 한국 사회는 한 개인이 괜찮은 주거를 마련하는 데에 본인의 직업이 변수가 되지 않습니다. 거주의 수준은 부모가 어떤 지원을 해줄 수 있느냐에 따라 결정되죠. 자신의 수입과는 상관없는 것이 되었습니다. 우리 세대는 과연 주거다운 주거를 평생 가져볼 수 있을까요?

서면 인터뷰

작가는 어떤 글에서(공지영 논쟁 관련한) '권력 3.0'을 말한 적 있다. 1980년까지는 물리적 폭력으로, 1990년대까지는 계급 논리로 작용했다면, 권력 3.0은 이제 어떻게 움직이는가. 구체적으로 어떤 '권력장'을 형성하고 사람들은 거기에 노출되면 어떻게 포섭되는가. 앞 세대인 산업화 세대와 86 세대가 겪은 파시즘에 대한 경험과는 달라 보인다.

시대에 따라 권력의 성질이 달라진다는 말을 하려던 건 아니고. 거칠기는 하지만, 권력이 작용하는 양상의 차이를 쓰는 중에 나온 표현입니다. 대부분의 사람들이 갖고 있는 권력에 대한 이미지는 물리적 실체에 기초한 잘 조직된 힘입니다. 권력에도 발화점과 작용점이 있고, 작용 방향이 있다는 식이죠. 의지를 가지고 맞설 수는 있지만 거스르기 어려운 불가역성을 가진 명령 체계. 군사정권 시절에는 대개의 힘이 그런 모습으로 발현되었고, 1990년대 이후에는 훨씬 추상적인 모습으로 바뀌었습니다. 기업에 어떤 형태로든 빚을 졌다고 느끼는 사람들이 시장 논리를 거스르기 어려워하는 것처럼요.

나는 비교적 부채가 덜한 삶을 선택했다고 생각하고, 권력에서 자유로울 수 있다고 믿었습니다. 2012년 말에《의자놀이》사태로 논란을 겪던 공지영 작가를 인터뷰했는데, 인터뷰 기획 당시 그의 공과 허물을 적나라하게 써보겠다는 결의와는 달리 자유롭게 글을 쓰지 못했습니다. 공지영 작가가 대단한 권력자여서도 아니었고, 내가 그에게 빚을 져서도 아니었습니다. 단지 그를 만났기 때문이었죠. 인간으로서 그를 대면했고 그의 장점과 약점을 보았습니다. 어떤 점에 실망했고, 어떤 점에 감탄했죠. 그 모든 경험이 일종의 인간적 친밀감을 형성했고 자유로운 글쓰기의 장애물이 되었습니다.

팔이 안으로 굽는다는 속담은 이 상황을 근본적으로 설명하지 못한다고 느꼈습니다. 가깝게 지켜보거나 만난 사람에게 인간은

우호적일 수 있습니다. 그런데 왜 어떤 사람은 가깝고, 어떤 사람은 그렇지 않게 느껴질까요?

내가 공지영 작가를 코앞에서 만나고 깊은 대화를 나눌 수 있었던 것은 우연이 아니었습니다. 언론사가 그를 가치 있는 자원으로 여겼기 때문입니다. 그리고 언론사가 배포한 기사를 통해 그의 가치에 대한 세간의 평가는 다시 친숙하게 강화될 것입니다. 물론 나는 공지영 작가 개인을 비판하려는 게 아닙니다. 권력의 기작(매커니즘)이 그렇다는 거죠. 힘을 가진 사람들은 의도적으로 힘을 사용하지 않고도 자기 자신이 중심이 되는 느슨하고 광범한 영역의 네트워크를 만듭니다. 이 네트워크 안에 있는 사람들은 자유의지에 따라 선택을 한다고 믿지만 사실 그 네트워크에 노출되는 것 자체가 선택이 아니죠. 더 큰 인간 망을 가진 사람이 더 많은 사람을 흡수하기 쉽습니다. 그게 바로 내가 권력장이라 표현한 것입니다.

이를테면 전라도나 경상도에서 태어나 평생을 살아보지 않고 지역 투표 관성을 비난하는 건 쉬운 일이지만, 편견과 정치적 관성을 결정하는 지역 정서의 네트워크는 허구가 아니라 실체입니다. 주술에서 깨어나듯이 말 한마디로 벗어날 수 있는 포박이 아니죠. 그래서 스스로 특정한 권력장 안에 위치한다는 사실을 잊지 않고 반성적 성찰을 하는 것은 철학적으로 아주 중요한 문제입니다.

'나는 자유롭지만 너희는 그렇지 않아'라는 태도야말로 가장 별 볼일 없는 것이죠. SNS 안에, 운동 세력 안에만 갇혀 발화하던 사람이 더 큰 세계의 권력장에 처음으로 노출되었을 때 자기 좌표를 결정하는 데 있어 아주 중요한 지점이고요. 힘 대 힘, 세력 대 세력, 선 대 악만을 경험한 사람의 세계에서는 이 문제가 선명하게 보이지 않습니다. 역사적 경험의 측면에서 우리 세대가 86세대보다 유리한 부분이고, 다음 세대의 정치가 좀 더 역동성을 갖게 되지 않을까 기대되는 이유지요.

앞서 말한 음반사와의 소송 경험은 사법 현실뿐만 아니라 한국 사회 전반을 아는 데 큰 계기가 되었을 것 같다. 《소수의견》 말미에 법조계 용어와 문헌, 법령, 판례 등을 정리한 부록이 달려 있는 것을 보더라도 알 수 있다. 재판과 판례를 연구하고 법리를 공부한 절박함이 느껴진다. 그리고 소설에 나오는 에피소드는 대개 실제 판례들을 차용한 것이기도 하다.

정기적으로 쓰는 한 칼럼에서도 최근 판례들을 길고 상세하게 열거한 뒤 이렇게 말한 적이 있다. "그 어떤 상상력으로도 현실을 따라잡을 수가 없다"며 상식적이지 않은 세상을 꼬집었다. 그리고 한겨레와의 인터뷰에서는 《소수의견》을 통해 "기껏해야 50~60년짜리 안목에 불과한 법이 절대적인 기준이 아님을 얘기하고 싶었다"고 말했다. 소송 경험을 통해 구체적으로 어떤 현실을 실감했는가. 그리고 법은 우리 사회에서 어떻게 작용하고 있는가.

법적 판단이 가치뿐만 아니라 사실을 결정한다는 건 아주 흥미로운 일이라고 생각합니다. 살인범이냐 아니냐, 내란 모의자냐 아니냐, 죄를 저질렀냐 아니냐 등 사실의 영역으로 여겨지는 것을 사실의 장소에서 가장 멀리 떨어져 있는 법이 결정하죠. 법은 불가피한 선택입니다. 그런데 법이 공정한 사실 위에서 작동하느냐는 별개의 문제죠.

음반사와 소송할 당시 나는 상당히 유리한 위치에 있었습니다. 상대는 나보다 강자이지만 법원의 결정에 위력을 행사하기에는 하찮은 수준의 기업이었고, 나는 판사의 무한한 동정을 살 만한 약자의 지위에 있었거든요. 불공평하다고 말할 수 있을 만큼 법원의 배려를 받았어요. 솔직히 말하면 그게 통한다는 것을 확인한 뒤에 나는 약자로서의 처지와 피해를 적극적으로 호소했습니다. 법원은 내가 청구한 손해배상액을 위자료로 돌려 보전해주었습니다. 아주 인간적인 판결이었다고 생각합니다. 기계가 판결을 내렸다면 내가 패소했을 거라고 봐요.

용산참사의 철거민들은 나보다 훨씬 법원의 동정을 샀을 겁니다. 차이가 있었다면 그들의 상대인 국가와 대기업 건설사들이 너무 강했죠. 존재하는 법이 명백하게 불리했고요. 철거민들의 권리금은 실제의 거래이되 법적으로 인정되는 거래가 아니었고, 철거민의 시위는 실제의 이유가 있되 법적으로 이유가 인정되는 시위가 아니었죠. 반대로 그 시위를 테러로 규정하고 진압한 경찰특공대의 권리는 대통령 칙령에 근거하고 있죠.

내가 《소수의견》에서 인용한 몽테뉴의 글귀처럼 '한쪽에는 사실이 있었고, 다른 한쪽에는 엄연한 사법 형식이 있었던' 겁니다. 변화는 법이 바뀌거나 법원이 바뀔 때 가능하죠. 법원이 바뀐다는 것은 내가 이해하기로는 이런 뜻입니다. 새로운 시대의 경험과 새로운 세계관을 가진 젊은 법관들이 법원에 유입되고, 그들이 성장해서 법원의 판결 경향을 주도할 만한 영향력을 가지게 된다는 것. 그것은 아주 장기적이고 통제하기 어려운 방법입니다. 반면 입법과 정치에 압력을 행사하는 쪽은 훨씬 약하되 즉각적이죠.

설계도대로 세상을 바꿔가는 사람들이 있고, 세상에 맞춰 설계도를 바꾸고 싶어 하는 사람들이 있어요. 전자가 늘 승리하는 것처럼 보이지만, 사실 그들은 언제나 후자가 바꾼 설계도대로 승리하고 있는 거지요. 50년쯤 뒤에 용산참사는 믿기 어려운 전설이 되어 있을 것이라고 생각합니다. 법대로 사는 사람들은 그 50년 뒤에 어떻게 살고 있을지? '바뀐 법대로' 살고 있을 것입니다.

《소수의견》이나 《디 마이너스》의 작가 소개를 보면 똑같이 '종種으로서의 인간에 대해 쓴다'라고 끝맺고 있다. 개체로서의 인간보다는 사회적, 역사적 존재로서의 인간에 대한 관심을 말하는 것 같다. 또 '모든 사건에 인간적 논리가 있고' '사회 현상 안에 인간의 역학 관계가 있다'는 작가의 지적처럼 사건과 인간을 따로 말하는 풍토를 꼬집는 것으로 들린다. 좀 더 자세히 설명해달라.

세계로부터 분리해 개인을 탐사하는 작가는 종에 대한 고려가 없이 포유류와 갑각류를 동시에 연구하는 동물학자 같은 게 아닐까요. 사실 작가는 작가가 되기에 가장 불리한 위치에 있는 사람들입니다. 진짜 세계보다 자기 자신의 세계에 대해 더 오래 생각하면

설계도대로 세상을 바꿔가는 사람들이
있고, 세상에 맞춰 설계도를 바꾸고 싶어
하는 사람들이 있어요. 전자가 늘 승리하는
것처럼 보이지만, 사실 그들은 언제나 후자가
바꾼 설계도대로 승리하고 있는 거지요.

서 진짜 세계를 쓴다고 믿는 사람들이거든요. 나는 정치나 사회에 대해 쓰는 작가는 아니에요. 하지만 정치적으로나 사회적으로나 불가능한 개인을 쓰고 싶지는 않습니다. 그건 창조라기보다는 나르시시즘이에요.

사회를 바꿔야 한다는 신념에 한 번이라도 사로잡힌 이라면 지금 자기가 싸우고 있는 세상에 언젠가 투항하게 될지도 모른다는 두려움, 폭넓게 이야기하면 신념을 버리고 세상에 편입될지 모른다는 예감에 시달린다. 싸움의 대상과 싸움의 주체의 구별이 힘들어지면서 피아의 경계가 흐릿해지고 뒤엉켜버리는 경험, 즉 분열로 가기도 한다. 구체적으로 어떤 경험인가, 그리고 지금 현실에서 볼 때 중요한 경험인가. 아무도 알아주거나 기억하지 않는 싸움임을 스스로 확인할 때 진정한 위기가 온다면 결국 무관심과의 싸움인가.

나를 두렵게 하는 건 신념보다는 충동의 쇠약인 것 같아요. 신념은 뭐랄까, 연료 같은 것이지 방향타나 시동 버튼이 아니라고 생각하거든요. 세상을 바꾸기 위해 싸우는 일, 골방에 틀어박혀 재미있는 글을 쓰는 일, 심지어 맛있는 음식을 먹는 일과 최신 게임을 경험하는 일까지 나는 많은 것에 의미를 부여하고 그런 것을 즐기고 싶다는 충동에 시달립니다. 편하게 살고 싶다는 충동에 굴복할 것 같다는 예감에 시달려본 적은 아직 없습니다. 그건 흥미롭지 않잖아요.

오히려 내게 지금 가장 중요한 일이 언젠가 흥미를 잃고 동기부여가 안 되면 어떡할까 하는 두려움이 있죠. 이를테면 더 젊은 세대, 더 참신하고, 더 열정적이고, 정치적으로 더 적합한 후배들의 시대가 왔을 때 내가 똑같은 자리에서 똑같은 목소리를 내면서 여전히 흥분을 느낄 수 있을지? 나는 누군가를 '꼰대'라고 불러본 적이 없거든요. 20년 뒤에 새파랗게 어린 누군가가 나를 그렇게 부른다면 사형선고를 받은 기분일 것 같아서 감히 입에 안 담아지더라고요.

'상속'에 대해 묻고 싶다. 아니, 역사에 대해 묻고 싶다. 작가는 한번은 전태일 40주기를 맞아 쓴 글에서 앞선 시대의 변화들을 상속했다고 적었다. "우리는 앞선 시대로부터 비롯된 사소하거나 중요한 변화들을 완전하게 상속했다. 전태일은 모든 전태일의 적자이다. 그리고 우리는, 단지 가진 이름이 전태일과 다를 뿐이다"라고 썼다. 그리고 1997년부터 2007년까지의 캠퍼스 운동권의 내부를 그린 작품 《디 마이너스》에서는 '역사로부터 이전받은 분노'에 대해 말하고 있다. 작품은 힘이 사그라지는 학생운동 조직 내부의 균열을 섬세하게 다루었다. 역사에서의 상속과 균열은 쉽지 않은 문제이다. 오히려 '전태일이 살아 있다'는 반복되는 현실에 대한 감각, 그 연결의 현재성을 간파하는 눈이 놀라웠다. 무엇이 상속되었을까, 무엇이 지금도 계속되고 있는가.

상속된 적자로서의 감각은 아주 굉장한 힘입니다. 2000년대 대학의 운동권 선후배를 볼 때 늘 기이하면서 경이로운 느낌이 있었어요. 투쟁의 이유만큼이나 투쟁의 상속자로서의 책무가 커다란 동기부여가 된 것 같았어요. 그건 너무 인간적인 감각이라서 정치적으로 설명되지 않을 뿐만 아니라 그런 설명이 거의 금기시되지요. 2000년대를 거치면서 민주화 투쟁과 노동 투쟁에 대한 상속 기억이 많이 희석되었죠. 그건 그들의 지위를 이어받는 자부심이 제대로 작동하지 않는다는 뜻입니다.

지금의 20대는 거대한 기업과 창조적인 혁신가 그리고 위대한 대중 예술인에게 물려받은 대한민국에서 살고 있다고 느낄 거예요. 하지만 우리 대부분은 삼성과 스티브 잡스와 서태지의 세계에 속하지 못하죠. 전태일의 세계에 살게 될 것입니다. 일상에서는 삼성의 스마트폰과 현대의 자동차와 빅뱅의 음악에 훨씬 많은 관심을 보이면서 직장에서는 전태일이 했을 법한 생각과 주장을 하게 되는 거죠. 《너는 나다: 우리 시대 전태일을 응원한다》와 《디 마이너스》 같은 작업은 친부의 계보를 살펴 올라가는 작업이라고 보면 될 것 같습니다. 단절되었다고 생각되는 계보의 흔적 같은 것을 발굴해보고 싶었어요. 너무 숭고하지 않게, 우리 세대의 정서적 방식으로.

세계 전반에서 빈곤층은 우파나 보수주의적 정책에 동조하는 경향을 보인다. 이른바 빈곤 우파이다. 그것은 진보를 외치는 자들의 위선에 대한 혐오에서 비롯할 수도 있고, 진보 정당이 정치권력에 진출하지 못하는 보수 양당 체제에서 이념과 정파는 큰 의미가 없다는 정치적 허무주의, 당장 손에 쥐어지는 작은 정책은 우파가 더 잘 실현한다는 현실감각 때문이기도 하다. 현실적

비참이 현실 참여나 세상의 진보에 눈감게 하는 것일까.

노무현 대통령이 집권하고 민주노동당이 국회 10석을 점유했을 때 노회찬 의원이 한 강연에서 "한나라당의 집권은 이제 영원히 돌아오지 않는다"고 선언하는 것을 들은 적이 있어요. 20대 중반이었는데 나도 진심으로 그렇게 믿었습니다. 그렇게 믿지 않을 이유가 없었어요. 한겨레에서 인터뷰어로 활동하면서 계급 배반 투표의 이유에 대해 진보적인 정치인과 지식인들에게 매번 물어봤습니다만 명확한 대답은 듣지 못했습니다. 누군가는 교육의 문제로, 누군가는 이념의 문제로, 누군가는 경제 상황의 문제로…. 어쩌면 안정성에 대한 선호는 인간의 본능에 속하는 것인지도 모르고요. 진보의 집권과 보수의 퇴치를 목표로 하면 진보 진영으로서는 가혹하고 답답한 길이 되겠지요.

느리지만 세계는 변하고 있고, 우파는 거의 항상 전보다는 진보적인 우파의 모습으로 바뀌고 있지 않습니까? 그걸 속임수라고 말할 수도 있겠지만 적어도 속임수가 필요해진 시대가 왔다는 뜻이거든요. '보수적으로 투표하는 폐지 줍는 노인'이라는 고정적 이미지는 논쟁 가치가 크지 않다고 생각해요. 보수적인 투표는 시대를 통틀어 똑같은 의미를 갖지 않습니다. 세상이 바뀐다는 게 꼭 집권 정당이나 제1당의 이름이 단박에 바뀐다는 뜻은 아닐 수도 있죠. 나는 낙관주의자이고, 한 걸음씩 나아가는 데 의미를 더 두고 싶어요.

우리의 태도를 바꿔놓는 것은 종종 책이나 말씀이 아니라 사람일 때가 있다. 작가에게는 사람에게 어떻게 다가가는가가 필수적인 기술일 것 같다. 작가의 글을 인용해보면 이런 대목이 있다. "그들의 삶을 관통하는 맥락이 돌발적으로 나타난 나의 간섭으로 드러날까?" 전국의 전태일들 몇 사람을 만나러 다니면서 나온 고민의 단면이다. 정말 우리는 일상에서 사람을 만나면서도 돌아서면 고개를 갸우뚱할 때가 많다. 사람에게 다가가는 일의 어려움에 대해 묻고 싶다. 제도에서 밀려난 소외된 삶 앞에서 더욱 그 어려움을 느낀다.

타인에 대한 호기심을 남겨두는 게 어려운 문제예요. 해를 넘길 때마다 누군가를 깊게 들여다보려고 노력하기가 어렵다고 느껴져요. 만나는 사람은 많아지고, 사용할 수 있는 에너지는 한정되어 있고, 피로감으로 스쳐 지나 보내는 인연이 많아지고. 그때마다 삶의 가능성이 줄어든다고 느낍니다. 나는 여행을 좋아하고, 현지인들과 접촉하는 걸 좋아해요. 본능적으로 호기심을 느끼거든요. 그들도 내게 호기심을 느끼고요. 호기심을 전혀 보이지 않는 사람은 보통 똑같은 한국인 여행객이죠. 단순한 대화가 꼬리를 물고 이어지다 보면 한국에서는 얼마나 많은 인간관계의 가능성을 잃어버렸는지 깨닫게 됩니다.

좁은 땅, 획일적인 문화, 변동성이 적은 계급, 많은 인간이 부대끼는 곳에서 삶은 비극적인 면이 있어요. 특히 도시의 삶. 인간에 지치기 쉬운 조건이거든요. 서울에서는 비둘기나 고양이도 사람한테 호기심을 안 보이잖아요. 인간이 예상 가능한 존재로 여겨지는 거지요. 우리도 비슷하지 않나요. 길거리에서 마주치거나 술집이나 카페 같은 공간을 함께 점유한 사람의 개성을 인식하는 데 면역 같은 게 형성되어 있습니다. 그러다 보면 누군가의 비극 역시 통계적으로 발생하는 사건처럼 느끼죠. 그런 게 활력을 잃어버린 삶입니다. 스스로 불행한 삶이죠. 어떻게 삶과 사람에 대한 긴장을 유지할지는 나도 늘 고민하는 문제예요. 보수적이 된다는 건 무관심해진다는 뜻이니까요. 사회면 인터넷 기사를 찾아 굳이 악성 댓글을 다는 사람들에게는 적어도 가능성이라도 있습니다. 판단을 중지하고 싶은 유혹이 가장 위협적이죠.

어려운 한 해 보내셨습니다. 새해 인사 올립니다. 올해는 더 어려울 것입니다.

이곳을 지옥으로 단정하지 마십시오. 미래의 몫으로 더 나빠질 여지를 남겨두는 곳은 지옥이 아닙니다. 종말을 확신하지 마십시오. 우리의 상상력은 최악에 미치지 못했습니다. 등 뒤로 멀어지는 모든 시점을 우리는 그나마 좋았던 시절로 기억하고 있습니다. 그러니 그만 과거와 작별하고 미래를 받아들일 준비를 하십시오. 우리는 조만간 이 순간을 그리워해야 합니다.

연초마다 마음을 들뜨게 하던 나긋하고 아름다운 거짓말의 목록은 소진되었습니다. 우리의 삶을 진짜로 치유하는 희망의 언어를 들어본 적이 한 번이라도 있었습니까? 천 냥 빚을 탕감해준다는 말 한마디의 가능성을 아직도 기다리고 있다면, 대통령의 신년사에 귀 기울이십시오. 지난 2015년 첫날 대통령은 국민소득 4만 달러 시대의 기반을 다지겠다고 약속했습니다. 그러나 국민소득은 4년 만에 처음으로 감소했고, 1인당 부채가 소득을 앞질러 3만 달러를 돌파했습니다. 그걸로 부족하다면 작가인 제가 더 시도해보겠습니다. 이 정도면 어떨지? 로또를 사십시오, 새해에는 모두 1등에 당첨될 것입니다!

잠시 청년들에게 물어주십시오. 줄줄이 늘어선 초록색 빈 병으로 어지럽혀진 대학가의 술집 취객에게, 외로움을 둘 공간조차 없이 비좁은 고시원의 세입자에게, 자정의 어둠을 몇 달째 지켜온 무표정한 아르바이트생에게, 이 나라에 무엇을 원하는지 물어주십시오. 그들은 서슴없이 멸망을 입에 담을 것입니다. 감히 멸망을 말하지만 악의조차 감지되지 않는 평온한 목소리에 당신들은 경악해야 합니다. 멸망은 저주나 농담이라기보다는 조국의 독립을 외치던 백범의 소원처럼 간절히 회자되고 있습니다. 청년들은 더 이상 꿈을 꾸지 않으며, 불공평한 생존보다는 공평한 파멸을 바라기 시작했습니다. 우리는 국호를 망각한 백성들처럼 이 나라를 '헬 조선'이라 부릅니다.

어쩌면 멸망이 우리를 덮치도록 두는 대신, 우리가 먼저 멸망의 모습을 선택할 때가 도래한 것인지도 모릅니다. 멸망을 고민하는 논쟁에 참여할 자격에는 제한이 없습니다. '한국은 위기가 아니다'거나 '혼란을 야기하는 세력을 뿌리 뽑아야 한다'는 격앙된 반론도 충분히 의미가 있습니다. 이미 20여 년 전, 똑같은 문장들이 신문의 표제로써 조국의 미래를 진지하게 점치는 논쟁을 극적으로 풍성하게 만들었습니다. 그리하여 불과 몇 달 뒤 외환 위기가 들이닥쳤을 때 비로소 누가 진짜 애국자인지가 명확해졌습니다. 다만 그때 경험한 것은 멸망이 아니라 추락이었고, 해법은 분명했습니다. 금붙이를 녹이고, 외화를 뒤져 내놓고, 회생 가망이 없는 회사의 제품과 주식을 구입하는 운동을 청년들은 지지했습니다. 이 나라는 가까스로 살아났습니다. 그런데 지금 그 청년들은 다 어디에 있습니까?

가난과 전쟁과 경제 위기를 이 나라는 극복했습니다. 하지만 지금 맞닥뜨린 갈등은 너무나 낯선 것입니다. 이런 유형의 문제를 어떻게 극복해야 하는지는 누구도 알지 못합니다. 진짜 위기인지 철부지의 투정인지는 중요하지 않은 문제가 되어버렸습니다.

역사는 세대를 건너뛴 채 나아갈 수 없습니다. 한 세대가 통째로 삶을 포기한 불모지에서는 누구도 살 수 없습니다. 멸망이 공공연히 선언된 땅을 독차지한 외로운 승자가 된다 한들 개선 행진조차 불가능할 것입니다. 지긋지긋한 패배자로 남기보다는 차라리 멸종을 바라는 젊은이들이 환영의 인파를 조직해줄 리는 없습니다. 우리가 망한다면 신라와 고려와 조선이 망하듯이 망하지는 않을 것입니다. 역사가들은 망국일을 정하지 못한 채 이렇게 선언할 것입니다. 그 나라는 증발했다!

언어로 달래는 처방전은 위약으로나마 효과를 다했습니다. 누워버린 말에게는 질책도 들지 않습니다. 청년들의 정신이 그 어느 시대보다 가난하므로, 사라진 것은 헝그리 정신이 아닙니다. 정작 사라진 것은 가난의 필요성입니다. 우리는 해마다 부유해지는 나라에서 더욱 가난하게 살기를 강요받는 국민이 된 기분을 느끼고 있습니다. 그저 착각일까요? 이 나라는 꾸준히 성장하고 있지만, 대기업 매출액이 가파르게 증가하고 있을 뿐 기업소득과 개인소득의 격차는 점점 벌어져 OECD 최하위권에 머뭅니다. 오로지 기업만이 암세포처럼 무한히 자라는 나라에 우리는 살고 있습니다. 근본적인 질문을 던져봅니다. 국민소득이 30만 달러를 돌파하고, 세계 100대 기업 명단이 모두 대한민국으로 채워진들, 우리 각각의 삶이 나아지지 않는다면 어떤 의미가 있습니까? 아무도 살 수 없는 높다란 탑을 쌓아올린 뒤 먼발치에서 그 웅장한 풍채를 감상하는 게 이 나라 경제의 목표였습니까?

5년 전 나는 '전태일'이라는 이름을 가진 전국 청년들의 삶을 취재했습니다. 대학생인 전태일들은 모두 아르바이트로 학비를 마련하는 중이었고 그 가운데 두 명은 등록금 부담으로 휴학 중이었습니다. 새해를 앞두고 전국의 전태일들에게 다시 안부를 물었습니다. 전주의 고시생 전태일은 끝내 대학을 자퇴했고, 고시에 낙방한 뒤 여태껏 아르바이트를 해왔습니다. 위험한 일이라도 돈이 벌린다던 거제도의 선박공 전태일은 사고로 팔이 부러져 퇴사했고, 아직 식당 주인의 꿈을 이루지 못했습니다. 거꾸로 영화감독이 꿈이라는 부산의 극장 직원 전태일이 조선소에 들어갔습니다. 고용

주인 인천의 유통업자 전태일은 오히려 자신이 약자라고 항변했었습니다. 그가 운영했던 편의점은 건물주의 손에 넘어갔습니다.

'전태일'은 우리 모두의 이름인가 봅니다. 착취의 삼투 현상은 사방에서 벌어지고 있습니다. 인천의 전태일처럼 가게와 권리금을 빼앗긴 홍대 인근의 상인들은 세입자 모임을 만들어 건물주와 싸우고 있습니다. 같은 처지의 칼국수집을 응원하다 만난 홍대 인근의 젊은 음악가들은, 임대료 압박으로 상업화된 클럽을 떠나 음악조합을 결성했습니다. 소속 음악가 한받 씨는 리어카를 끌고 길거리 순회 공연을 벌입니다. 홍대를 벌써 등진 작곡가 김인영 씨는 방송 음악을 만듭니다. 사정이 절박한 젊은 작곡가들이 너무나 많았기에 작곡을 할 줄 모르는 음악감독은 그녀의 음악을 사서 자기 이름으로 방송에 내보낼 수 있었습니다.

가난한 예술가들만의 문제일까요? 이장균 씨는 한의사가 된 뒤 5년 동안 제대로 돈을 벌지 못했습니다. 그는 길목과 성격과 직종을 탓하다 마침내 사회구조를 탓하게 되었습니다. 의사 김주영 씨는 식사가 끝난 뒤 작가인 내게 계산을 부탁했습니다. 학자금 대출 수천만 원이 빚으로 남아 있다는 것이었습니다. 20대 중반에 사법고시에 합격한 변호사 김상현 씨는 외국어를 배워 해외로 취직했습니다. 대기업 10년차 직원 최한영 씨는 월세방에 살며 여전히 첫 차를 장만하지 못했습니다. 부채를 감당할 배짱이 없다면 이 시대에는 지극히 자연스러운 선택입니다.

청년들은 결혼하지 않습니다. 누구와 살지 결정하는 것으로는 어디서 살지 결정되지 않기 때문입니다. '내 집 갖기'로 검색되는 기사의 대부분이 1990년대에 쓰였다는 사실을 눈치 채셨습니까? 혹시 검색해볼 의미조차 없어서 모르셨나요? 신문 경제면은 이제 그런 주제를 다루지 않고, 은행들은 그런 이름의 예금 상품을 없애고 있습니다. 어떤 상품의 수익으로도 집값을 따라잡을 수 없음이 명백해졌으니까요.

부동산은 투자 수단으로서 매력을 잃기 전에 주거 수단으로서 기능을 잃었습니다. 출근길 차창 바깥으로 보이는 빽빽한 주택들이 다 누구의 것인지 청년들은 신기해합니다. 누군가 벌써 세상을 남김없이 소유했기에, 집을 갖는 게 왕국을 갖는 것이나 다름없어진 걸까요? 생활의 삼대 요소인 의식주의 한 축은 완전히 붕괴했습니다. 주거 빈민 생활이 당연한 삶의 양식이 되었기에, 이 시대는 가난을 유례없이 엄격하게 정의하게 되었습니다. 하지만 곰곰이 생각해보십시오. 생활을 영위할 집을 갖지 못한다는 것은 결코 당연한 일이 아닙니다.

중산층이라는 단어는 사어처럼 더는 쓰임새가 없습니다. 우리는 지금 공허한 정치 구호처럼 오로지 '중간 시민'으로 이 세계에 존재하고 있습니다. 어쩌면 중간이라는 장소가 남아 있기 때문이 아니라, 중간을 향한 환상을 포기하지 못해서인지도 모릅니다. 그러니 덧없는 치유의 주술을 그만 거두십시오. 지금 즉시 변화에 동참해주십시오. 우리는 마음이 아픈 사람들이 아니라, 사정이 나쁜 사람들입니다.

닫는 글

민생운동을 찾아가는 여덟 개의 키워드

김남근(민변 부회장, 전 참여연대 민생희망본부장)

인터뷰를 진행하며 질문을 하다 보니 아무래도 질문자의 존재는 흐릿해진다. 설명할 시간도 부족했다. 독자의 입장에서는 질문하는 쪽이 궁금할 때도 있을 것이다. 그래서 여기서는 독자들을 질문자인 우리가 매일 나가 서는 민생운동의 현장으로 초대해보려 한다. '운동의 언어'를 따라 읽음으로써 현장의 메커니즘을 떠올려볼 수 있기를 바란다.

집단 자치

노동조합과 사용자 사이의 단체교섭처럼 집단적 교섭을 통해 당사자 관계에서 자치 규율을 만들어가는 모습을 '집단 자치'라고 한다. 법학에서는 거래 당사자들이 국가의 간섭을 받지 않고 자율적으로 계약을 체결하면서 경제활동을 영위하는 것을 '사적 자치'라고 말한다. 사적 자치의 이념은 경제학에 가면 '시장 자율'이라는 형태로 바뀐다. 그런데 이 이념은 거래 당사자는 합리적 인간들이고, 정보의 비대칭 없는 대등한 입장에서 거래한다는 엄격한(?) 경제활동의 상을 전제하고 있다. 이에 따르면 노동자나 중소기업, 소상공인들이 대기업과 대등한 당사자의 지위에서 거래를 맺거나 교섭을 체결하고, 대기업은 우월적 지위를 이용한 불공정 행위를 하지 않고 합리적으로 거래에 임해야 할 것이다.

하지만 현실은 이와 정반대이다. 경제적 약자들이 대기업과 대등한 교섭을 하려면 집단적으로 단결할 수밖에 없는 상황이다. 노동조합, 중소기업 협동조합, 하청·협력 업체, 대리점·가맹점 모임 등 단체를 결성해 집단적 교섭을 진행하지 않고는 대기업의 불공정한 거래 관행을 근절하기 어렵다. 더 나아가 성과와 이익을 공유함으로써 스스로의 사회경제적 지위를 향상시키려면 필수적이다. 이것이 집단 자치가 필요한 이유이다.

물론 집단 자치를 통해 경제민주화의 헌법 이념을 실현해나간다는 것은 쉬운 일이 아니다. 재벌이나 대기업의 입장에서는 경제적 약자들이 단결해 종전의 불공정한 거래 방식을 개혁하고 성과와 이익을 공유하는 기준을 만들자고 요구하는 모습이 전형적인 담합 행위로 비칠 것이다. 실제로 공정거래법 제19조는 중소기업들이 단체를 만들어 납품 가격 협상을 주장하거나 납품 거래 조건을 정하는 교섭을 요구하는 행위를 담합 행위로 처벌하고 있다.

하지만 아무리 강력한 법도 당사자들이 자주적으로 지켜나가겠다고 만든 자치 법규만큼 실천을 담보하기 어렵고, 당사자들 간의 협약만큼 구체적이고 자세한 내용을 포함하기도 어렵다. 가맹점 점주들은 단체를 결성해 프랜차이즈 본사와 집단적인 상생 교섭을 이끌어냄으로써, 고가의 인테리어 설치 강요, 과다한 광고비 전가 같은 불공정 문제를 해결한다. 또 구매 협동조합을 결성해 본사에서 공급받는 물품 외의 재료, 부자재 등을 공동 구입하는 방식으로 경제적 이익의 향상을 꾀한다.

2013년 경제민주화 운동의 성과로 개정된 가맹사업법에 이러한 상생 교섭, 상생 협약 제도가 도입되었다. 자동차, 우유, 화장품, 음료·주류 같은 업종에는 대리점주 단체를 결성하고 집단교섭을 한 경험이 많이 축적되어 있다. 대형마트 입점 저지 투쟁을 벌인 망원시장 상인들도 상인 단체를 결성해 망원시장을 '명품' 시장, 관광 명소로 바꾸어나가는 협치 운동을 벌이고 있다. 지금 상가 임대차운동 단체(맘놓고 장사하는 상인들의 모임), 청년 주거운동 단체(민달팽이유니온), 주거 세입자 단체(전국세입자협회) 등 다양한 경제주체들이 자신들의 단체를 조직해 활동하고 있다.

이기적인 운동

중소기업이나 유통 상인, 대리점·가맹점 점주 등이 시민단체나 정당 등을 찾아와 대기업의 불공정 거래 행위나 생존 영역(중소기업 적합 업종이나 골목 상권) 침탈 피해를 호소한다. 이들이 재벌 개혁이나 경제민주화를 통해 불평등한 사회경제 구조를 개혁하겠다는 대의를 가지고 찾아오는 것은 아니다. 자신들에게 당면한 불공정 행위나 침탈 피해가 중단될 것을 간절히 바랄 뿐이다. 그러니 시민단체 내부에서도 왜 우리가 중소상공인들의 경제적 이익 챙기기를 지원하는 활동을 해야 하느냐는 문제 제기가 당연히 나온다.

상담을 하고 간 중소기업이나 소상인들이 대놓고 '시민단체와 연대해 불공정 행위를 신고, 고발하고 사회 여론화할 것이다'라는 말을 대기업과의 협상 카드로 사용하는 모습을 보고 당혹스러울 때도 있다. 특히 협상이 잘되어 피해를 어느 정도 복구하게 되었을 때 대기업 측이 협상 조건으로 시민단체가 한 불공정 행위 신고나 검찰 고발을 취하해달라고 하는 경우가 생기면 깊은 회의에 빠지기도 한다.

시민단체가 대기업의 경제력 남용 행위나 불공정 행위를 신고하고 처벌을 구하는 것은 경제적 약자의 피해를 구제하려는 측면도 물론 있지만, 무엇보다 우리 사회의 사회경제 구조를 개혁하자는 데 기본 취지가 있다. 사회적 여론의 악화에 놀란 재벌 기업이 한두 사례의 피해를 복구해준다고 해서 앞으로 불공정 행위나 시장 지배적 지위 남용 행위를 하지 않으리라는 보장도 없다.

대기업의 불공정 행위를 세상에 널리 알림으로써 민생 개혁 과제를 사회적으로 주목을 받는 의제로 만들어보려 했던 시민운동의 지향에서 보면 개별 사건의 피해 구제 문제는 부차적인 것으로 보일 수도 있다. 하지만 예전 같으면 사회경제적 약자들이 분루를 삼키는 것으로 끝났을 사건이 시민사회의 주목과 견제, 감시 속에서 사회적 의제가 되고 대기업이 문제 해결에 나설 수밖에 없게 된 상황 변화 자체가 긍정적이다. 민생 개혁의 상징적 계기가 될 수도 있다. 변화의 큰 물결이 만들어지는 것이다.

다행히 대다수의 사회적 약자들은 자신들의 문제 해결을 위해 시민단체나 정당, 노동조합 등을 활용해보겠다는 얄팍한 생각을 갖고 있지 않다. 자신들을 위해서라도 어려움에 처해 있는 다른 사람들을 도와야 한다는 사실을 실감하고 있다. 더 나아가 우리 사회의 불공정하고 불평등한 구조를 개혁하지 않고는 자신들의 생존 위기도 풀리지 않는다는 자기 나름의 각성도 보여준다.

시민운동의 도덕적 순수나 이념적 염결성을 강조하는 이들 중에는 때로 민생 개혁, 경제민주화 운동을 폄하하는 경우가 있다. 민주주의와 인권 등의 정치적 진보나 공익적 가치와는 한참 거리가 먼, 사적, 경제적 이익을 챙기는 경제주의 운동이라는 것이다. 물론 앞서 말했듯이 경제적 약자들의 싸움이 그들만의 경제적 이익을 챙기는 이익집단 운동에 머물 가능성도 충분히 있다. 그래서 시민사회나 정당에서도 그렇게 경제적 이익을 챙기는 선에서 끝나는 운동을 경계하고 있다. 하지만 이러한 경제적 생존권 운동도 시민사회, 정치권과 서로 영향을 주고받는 과정에서 경제민주화, 평등 사회 개혁 같은 대의나 담론을 공유하는 쪽으로 나아갈 것이다.

감성

개혁 과제가 제기되는 경로는 다양하다. 시민단체 스스로 복지, 경제 개혁, 사법 개혁, 조세 정의, 선거와 정당 개혁 등 전문 분야별로 외국 사례나 국회 동향 등을 모니터링하다가 우리 사회에 필요한 개혁 과제로 제기한 사안도 적지 않다. 그래도 동력은 역시 직접 찾아와 억울함을 호소하거나 자신들이 목격한 부조리를 고발하는 시민들, 경제적 약자들의 목소리에서 나온다. 많은 개혁 과제가 피해자나 제보자와의 상담에서 시작된다.

상담을 통해 나오는 생생한 삶의 현장, 부조리한 사연의 목소리가 듣는 이의 귀를 울리고 가슴에 정의의 북을 칠 때 개혁 운동의 바퀴는 돌기 시작한다. 상가임대차보호법 제정 운동도 IMF 외환 위기 와중에 많은 상가 건물이 부도로 경매되었을 때 상가 임차인들이 보증금을 회수하지 못한 채 거리에 나앉게 된 사례를 상담하게 되면서 시작된 운동이다. 지금은 사라진 코스모스백화점 임차인들이 거리에서 침묵시위를 하는 모습이 아직도 기억에 생생하다.

때로는 외국의 시민운동 사례를 연구하다가 우리 사회에서도 개혁 과제로 제기될 필요가 있겠다 싶어 도입된 사례도 있다. 일본 하네다 공항의 소음 소송에서 시민사회가 주민들과 결합해 생활 환경 문제를 사회 의제화 한 사례를 연구하던 중 한국에도 적용해 보자는 논의가 있었다. 그동안 김포공항 주변 주민들이 어쩔 수 없이 받아들이던 소음 피해 문제가 '작은 권리 찾기 운동'으로 기획되는 순간이다. 이처럼 현장성은 사회 개혁 운동에서 가장 핵심적인 동력으로 기능한다.

언론이 주목하는 것도 일차적으로는 대중들의 감성에 울려 퍼질 만한 생생한 현장의 목소리이다. 영세한 원주민들의 주거 환경 개선을 위해 시작된 재개발사업이 중산층용 고급 아파트를 건설하는 사업으로 변질되었을 때다. 가난한 원주민들은 대부분 정든 삶의 터전을 떠나 다른 지역으로 이주하게 되었다. 이들을 강제로 퇴거시키는 과정에서 철거 용역들에 의한 폭력 행사도 수없이 자행되었다. 그러나 시민단체의 끈질긴 문제 제기에도 불구하고 재개발사업의 문제점은 언론의 주목을 충분히 받지 못했다. 오히려 2008년 총선에서는 정치인들이 서로 경쟁하듯 뉴타운 추가 지정 공약을 내세워 표를 얻었다. 투기를 부추기는 보수 정치인들의 포퓰리즘 행태에 대한 도덕적 비판이 있었지만 그것으로 끝이었다. 그러다가 2009년 1월 용산참사가 발생했다.

그래서 시민단체에서 민생 개혁 이슈를 제기하는 기자회견이나 토론회 등을 기획할 때는 행사 앞쪽에 30~40분 정도 관련 피해 사례를 발표하는 '하소연 대회'를 개최하고 있다. 중소기업 피해 사례 발표 대회도 대중들의 감성에 문제의 절박성과 시급성을 호소하자는 취지에서 마련된다.

전선

대기업 갑질의 민낯을 드러낸 남양유업 사건이나 대한항공 땅콩 회항 사건은 우리 사회에 경종을 울리며 경제민주화, 재벌 개혁 운동의 불을 지폈다. 그때마다 많은 기자회견, 집회, 토론회 등이 열렸다. 해당 사건을 분석해 불공정 행위 신고서를 작성하고 경제민주화 입법안을 만드는 변호사나 공인회계사 등의 전문가들이 있었고, 여기에 입법에 나서거나 국정감사에서 재벌과 행정기관의 문제를 질타하는 국회의원, 사건을 심층적으로 취재하고 분석해 기사를 쓰는 언론사 기자, 불안(?)에 떠는 피해자를 보호하고 지원하는 '을'들의 단체, 기자회견과 토론회를 준비하는 시민운동가 등이 함께 했다. 사람과 단체, 정당의 연대가 있었다. 하나의 사건을 계기로 해당 분야의 개혁 과제를 실천하려면 다양한 전문성과 활동성이 결합될 필요가 있다.

이처럼 당면한 개혁 과제를 해결하기 위해 시민단체, 당사자, 정당, 전문가 등이 결합한 형태를 우리는 흔히 '전선'이라고 부른다. 이탈리아의 사회운동가 그람시가 개념화한 '진지전'의 모습을 떠올리게도 한다. 여러 세력이 결집해 정책적, 정치적 공방을 벌이는 전선을 형성하는 것은 무엇보다 개별 주체가 가진 능력의 한계를 연대를 통해 해결하려는 이유가 크다. 물론 사회경제적으로 엄청난 기득권을 가진 대기업을 상대하는 일이므로 현실적 상황도 작용한다. 그들에 맞서 시민들에게 호소력 있는 목소리를 크게, 지속적으로 내기 위해서는 다양한 생각과 능력, 힘을 하나로 모아내는 전선 운동이 불가피하다.

코디네이터

일은 시민사회단체를 찾아오는 시민과의 상담에서 시작된다. 그런 다음 전문가에게 정책적 조언을 구하고, 외국의 제도를 연구하고, 행정기관의 정책 동향을 리서치한다. 이러한 일련의 과정을 거쳐 대중들이 공감할 사실을 정리하고 관련 지식과 정보를 체계적인 이슈 페이퍼로 만든다. 그리고 개혁 의지를 가진 전문가나 지식인, 정치인 등을 조직해낸다. 준비를 마치면 정당과 언론과도 접촉한다. 이렇게 현장의 목소리와 지식과 정보, 사람을 모아내며 공동 작업을 기획하고 조직화하는 일을 하는 시민단체 운동가를 '간사coordinator'라고 부른다.

시민단체가 맡은 이러한 기획·조직화coordination가 우리 사회에 흩어져 있는 다양한 능력과 사람을 모아내어 운동으로 분출시키는 동력의 한 줄기가 되어왔다. 나는 시민단체 간사들이나 그곳에 참여하는 변호사, 회계사 등 전문가들에게 시민운동이 코디네이터의 역할을 잘해내야 한다는 말을 자주 한다. 어떤 시민단체 한 곳이 운동의 중심에 서거나 주도해야 한다는 생각에서 벗어나야 한다고 본다. 또 사회 전체에 흩어져 있는, 경제민주화라는 큰 대의에 힘을 보탤 수 있는 사람과 단체를 모아내는 역할을 한다는 사실에 책임감을 가져야 한다.

하지만 이렇게 당면 과제가 발생할 때마다 피해 당사자와 결합할 뿐만 아니라 전문가와 시민운동가, 정치인들을 효과적으로 잘 모아내는 것이 결코 쉬운 일일 수 없다. 개별 주체들이 자신들의 비중과 역할을 지나치게 내세울수록 거꾸로 발휘할 능력이나 활동이 작은 틀 속에 갇히게 된다. 사회적 관심을 견지하면서 문제를 해결해낼 만큼의 큰 힘이나 역량으로 전환되지 못하는 것이다. 자신이 맡은 역할에 최선을 다했다는 점은 평가될지 몰라도 자족적인 운동에 그쳤다는 비판을 면하기 어렵다. 우리 사회를 개혁할 힘은 한두 사람의 능력을 벗어나는 경우가 많기 때문이다.

사실 서구 사회에서 역사적으로 사회경제적 개혁을 추구할 때 이러한 기획·조직화의 역할을 해온 조직은 정당이었다. 정당은 노동조합이나 이익집단과 연계하면서 관여하는 다양한 연구소나 외국 단체를 통해 사회 곳곳의 개혁 과제를 발굴하는 등 필요한 전문가와 활동가를 끊임없이 조직 안으로 끌어들인다. 서구 사회에서 노동조합이나 각종 이익 단체, 연구소, 시민단체에서 활동하는 이들이 정당 내부의 활동가로 변신하는 것은 낯선 모습이 아니다. 시민단체라면 환경이나 복지, 인권 등 특정 전문 분야에서의 활동에 전념하는 것이 일반적이지, 한국의 참여연대나 경실련처럼 종합적인 시민운동을 전개하는 경우는 드물다.

그렇게 서구에서는 종합적인 코디네이터 역할은 온전히 정당의 활동 영역에 속한다. 그러나 한국의 정당에게 이 역할은 아직 익숙하지 않다. 노동조합, 시민사회, 지역공동체에서 훈련된 운동가들이 참여해 밑에서부터 조직화를 거친 끝에 만들어낸 진보 정당이 우리에게는 아직 없다. 현재의 수구·보수 정당은 역사적으로 군사정권 시절부터 여러 관변 단체와 결합해 당원을 충원했고, 지역의 토호를 참여시킴으로써 그 나름의 조직적 기반을 다졌다. 하지만 다분히 자신들의 정치, 경제적 기득권을 지키려는 이해관계에 기초해 만든 조직이라 개혁 과제를 제기하고 정치적 해결을 실현해 나가는 데 한계가 있다.

현재의 야당도 특정 지역의 지역 기반 외에는 지역위원회와 같은 지역 조직이 정비되어 있지 않다. 한번은 경제민주화 운동에 앞장서는 한 야당 국회의원에게 왜 상가 권리금 보호 운동이나 주택

임차인 보호 운동, 종속적 자영업자(대리점·가맹점) 보호 운동을 정당의 지역 조직 차원에서 전개하지 않느냐고 물어본 적이 있다. 대답은 지역위원회에는 그러한 대중운동을 벌일 조직이나 당원이 없다는 것이었다. 국회의원 몇 사람의 활동 이외에 정당 차원에서 지역 조직이나 부문 조직을 가동해 경제민주화를 대중적으로 벌여나가기는 어려운 조직 상태였다. 당원들도 당내 선거나 총선을 앞둔 공천 시기에 잠시 역할이 주어질 뿐 일상적인 정당 활동은 따로 없었다.

한편으로 한국에서 시민단체가 개혁 과제를 발굴해 사회 의제화 하고 전문가와 활동가 등을 모아 정책과 입법으로 실현해나가는 역할을 하게 된 것은 정당의 취약함에도 원인이 있지만, 역량 있는 운동가들이 시민사회에 많이 참여해 있기 때문이기도 하다. 학생운동이나 노동운동 등에서 충분히 훈련되어 종합적인 능력을 보유한 이들이 그동안 헌신적인 활동을 해왔던 것이다.

분열

운동을 펼칠 때 직면하는 고민 중 하나는 좀 더 근본적인 개혁 과제를 제기하고 운동을 전개할 것인지, 아니면 그래도 한 단계라도 진전할 수 있는 현실적인 개혁 과제를 설정하고 운동을 추진할 것인지의 딜레마이다. 예컨대 최저임금, 생활임금, 더 나아가 기본소득과 관련된 사안에서 그런 일이 일어난다. 일부에서는 생활임금 확산 운동을 하는 시민단체나 비정규직 단체를 보고 왜 최저임금 1만 원 인상 같은 근본적인 운동을 하지 않고 그렇게 우회적이고 전체 운동의 초점을 흐리는 개량적인 운동을 하느냐는 비판을 제기한다. 최저임금 1만 원 인상에는 영세 중소기업이나 130만 명의 고용인을 둔 자영업자들의 반발이 있다. 영세 중소기업의 입장에서는 최저임금 인상을 납품 단가에 반영할 수 있는 납품 단가 집단교섭 제도 등이 마련되면서 최저임금 인상이 시행되어야 어느 정도 수용할 수 있는 것이다.

생활임금 운동은 이렇게 최저임금을 급속히 1만 원 수준까지 인상하는 것이 현실적으로 어렵다는 고민에서 시작했다. 영미의 비정규직 노동조합들이 공공 부분이나 이와 용역, 위탁 등의 계약관계로 연결된 민간 부분에 최저임금보다 높은 수준의 임금을 시행하자는 의도에서 추진한 것이다. 그러니 이를 비판적 시각으로 볼 것만은 아니다. 생활임금 운동이 공공 부분이나 이와 계약관계로 연결된 민간 부분에 최저임금을 사실상 끌어올리는 임금 제도를 적용하자는 것이니만큼 병행해 추진할 필요도 있다.

이처럼 개혁을 추진할 때 최대 목표를 내건 근본적인 운동을 전개할 것인가, 좀 더 현실적인 목표를 제시함으로써 대중운동을 확대해나갈 것인가의 쟁점에서 운동은 많이 부딪친다. 임대차 개혁 운동에 있어서도 법정 갱신 기간을 상가 임대차는 10년, 주택 임대차는 4년(2년씩 1회 갱신)으로 제한할 것이 아니라, 독일이나 프랑스의 경우처럼 원칙적으로 기간을 정하지 않는 임대차로 하고 임대인이 정당한 이유를 증명하는 경우에만 임대차가 종료될 수 있도록 해야 한다는 근본적 대안의 견해가 나온다. 또 지금처럼 전월 세난이 심각할 때는 임대료 인상률 상한제 같은 한계가 명확한 목표보다 임대료 동결이나 인하처럼 좀 더 근본적인 문제 제기가 필요하다는 주장도 당연히 제기된다.

최대 목표를 과제로 내건 운동은 장기적인 비전과 전망을 대중들에게 설명하기 쉽고 담론을 확산시켜나갈 수 있다는 장점이 있다. 하지만 이러한 근본주의 운동은 자칫하면 일부 전문가만 이해하는 운동가들만의 운동이 될 위험이 있다. 한편 현실적인 목표를 내걸고 대중적인 운동을 추진하면 대중들에게 작은 승리를 통해 더 큰 승리에 대한 확신을 심어줄 수 있을 것이다. 나는 근본주의적 운동과 현실적인 운동이 서로 갈등과 반목으로 맞서기보다 서로의 역할을 인정하는 상태에서 비판과 견제를 통해 발전해나가야 한다고 생각한다.

예컨대 제2차 세계대전 이후 프랑스 정치권에서 보이는 공산당과 사회당 같은 관계 설정이 그렇다. 프랑스 공산당은 당장의 대중적 지지에 연연하지 않고 사회당의 현실 정치 노선을 끊임없이 비판하면서 사회당이 부패하거나 우경화하는 것을 막는 역할을 했다. 유럽 진보 정치에서는 이처럼 정당들 사이에 역할의 '황금분할'이 있었다. 근본적인 개혁인가 현실적 개혁인가라는 논쟁은 하나가 다른 하나를 극복해야 할 성질의 것이 아니다. 비판을 통해 서로 견제함으로써 자신들의 구체성과 타당성을 강화하는 상호 보완적인 논쟁이다.

정치권

위와 같은 근본적 개혁과 현실적 개혁 사이의 고민은 시민단체와 정치권의 관계 설정에도 영향을 미친다. 정치권, 특히 현재 야당 정치인들은 정치라는 것을 타협이 불가피하며 그를 통해 정책과 입법을 조금이라도 전진시키는 것이라고 생각한다. 그들의 눈에는 시민단체는 근본적인 개혁만 요구하는 이들로 비치는 것이다. 그러면서 타협적인 입법이나 정책으로 결론을 내는 자신들을 싸잡아 비난하는 모습은 무책임하다고 한다. 반면 시민단체는 야당이 진지한 연대나 치열한 대응을 통해 제대로 된 투쟁을 하지 않고 쉽게 정치적 타협을 한다고 비판한다. 그러면서 개혁 과제를 흐지부지 마무리해버린다는 불만을 갖는다.

정치권의 비판처럼 시민사회는 정치권을 마치 자신들이 추진하는 개혁 과제를 입법이나 정책으로 관철시키는 수단이나 통로처럼 생각하지 않았는지 재고할 필요가 있다. 정치인 중에는 괜히 정치적 타협을 해 시민사회의 비판을 받기보다는 치열하게 대치하다가 개혁 입법이 추진되지 못한 책임을 상대 정당의 보수적 태도로 돌리고 정리하는 것이 차라리 낫다고 생각하는 이도 있다.

2016년 4·13 총선을 앞두고 야당 내부의 혁신 논쟁에서는 운동권 정당이라는 이미지가 생긴 것이 지지율 답보의 원인이라는 주장도 등장했다. 투쟁 일변도인 시민단체의 요구에 끌려다니다가 그렇게 되었다는 것이다. 과연 그런지에 대해서는 따져봐야 하겠지만 시민단체와 정치 세력 사이에 서로에 대한 신뢰를 쌓는 과정이나 노력이 부족했다는 점은 분명하다. 시민사회의 입장에서는 정치적 중립을 지켜야 한다는 도덕적 요구가 있고, 이 때문에 야권에 대해 비판적 자세를 취할 수밖에 없다는것도 사실이다. 정치권의 입장에서는 개혁 과제를 위해 같이 연대해왔으면서 나중에 가면 정치적 타협의 결과를 비판하는 데 치중하는 시민사회의 태도를 보고 끝까지 함께하기 어려운 세력이라고 할 수도 있다.

어쨌든 2015년 말 야권의 정치 혁신 논쟁에서 민생 개혁이나 경제민주화 같은 주제는 논쟁에 아예 끼지도 못했다. 이러한 정치권의 모습을 보면서 서민들은 적지 않은 실망을 했다. 국정원의 선거 개입, 수많은 인명을 앗아간 재난에 대처하는 행정의 무책임 등 선악이 명확히 갈리는 정치적 쟁점의 전선에 서는 것이 정치인에게는 본분에 충실한 모습으로 보일 수 있다. 그에 비해 민생 개혁 이슈는 대기업, 임대인, 건설 회사 등 대립적 이해관계를 가진 경제주체들과 계속 부딪쳐야 하는 부담이 있다. 공방을 벌여야 할 쟁점도 많으니 만큼 여간 많은 학습과 고민이 필요한 것이 아니다. 단기간에 뚜렷한 결말을 낼 수 있는 일도 아니다.

정치인들이 추상적 구호 차원에서 경제민주화를 외칠 수는 있어도 그를 위한 구체적인 전선에 서기 어려운 사정이 여기에 있다. 경제민주화 운동이 과거의 민주화 운동처럼 시민들에게 뚜렷한 모습으로 다가가지 못하는 것은 이처럼 민생 문제 해결에 집중하지 못하는 정당 활동이나 정치 문화의 한계도 작용하는 것 같다. 당장 언론의 주목을 쉽게 받을 수 있는 정치 현안에 몰입해 정쟁을 벌이는 정치 문화에서는 지속적인 논쟁과 문제 해결 과정이 필요한 경제민주화에 정치권이 집중하기 어렵다.

신뢰

요즘 시민단체에서는 연대 운동의 조직을 만들면서 '연대'라는 표현을 쉽사리 쓰지 않는다. 참여 단체나 개인들 사이에 신뢰의 정도가 높지 않다면 그렇게 표방하지 않는 것이 좋다는 생각에서이다. 예컨대 '경제민주화 네트워크'는 '을살리기 국민운동본부' 같은 대중 단체나 참여연대 같은 시민단체, 민변 같은 전문가 단체 등이 참여하는 연대 사업 조직이지만 연대라는 표현을 쓰지 않고 '네트워크'라는 표현을 쓴다. 이는 각 단체나 개인의 참여 정도나 앞으로의 지향을 실질적으로 반영한 것이다.

1980, 1990년대에는 무엇이든 연대 조직을 꾸리면 한국 사회의 개혁에 대한 지향과 진단이 분명했고 그에 대해 큰 틀에서 신뢰가 높았기 때문에 연대라는 이름을 많이 사용했다. 이제는 크고 작은 연대 과정에서 분열이 생기고 때로는 연대 수준에 걸맞지 않는 낮은 활동력을 보이는 경우 연대라는 높은 질의 연대 조직을 표방하면 안 된다는 문제의식을 갖게 된 것이다. 참여연대는 처음에는 변호사, 교수, 인권운동가 등 여러 세력이 모여 새로운 개혁 과제를 추진해보자는 연대 운동으로 시작했고, 지금은 자체 회원을 가진 독립적인 단체로 운영되고 있다.

그런데 실질에 맞게 연대 조직의 이름을 표방하자는 것은 옳은 말이지만, 연대 활동의 수준을 진정한 연대라는 이름에 맞게 끌어올리려는 노력도 쉽게 단념하는 것은 아닌가 하는 일말의 불안도 있다. 연대 조직을 만들며 서로의 지향을 확인할 수 있는 토론이나 교육 등을 통해 조직의 수준을 말 그대로의 연대에 달하는 신뢰로까지 올리려는 노력이 필요하다.

세대 간의 신뢰 쌓기도 필요하다. 신세대 시민운동가들에게 과거의 민주화 운동 세대가 대의 속에서 해낸 것과 같은 역할이나 헌신적인 활동을 기대하는 것은 이제는 무리이다. 자아실현과 자기 발전의 욕구가 강한 세대의 실정에 맞게 역할과 임무를 설정하는 것이 필요하다. 하지만 서로에게 다가가려는 노력까지 포기해서는 안 된다. 세상을 보는 안목과 운동의 결의를 체계화하는 교육, 단순한 경험 전달 차원이 아닌 고충 상담, 실천 활동과 논의 속에서의 개별 지도 등 다양한 방법을 통해 세대 간의 신뢰를 쌓아나가는 과정이 있어야 한다.

대중조직의 지도부와 시민운동가들 사이의 신뢰 쌓기도 있어야한다. 가맹점·대리점 점주, 유통 상인 단체 등 대중조직의 지도자는 경제적 이익 확보의 틀을 벗어나지 못할 것이라는 편견이 있는데 이 또한 신뢰 쌓기를 통해 극복해야 한다. 대중조직의 회의체를 운영하는 과정에서 현안을 점검할 뿐 아니라 경제민주화 운동의 현황을 공유하면서 운동의 대의를 서로 교육하고 확인해야 한다.

언론 서평 모음

폭염이 절정이던 지난 8월 중순, 내가 아는 할머니 두 분은 지하철을 타고 서울 독립문역에서 가락시장역까지 다녀왔다. 바깥으로 나가지는 않은 채 반대 방향의 지하철로 옮겨 돌아왔다. 더위를 피하기 위한 것이었겠지만 어쩌면 다른 이유도 있었던 것은 아닐까라는 생각을 해본다.

참여연대의 시민운동가들이 학자 5명과 함께 '진짜 민생'을 논한 《입에 풀칠도 못하게 하는 이들에게 고함》이라는 책에서 읽은 이 대목 때문이다.

"집을 나와서도 위엄을 잃지 않을 수 있는 공간이 없기 때문이다. 지금은 지하철이라는 익명의 공간이라도 가야 사회 속에서 그나마 자신을 지킬 수 있다. 자기 존재를 기꺼이 드러낼 수 있는 곳, 한 인간으로서 존중받을 수 있는 사회적 공간이 주어지지 않는 한 노인은 지하철에서 내려도 갈 곳이 없다."(김찬호)

시장 원리가 일상의 모든 공간을 흡수하면서 빈곤한 이들이 머물 공간도 사라지고 있다. 지하철은 얼마 남지 않은 그나마 평등한 공간, 인간적인 공간이다. 삶이 지하로 숨어들 듯 "세상이 점점 '삶'이 보이지 않는 쪽으로 가고 있다. 주의를 기울이지 않으면 노동도, 죽음도 잘 보이지 않을 정도다."(김찬호)

___**경향신문, '평등과 존엄 그리고 상생의 복원… 빼앗긴 '진짜 민생'을 찾아서'**

정태인 칼폴라니사회경제연구소 소장의 진단이 눈길을 끈다. 최경환 부총리 경제팀은 2014~2016년의 1년 반 임기 동안 빚내서 집 사라는 정책을 일관되게 추진했고, 그 기간 가계부채는 120조 원이 늘었다. '부채 주도 성장'으로 폭탄 돌리기와 다름없다고 일갈했다. 그 폭탄이 터지면 어찌 될까. 우리 정치가 제일 먼저 씨름해야 할 과제임을 분명히 한 것이다.

특히, 정소장이 '재벌은 저렇게 나가다 스스로 망하게 된다'고 한 대목이 흥미롭다. 살아남기 위해 기술혁신에 투자하지 않고, 손쉽게 돈 벌 수 있는 금융이나 유통 쪽으로 가고 있다는 것이다. 지난해 면세점을 둘러싸고 대기업 간 경쟁이 치열했는데, 이게 우리나라 전체의 생산력 발전과 무슨 관련이 있느냐고도 했다. 재벌은 지금 망하는 지름길을 걷고 있다는 얘기다. 정소장은 대기업의 하청 단가 후려치기를 막아 중소기업을 키우는 대안을 제시했다. 이 또한 정치가 풀어야 할 과제다.

___**한겨레, '진짜 민생 정치 어디에'**

조국 서울대학교 교수는 '민생'의 모호함을 정치적 프레임이라고 설명했다. "한국 정치에서 수구 기득권 세력은 민생과 정치의 관계를 항상 대립적인 모습으로 파악했다. 정치라는 것은 민생과는 아무런 관련이 없고, 심지어 민생에 해가 되는 것이라고 보았다. 프레임이다"고 했다. "시민들이 정치 참여를 경원시하게 되면 수구 기득권 세력이 정치영역을 독점하게 된다. 정치 영역에서의 기득권을 유지하려는 정치권의 프레임이 승리를 거두는 순간이다"라고 규정했다. '민생'은 '경제'임과 동시에 '정치'이고, 또한 '현실의 운동'임과 동시에 '현실의 정치'라는 설명이다.

_프레시안, '바보야, '민생'이 곧 '정치'라는 거야!'

아직 끝이 아니다. 번외로 민생희망본부 본부장을 역임한 김남근 변호사의 글도 있다. 민생운동을 8가지 키워드로 깔끔하게 정리해 놓았으니, 질문하는 사람들이 궁금하거나 민생운동에 대해 알고 싶다면 먼저 읽어보는 것도 괜찮을 것 같다.

앞서 언급한 것처럼 첫 번째 인터뷰가 사회 전반적인 큰 얘기를 다루고 분량도 상대적으로 좀 많다. 2~5장을 마음 가는 대로 읽고, 마지막에 보는 것도 한 가지 방법일 것 같다. 금권정치가 판치고 민주주의가 질식하는 이 시대에 꼭 필요한 책이라 생각한다.

_오마이뉴스, '조국 교수가 좌우 아닌 '저파'를 주문한 이유'

손아람 작가는 "대를 위해 소를 희생한다고 하는데 대체 그 '대' 는 누구인가요?"라고 물었다. 그 '대'는 조국 교수의 표현을 빌면 '기업이 살아야 노동자가 산다'라는 이데올로기에 취한 '기업이 노동자를 먹어치우는 나라'였다. 대기업의 하청 단가 후려치기가 계속되는 한 '중소기업 금융 보조금의 3분의 2가 대기업으로 넘어가는 나라'였다. 그렇게 보면 정태인 칼폴라니사회경제연구소장이 말하는 사회적 경제라는 것은 윤리와 재결합한 경제를 뜻하는 것 같았다. "경제학에서 도덕을 빼버린 것이 가장 치명적인 한계이다. 경제학은 윤리학과 결합되어야 한다. 윤리학을 빼버린 순간 경제학이 망가졌다. 그다음에는 인간이 해서는 안 될 일을 당연한 것처럼, 오히려 그게 합리적인 행위인 것처럼 하게 되었다."

_노컷뉴스, '민생이라는 말을 전혀 다르게 이해하는 양쪽이 있다'

손아람 작가는 지난 2010년 전태일 40주기를 맞아 '전태일'이 라는 이름을 가진 사람들을 찾아 전국을 누볐다. "지금의 20대는 거대한 기업과 창조적인 혁신가 그리고 위대한 대중 예술인에게 물려받은 대한민국에 살고 있다고 느낄 거예요. 하지만 우리 대부분은 삼성과 스티브 잡스와 서태지의 세계에 속하지 못하죠. 전태일의 세계에 살게 될 것입니다."

손작가는 젊은 전태일들이 '불공평한 생존보다 공평한 파멸을 바라기' 시작한 대한민국은 이미 '망국'임을 선언하고, 이들에게

결혼, 내 집 마련, 중산층 같은 '덧없는 치유의 주술'을 거두고 지금
즉시 변화에 동참해 달라고 호소했다.

__오마이뉴스, '경제민주화 안 해도 재벌은 스스로 망한다'

사진 및 일러스트 출처

박영록   21, 61, 235, 253, 295, 309
원동욱   115, 131, 171, 191
참여연대 70, 129, 141, 184, 219, 221, 223, 299상
박정진   31, 39
박세영   149, 259, 275, 299하
김민수   표지날개

입에 풀칠도 못하게 하는 이들에게 고함

: 가짜 민생 VS 진짜 민생

발행일 1판 1쇄 발행 2016년 8월 30일
          1판 2쇄 발행 2016년 11월 7일

지은이 김동춘, 김찬호, 정태인, 조국, 손아람
펴낸이 임후성 **펴낸곳** 북콤마
디자인 *sangsoo* **편집** 김삼수
등록 제406-2012-000090호
주소 (413-756) 경기도 파주시 문발동 파주출판단지 534-2 201호
전화 031-955-1650 **팩스** 0505-300-2750
이메일 bookcomma@naver.com **페이스북** facebook.com/bookcomma
블로그 bookcomma.tistory.com **트위터** @bookcomma
ISBN 979-11-87572-00-8   03300

, BOOKcomma